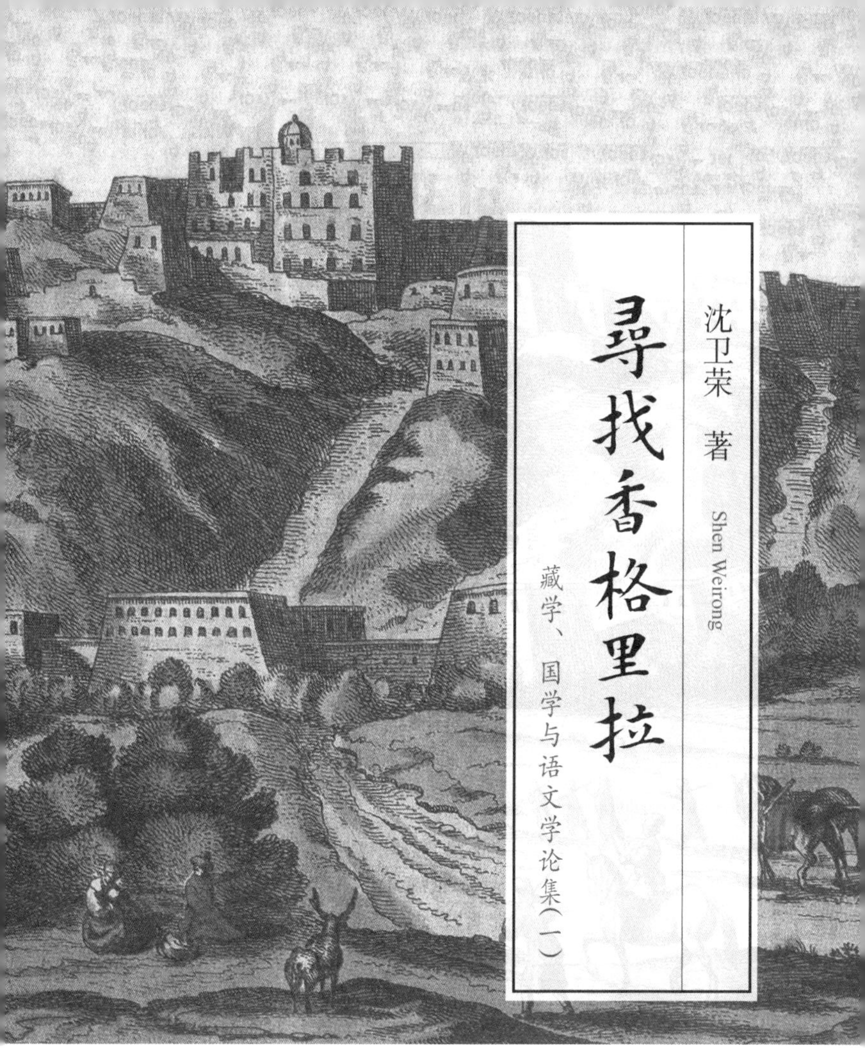

寻找香格里拉

藏学、国学与语文学论集(一)

沈卫荣 著

Shen Weirong

上海古籍出版社

图书在版编目(CIP)数据

寻找香格里拉 / 沈卫荣著. -- 上海：上海古籍出版社, 2025. 5. -- (藏学、国学与语文学论集).
ISBN 978-7-5732-1497-3

I. D677.5

中国国家版本馆CIP数据核字第2025VY1283号

寻找香格里拉
——藏学、国学与语文学论集（一）
沈卫荣　著
上海古籍出版社出版发行
（上海市闵行区号景路159弄1-5号A座5F　邮政编码201101）
（1）网址：www.guji.com.cn
（2）E-mail：guji1@guji.com.cn
（3）易文网网址：www.ewen.co
上海展强印刷有限公司印刷
开本787×1092　1/32　印张13.25　插页6　字数229,000
2025年5月第1版　2025年5月第1次印刷
印数：1—3,100
ISBN 978-7-5732-1497-3
K·3801　定价：88.00元
如有质量问题，请与承印公司联系
电话：021-66366565

沈卫荣 南京大学历史系学士、硕士,德国波恩大学中亚语言文化学博士,教育部"长江学者"特聘教授。曾任中国人民大学国学院教授,现为清华大学人文与社会科学高等研究所教授。著有 *Leben und historische Bedeutung des ersten Dalai Lama dGe 'dun grub pa dpal bzang po (1391-1474): Ein Beitrag zur Geschichte der dGe lugs pa-Schule und der Institution der Dalai Lamas*(一世达赖喇嘛根敦珠巴班藏波 [1391-1474] 的生平和历史意义:格鲁派和达赖喇嘛制度史研究)、《西藏历史和佛教的语文学研究》、《寻找香格里拉》、《想象西藏:跨文化视野中的和尚、活佛、喇嘛和密教》、《大元史与新清史》、《回归语文学》、《从演撰儿法中拯救历史》等专著,主编有《西域历史语言研究集刊》、"西域历史语言研究丛书"、"汉藏佛学研究丛书"、"多语种佛教古籍整理和研究丛书"等丛书,以及《何谓语文学:现代人文科学的方法和实践》《何谓密教:关于密教的定义、修习、符号和历史的诠释与争论》《他空见与如来藏:觉囊派人物、教法、艺术和历史研究》和《大圆满与如来藏:宁玛派人物、教法和历史研究》等著译文集多种。

目　录

从元代出发，从语文学出发（代序）

马丽华 / 1

01　初识冯其庸先生 / 1

02　闲话国学与西域研究 / 7

03　我们能从语文学学些什么？ / 24

04　我的心在哪里？ / 51

05　说学术偶像崇拜和学术进步 / 76

06　东方主义话语与西方佛教研究 / 107

07　大喜乐崇拜和精神的物质享乐主义 / 134

08　《欲经》：从世间的男女喜乐到出世的精神解放 / 163

09　寻找香格里拉
　　——妖魔化与神话化西藏的背后 / 193

10 说跨文化误读 / 227

11 谁是达赖喇嘛？/ 274

12 也谈东方主义和"西藏问题" / 297

13 我读马丽华 / 326

14 "汉藏佛学研究丛书"编辑缘起 / 348

15 说汉藏交融与民族认同 / 363

16 写在《汉藏交融——金铜佛像集萃》出版之际 / 385

后记 / 403

再版后记 / 407

从元代出发,从语文学出发(代序)

马丽华

前不久有两篇西藏话题的署名文章在网上热传,一篇《谁是达赖喇嘛?》,另一篇《也谈东方主义和"西藏问题"》,作者沈卫荣。二文显见是做足了功课,让读者不由不眼一亮、心一动,感觉得到视野被开阔,见识被刷新,于是有人惊奇,"谁是沈卫荣?"

其实在我们藏学界,其人早已是"闻人",时下或可称"达人",好长一个时段内且还曾是一位"海外达人"。从问学到学问,是他的基本姿态:三十年前的少年沈卫荣,考取南京大学历史系,十年国内寒窗苦读,追随蒙元史大家陈得芝先生治元朝历史;期间复师从藏学大家王尧先生,步入西藏学,开始发表一系列有关元代西藏历史研究的优秀论文;继之是为时甚久的海外游学,西欧美,东扶桑,由中亚学和比较宗教学起步，后来的工作包括在德国、美国、日本、尼泊尔诸国高校和研究机构从事教学和研究，也包括为外国学生讲授古藏文，就这样五湖四海地步步为营。长达十六年的时间里，游方列国，历练成长，甘苦自知，只是初衷不改，始终以西藏历史、宗教研究为矢志不渝的事业，努力在国际藏学界为中国学者争得更多话语权。沈教授此前的海外生涯犹似隐居闭修，回归即出山，以致未见滑翔，就见高飞。难怪网友读者惊奇，不知何方神圣下凡。事实上，这类普及文章只不过是他厚积薄发、浮出水面的冰山一角吧！

就这样，当沈卫荣教授以汉、藏文以外的德、英、日语和梵文武装了语库，脑海中充满国际学术前沿的最新成果和问题——他就这样盛装披挂归来，受聘于当时刚刚成立的中国人民大学国学院，当即投身于蓬勃发展、但也一度引起过争议的相关国学的讨论和建设。他以在国学院主持成立"西域历史语言研究所"和"汉藏佛学研究中心"两个学术机构，躬行"大国学"理念。短短五年时间里，他和同事们一起，联合国内外各路专家，带领一批本科生和硕、博士生，学习梵文、藏文、蒙古文、满文、西夏文、回鹘文等西域语文，积极倡导并从事西域历史、语文、宗教和文化研究，取得了可观成绩。就在今年，2010年夏天，国学院首届毕业生成为媒体报道的热点，其中西域学、藏学专业尤为媒体所关注。就此可否说明,从学术到理念,沈教授领衔主持的这两个新学科的建立和建设都极大地充实了人大国学院,也将人大国学院师生倡导的大国学理念落实到了实处。

我和沈教授初识于五年前,他刚从海外归来时。说是初识,却全无陌生感,就像是认识了一辈子。尤其让我这个全无师承、一向自行其是的江湖大姐心头一喜的是,这位学院派藏学家对于草根派拙著的肯定。这位有心人从《藏北游历》最早的版本开始,从海内海外的这里那里,陆续集齐了《走过西藏》系列,从西藏的北部、西部、中部,直到藏东红山脉,一路跟进,一起追逐西藏"像风一样的灵魂"。据称从中领略到了他当时未能亲见的自然和人文风景,印证了他过去只在课堂和书本中学到的西藏知识,体察到探求汉藏两种文化之异同和寻求两个民族、两种文化互动之途径,彼此间相通的一番苦心,包括过程中所体验到的喜悦与困扰——不好意思,多有溢美之词——反映在《我读马丽华》一文,也收入本集中。草班子野路子也能为学院派的庙堂所接纳,有沈教授这样高水准的学者的认可,无疑是不小的鼓励。

沈教授归国不久,即被聘为中国藏学研究中心的学术委员,一步到位地进入国内藏学研究领域的核心学术指导机构;

随之兼职受聘为我们中国藏学出版社的英文总编，因而我们一经结识便交往热络，不时共议藏学界大事，商量如何出版更多藏学精品。沈教授早年曾在我社出版过译作《西藏的贵族和政府》，二十年前我就曾拜读过。该译作对他来说，不过是初出茅庐者的小试身手，但起点却不低。近年来他又主编了一套"汉藏佛学研究丛书"，将一部又一部有质量的学术著作交给我们中国藏学出版社出版，有中文的，也有英文的，达成了我社开展多语种图书出版的多年心愿。这些都是属于工作层面上的联系。至于个人交往，则是典型的以文会友：各自每完成一篇新作，便从邮箱寄发，先读为快的同时，相互评点。当然，这常常是并不太对等的交流——在我，更多请教式探讨，体会什么叫"与君一席话，胜读十年书"。

作为学者的沈卫荣，不仅是一位人大知名教授，即使在国内和国际藏学界也卓有影响。他的学问或许可用藏传佛教文献中常用的两个词汇——甚深和广大——来形容，其中最精彩最有价值的部分反映在他数量不少，且用中、英、德、日等多种文字发表的藏学专业论著之中。据我所知，他用德文发表的博士论文《一世达赖喇嘛根顿珠巴班藏波（1391—1474）的生平和历史意义：格鲁派和达赖喇嘛制度史研究》，被认为是国际藏学界研究格鲁派早期政治、宗教历史和达赖喇嘛活佛转世系列之形成的经典之作;另一专著《〈圣入无分别总持经〉对勘及研究》,则于汉藏佛教研究之间的重新沟通具有里程碑意义。在我读过的学术论文中,有两篇给我留下了深刻的印象。一篇是2005年发表在台湾《新史学》杂志上的《西藏文文献中的和尚摩诃衍及其教法——一个创造出来的传统》,另一篇是2009年发表在《历史研究》上的《汉藏佛学比较研究刍议》,前者正本清源,拨开藏文古文献中的重重迷雾,重新诠释汉藏佛教历史上的"吐蕃僧诤"事件,后者高屋建瓴,以国际学术前沿的视野,为建立汉藏佛学比较研究这门新学科勾画了蓝图。这样的评判并非过誉,传统的藏学研究因之注入新元素。若用"学贯中西"来褒奖,沈教授必定不自在。这位谦谦的学人保持着永远的学生姿态,因为学海无涯。正如他自己在文中所说,"少小失学,至今对中学一知半解;游学西方虽十又六年,可对西学的认知尚不及对中学之一知半解";他所做的不过是"有心步前贤后尘,勉强作些不中不西、不古不今之学"罢了。学然后知不足,书到用时方恨少,相信这番夫子自况不仅仅是自谦。

在从事教学、科研之余,近年来沈教授陆续发表了一些学术随笔类的作品,本文开头提到的两篇就是其中的代表性之作。从看似非主流的领域入门,从少有同行者的偏僻之路出发,跨越古今中西的门槛,在学术建树的同时,偶尔小试笔锋,发表一些非专业人士也能读懂、并从中受益的随笔,由此得到读者的认同和赞扬,值得称道。相比较而言,我并不认为这本随笔集足够代表作者的最好水平,可以与他的论文集并驾齐驱。进一步说来,即使达到了目前的最好水平也不希望就此结"茧",我们有理由心存高级期待。为此建议有意对西藏的历史、宗教和文化作深度了解的读者,不妨将这本随笔集与沈教授的学术论文集《西藏历史和佛教的语文学研究》(上海:上海古籍出版社,2010年)结合起来一并参看,那里有多篇涉及西藏历史和藏传佛教研究的文章很有意思,对于一般受众而言也具适读性。由于学术和大众的分野,更为避免重复编选,而未能收入本集中。

从其人到其文,通篇看来,我以为收编于本书的文章大致可分为三类:一为认知的纠偏,二为学识的传播,三为心迹的表明。这三者常常互为表里,既专题亦综合,略作区分只为在此表述方便。尤其对于"纠偏",纯系本人从阅读感受中归纳而来,作者并非刻意为之,不过是说事明理,把我们不以为问题的问题作为问题提出,从而引起注意和反省。例如,元明之际自中原士人开始滥觞的对于藏传佛教,尤其对于密教传统的误读,妖魔化加色情化,以偏见作定见,代相传递,直至

从元代出发，从语文学出发（代序）

当下，集中反映在二十多年前的某组小说中，发表后一度引发风波，并且差一点儿酿成危及民族关系的灾难性事件。沈教授告知我们，那种偏见是错的，问题出在哪里，本来应当是怎么回事。当然，另一方面，例如西藏佛教史上被创造出来的传统中，对于汉传佛教尤其禅宗的认识和态度同样有"偏"可纠，若干篇意在匡正的探讨文章已收纳在他的学术论文集里。

如果说这还是仅就具体事物而言，那么在更大范围、更高层面上，例如重新审视国学概念，是不是具备了相当的发言权。《闲话国学与西域研究》等几篇文章涉及了这一话题，旨在更新国学、汉学、儒学、四书五经的传统认识，这也是从事边疆史地研究者的同声表达。中华民族多元一体，中华文明经由五十六个民族共同缔造，广义国学理应涵括各兄弟民族文化。实际上，沈教授不仅为此鼓与呼，也正好有条件起而行。如前所述，人大国学院名下设立的西域历史语言研究所和汉藏佛学研究中心两个学术机构，已成实践大国学理念的教学基地。

学识的传播，某些重申的常识不妨当作新知来读，至少对我来讲是这样。面对做学问的学问，即方法论方面的，如语文学，可能会有不少人像我一样，将之视同于训诂学一类，非大学而小术，但当读到这样一段文字，说不定就会改变看法："译注一世达赖喇嘛的两部传记时,我并没有奢望要重构15世纪西藏政治和宗教的历史。当我完成了译注之后,我却惊喜地发现这样一部历史已跃然纸上了。"这样的例子还可以列举一些,如此日积月累,学问扎实厚重了,豁然别有洞天,应是题中之意。

另有关于"背景书"概念的引进,更是有益的提醒。你可以走遍天涯海角的未知地区,却很难走出你母体文化已然构筑的樊篱;你所见闻的,往往是迎合期待的,或者是,印证了你所预设的真实。即使足不出户,依然面向大千世界,"背景书"何尝不在时时地左右着我们的识见和言行。当然,抛开文化背景既无必要也不可能,只是当我们试图寻求真相真理,从而达至理解宽容,或者决定是否坚守,每当这时候,警醒到这一点是不是可以减少一些盲目乃至谬误。

至于心迹表露,其实充满字里行间,有一篇最为直接:《我的心在哪里?》,自问自答,具体定位在语文学,潜心做学问:"一位热爱学问、文献和文献研究的语文学家,平生最大的野心不过是要厘定、读懂和解释传到我手中的文本。"是夫子自道,也可视为群体宣言,从中显现一种动态的链接和延伸——承接近现代以来自王国维、陈寅恪、季羡林等一代宗师和以韩儒林先生为代表的南京大学历史系所开创的学术传统,并且完

从元代出发，从语文学出发（代序）

成代际传播：今天在沈教授和他的同事乌云毕力格教授指导下的年轻后生们，兼修多民族语文，训练有素，学有专攻，对于非汉文文献的研究，从一开始就使用了抽丝剥茧式的语文学方法；同属国粹国故的多文种文献资源，或将以前所未有的广度和深度被开发，我们中华民族的国学内涵有望就此丰富起来。

一方面是冷学问，一方面是热话题，沈教授参与了讨论，凸显了中国知识分子另一优良传统：书生报国，心在民族大义。从西北舆地之学发蒙到当今边疆史地研究，百余年来所贯穿、所充溢的，正是最为深切、痛切、热切的爱国情怀，这一心迹无须说明，不言而喻。网上热议的、读者欣赏的，正是这类非同一般的工夫文章，诸如《谁是达赖喇嘛？》——几百年历史一路看过，是体系和概念，符号和象征，说复杂也简单，他不是哪一个谁，这个复数的他只是被规定、被引申，尤其当下更多地被"政治"了。近年来总称为"西藏问题"的一系列国际化了的争讼居多为伪命题，作为一名受过严格训练的语文学家，他把纯粹的学术看作安身立命之本，志业既不在热闹处，私下里甚至为写这些"小文章"而感羞涩，所以沈教授的热点发言有可能只是偶一为之，惊鸿一瞥。作为读者，遗憾的同时表示理解。

言之有物，言之有理，借用藏式形容词言说，被理性知性光芒照亮的学者散文，那是嘉言宝库、智者喜宴、松石宝串、金色麦穗，是甘露精华、吉祥雨降、霹雳之钥、孟夏雷声……看到这组比喻沈教授定然会心一笑，因为它们正是他所熟知的古今藏文经典的书名或副标题，这类藻词的使用也正好反映出藏文书写者对于世界别样的感知和表达，以及对于知识的格外珍视与热爱。

　　来自藏汉各民族本土学识的培育，加上欧风美雨的灌溉，成就了沈卫荣其人，由此也惠及了一众学生和读者。在我，虽然虚长多年，但从亦师亦友的沈教授那里获益良多。试举一例：拙著《风化成典——西藏文史故事十五讲》完稿后，特请沈师审看，订正了多处史实，其中最重要的提示，是将唐蕃时期的法成法师单列一节。这位法成法师在敦煌，终其一生致力于佛经翻译：将梵文译成藏文和汉文，或者藏汉文互译，于民族文化交流的发展和贡献厥功至伟。陈寅恪先生曾将法成与玄奘相提并论，称誉为"一代文化所托命之人"。而国人对其事迹知之不多，中外藏学界甚至对于这位大师的族属是藏是汉迄无定论。对于其人其事，一经提点，赶紧补写一节，果成点睛之笔，全书亮点。沈教授并应请作序——当下遵嘱为本书写序，有推托不掉的原因，此即因果，同时体会到什么叫"现世现报"。

是序言亦絮言。行文至此，从千几百年前的法成法师，不期然地联想到我们的沈教授，同样的精通藏汉文，同样的在从事着民族文化间的交流，只是时代有所不同，内容更加丰富。每一代人都有他的文化担当，薪继火传，生生不息；进一步联想到首创了"托命"之说的前辈大师，联想到沈教授同时代的这一群学术精英，看起来冥冥中已被赋予了使命。这样的联想让我感动。

2010年9月20日于北京
2010年10月20日改定

01

初识冯其庸先生

2005年10月,我意外地收到北京大学荣新江教授来信,说是奉冯其庸先生之请,邀我加盟新成立的中国人民大学国学院,筹建西域历史语言研究所。我与冯先生素昧平生,只知道他是红学大家和兼擅诗、书、画的大师。人大礼请冯先生出任国学院院长实乃众望所归,但他何以要招我回国在国学院成立西域历史语言研究所呢?带着很多的疑问,我很快从东瀛飞回北京,随即赶往京郊通州芳草园,拜会瓜饭楼主冯其庸先生。

一见到冯先生我就感到分外的亲切,意想中的硕儒、乡贤原来更像是一位慈祥的邻家大爷,一口浓重的乡音顷刻间让我找回了在十六年海外漂泊中早已失落了的根。其实,我的老家离钱穆的故土不过三五里地,但早已没有了当年的斯文。而冯师母竟然和我一样来自甘露——一个曾以出产酱油而小有名气的江南小镇,这让我平生第一次对自己的故乡有了几分自豪。

江南古来多出才子，但这早已经成为不可再现的神话。如今大概也只有在瓜饭楼中才能领略当年江南文化的余韵，也只有在冯先生身上才能体会到江南才子的情怀。

瓜饭楼从外表看挺像江南农家小楼，但其内在却凸显出今天的江南已经很难见到的文化气息。院子里耸立着的两块江南园林中常见的巨大的太湖石，一袭紫藤挂在石头背后，周遭疏疏朗朗有几枝世上罕见的古梅，自然凑成一幅国画图样。瓜饭楼内到处是罐、瓦、碑、像，冯先生一一介绍，这是秦砖、汉瓦、魏碑，那是唐代的石雕、明代的铜像，很难想象这些东西件件货真价实，但冯先生对它们的热爱却让我看得真真切切。瓜饭楼中楼上楼下到处都是书，冯先生坐拥书城，他的藏书可以抵得上一家图书馆了。在他的藏书中，我看到了上海古籍出版社影印出版的《俄藏黑水城文献》，这正是我当时所作研究的重头文献，冯先生竟然有全套收藏。在日本最让我羡慕的是日本教授坐在堆满好书的办公室中那副怡然自得的模样，而冯先生的藏书恐怕连曾经非常富裕、且酷爱藏书的日本教授们见了也会艳羡不已的。

瓜饭楼很多房间的墙上都挂着冯先生自己的和冯先生师友们题赠给他的书画作品，一路参观过来就像是观赏了世上难得一见的中国传统书画精品展览。在冯先生工作室宽大的写字桌上，我还见到了一幅新书墨宝，墨迹未干，显然是冯先生刚刚手书完成的新诗作。说实话，兼擅诗书、能吟善画、有冯先生这等造诣的学人，此前我还真没见到过。此刻有缘亲见，除了对眼前这位硕果仅存的江南才子由衷敬仰之外，同时也对这种几乎完全失却了的中国文人传统生出无尽的缅怀之情。（图1-1、1-2）

冯先生那天和我谈的主要是他与西域的情缘，谈他自20世纪70年代开始十余次去西域考察的经历，还展示了他在西域创作的书画和摄影作品。冯先生曾多次沿着玄奘法师当年走过的道路，实地考察《大唐西域记》中所记载的那些名胜古迹，对东西文明于此交融之盛况有切身的体会。就在此前不久，冯先生复以八十三岁之高龄，带领国内一干西域研究之新进，进行了一次规模巨大的丝路考察。他和年轻人一起风餐露宿于罗布泊中，还踏入大漠深处，勘察楼兰古城，探寻玄奘当年留下的足迹，斩获甚丰。一位耄耋之年的江南才子竟然依旧如此钟情于广漠的西域，一步一个脚印地走过丝绸古道，这难道不足以令世人从此对我们江南人刮目相看吗？

冯先生还谈起了他当时正在撰写的关于项羽自刎乌江之确切地点的考证文章，根据的不只是相关的古文献资料，其中也有他多次实地考察的心得。他还谈起了当年他和钱仲联先生一

图1-1 2007年笔者前去瓜饭楼拜访冯先生,摄于楼下客厅

图1-2 冯其庸先生所绘墨葡萄

起几次实地考察,最终发现、确定吴梅村墓的往事。冯先生说这些事的目的,大概是要告诉我"行万里路"和"读万卷书"同样重要。我心想冯先生自己有今天这样的成就,不正是他毕生躬行这条古训的结果吗?!

最后,我们谈到了正题:何以要在人大国学院建立一个西域历史语言研究所。冯先生说:人大创办国学院得到了社会各界的热烈支持,但也有一些误解,以为我们要尊孔复古。实际上,我们办国学院的目的是为了更好地研究中国的传统文化,发掘中国传统文化的现代意义。我们主张的国学不是狭隘的汉学,而是包括中国所有民族文化传统的大国学。我们不只是要研究儒家的四书五经,我们还要研究其他丰富多彩的民族文化传统。西域文化荟集中西文明之精华,是中国文化传统的一个重要组成部分。我们今天重兴国学,当然也应该重视对西域文化的研究。不幸的是,虽然中国学人念念不忘上个世纪初西域文献和物质文明遭受西方殖民者肆意劫掠的那段"学术伤心史",但我们对西域古代语言和文献的研究至今却依然大大落后于西方,许多领域已成"绝学"。所以,我们要在国学院建立一个西域历史语言研究所,认真培养好下一代青年学生,继承绝学,并把西域文化当作中国传统文化的重要内容来发扬、光大。

先生寥寥数语于我如醍醐灌顶，专业化的学术研究在海外不过是自谋稻粱的工具，和个人的人生追求关系不大。而追随冯先生，倡导西域历史语言研究，弘扬大国学理念，于我无疑是可将事业和人生完美结合的上佳选择。于是，我决定从此结束长达十六年的海外漂泊，踏上海归之途。

原载《文景》2010年第6期

02

闲话国学与西域研究

于海外游学十六年后，下决心回国就职。日前媒体采访，让我谈自己的学历和对国学以及我从事的西域研究的看法。本来人微言轻，且还不到要回顾的年纪，但被人突然于这个特殊的时刻问起，禁不住想一吐为快。记者问的第一个问题是：你一生所经历的事情中哪一件事对你的学术选择有重大意义？我想与我同时代的学人或都有类似的经历，我们对专业的选择并非一开始就与个人爱好有关。当年我上历史系就只因各科考分中历史最高。大学毕业考研时决定报考蒙元史专业，亦不是因为当时对这个专业已有充分的认识和爱好，而是因为当时南京大学的蒙元史研究全国一流，导师韩儒林先生是当时系内最权威的学者。（图2-1、2-2）但我并没有成为韩先生的弟子，获告被录取之后为元史研究室做的第一件事是在校园内张贴韩先生的讣告。我的导师是陈得芝先生，在他指导下我在南大元史

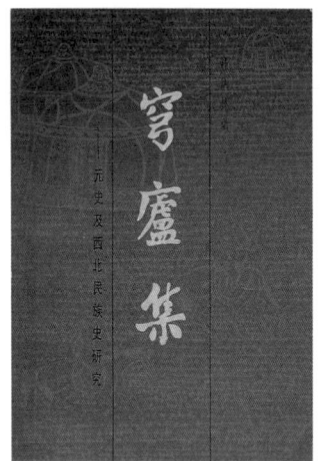

图2-1 韩儒林著《穹庐集》书影

图2-2 韩儒林教授与学生合影

室学习、工作了将近七个年头。回想起来,当年在南大读本科时,许多青春时光是白白流逝的。尽管有很高的学习热情和无穷的精力,可没有人告诉我课外应该读什么书、如何读书。所以大学四年并没有为下一步的专业训练作好充分的准备。两年前一位从京都大学东洋史专业毕业后"海龟"的老同学对我说,他回国服务后最大的感受就是觉得学校太重研究生培养,而不重视本科生教学,老师们对不住优秀的本科生。我听后内心为之震颤,亦对这位据称孜孜不倦于本科生教学的老同学产生由衷的敬意。

我在南大读研究生的经历对我以后所走的学术道路影响深远,尽管我并没有完全留在本专业内。蒙元史研究是当时中国历史学界一个很特殊的领域。该领域的中青年学者中人才济济。在海外闯荡十六年之后,我依然觉得蔡美彪、亦邻真、陈得芝等蒙元史学者绝对世界一流。海外学术同行见过不少,但从未见到过一位才情、学问可与亦邻真先生媲美的学者。作为中国古代史中的一个专门史,蒙元史研究十分强调学习外语和吸收海外学术成果。记得韩儒林先生曾在迎新致辞时说:学习历史要有两根拐杖,一根是古汉语,一根是外语,离开这两根拐杖就没法走路。十余年前读到刘再复先生在海外写的一篇题为《身无彩凤双飞翼》的小文章,主题是说:人做学问须具中学、西学双翼,他那一代学人没有这副翅膀,飞不起来;其中人品好的勉强能走路,人品次的则做小爬虫。刘先生的"双翼说"和韩先生的"两根拐杖说"异曲同工,然当时的学者中有这种危机意识者不在多数。而韩先生的"两根拐杖说"于蒙元史学者中却影响不小。两年前在京都龙谷大学听中国宋史研究会会长王曾瑜先生演讲,会后闲聊起他们这一代治中国古代史学者们的外语能力。王先生脱口而出,说除了张广达和陈得芝,其他人都不行。可见当时真拿得起外语这根拐杖者真是凤毛麟角。事实上,于治蒙元史或治"西北舆地之学"的学者中间,外语能力强的不只是张、陈二位先生,于我熟悉的学者中间就还有亦邻真先生、邓锐龄先生等,他们都是精通好几门外语的优秀学者。

我在南大元史研究室头一年的经历,至今想来依然冷汗三斗。与同学相比,我的学习条件得天独厚。元史室有自己的资料室,有关蒙元史的中外文资料应有尽有。老师、师兄们每天来室内读书、讨论,合作著书,并主办自己的学术刊物,充满着蒸蒸日上的气氛。这让我大长了见识,亦自觉应该像老师和师兄们一样奋发有为。但这样优越的环境和气氛亦烘托出了我的无知。前辈的成就高不可攀,好像不曾留给我等后生可待发掘的空白。想做任何一个题目总有名家名篇在前拦路,又牵涉众多不同语言的资料和论著，令人力不从心。一年间翻翻古籍，读读洋文，心里七上八下，不知何时能找到一个前人未曾太多留意而自己又有能力研究的题目。可幸陈老师很快看出了我的惶恐，给我指了一条可在蒙元史学界独辟蹊径的生路。元代的蒙藏关系曾是蒙元史领域内一个尚待发掘的题目，藏文文献中有许多有关蒙元历史的资料。韩先生留学欧洲时学过藏文，回国后亦写过几篇有关西藏历史的论文，其中一篇还被其当年在巴黎的同窗石泰安（Rolf A. Stein, 1911—1999）先生于《通报》上作过专门介绍，但他并没有将研究的重点放在西藏史上。其后韩先生曾有意让陈老师专攻西藏语文，并准备让他随著名的汉藏佛学家吕澂（1896—1989）先生学习，但这个计划最终没有实现。于此近三十年后，陈老师旧话重提，希望我能够代他去完成韩先生的这个遗愿。这对常常惶惶不可终日的我来说，好似柳暗花明，尽管当时我对西藏学一无所知。随后我来到北京中央民族学院随王尧（1928—2015）先生学了一年的藏文。王先生是我遇见的最有魅力的老师。一年时间很短，我学到的藏语文知识十分有限，但却已经下定决心今后要以西藏学研究为专业。弹指间二十年过去了，当年和我一起学藏文的同窗中有成绩斐然已成西藏学大家者。要是没有王尧先生当年的循循善诱，一定没有他们今天的成就，更不会出现我这样一位来自江南水乡的西藏学家。作为当时活跃于西方藏学界的唯一一位有影响的中国学者，王先生教我们阅读和翻译大量西方藏学论著，慷慨地将他自己收集到的国内罕见的西方藏学论著提供给我们，使我们相当及时地了解西方同行的学术方法和研究动向。五年以后，我来到德国波恩大学留学，主攻中亚语言文化学。因有国内随陈、王两位老师所受的训练，我并没有觉得自己在国内所学和德国的蒙、藏学术有很大的隔阂。我于主修专业内的最大收获是藏语文知识、能力的大幅度提高。我在国内学历史，到了德国主修所谓的"文化科学"（Kulturwissenschaft），后者是对一个民族从语言、文献、历史、民俗等各个方面进行的综合性的研究，但二者基本的治学方法没有很大的区别。要说在方法上亦有所收获的话，则主要是在主修之外。波恩大学要求学生于主修之外，选择两门副修。我选比较宗教学作为副修之一，它花掉了我写毕业论文以外的所有时间，但让我颇有收获。

我从事的西域研究向来十分冷清，但最近人大国学院院长冯其庸先生却提出要将它作为国学研究的重点，为此记者希望我对专业的冷、热问题和西域研究与国学的关系谈点看法。国人喜谈学问之显与不显，常有人说某学是当今显学，而这样的话在海外很少听到。其实学问、专业不应有冷热之分。好像钱钟书先生曾经说过，"大抵学问是荒江老屋二三素心人商量培养之事"，不冷不行。一门学问表面的显与不显多受外在条件制约，与学问本身关系不大。韩儒林先生有一句曾被误传为范文澜先生所说的名言，叫做"板凳要坐十年冷，文章莫写一字空"。韩先生一生谈不上显赫，甚至连一部专著亦没有；我最钦佩的亦邻真先生同样如此，尽管他们都曾经是当之无愧的世界一流学者。最近读到张承志先生一篇怀念亦邻真先生的文章，知道世界上对先生如此心悦诚服的人不止我一人。衷心希望借张先生的声望，能让更多的人了解亦邻真先生这样一位不世出的学者的价值。学问的冷热，一时而已。学问本身却是千秋大事，不可不慎。常有人说，敦煌学是当今的一门显学。此话于20世纪80年代以来的中国而言，不可信其无。然就世界而言，却不可信其有。西方大学中根本就没有敦煌学这个专业，连敦煌学这个词汇恐怕亦只见于中文和日文。虽然研究敦煌文献的学者遍布世界，但他们出自不同的专业。敦煌学既没有作为独立的学科存在，更谈不上是显学。与敦煌研究不同，西藏学作为东方学的一个分支却早已在西方学术殿堂中占一席之地，晚近更因一个精神化了的西藏成了西方世界不可或缺的"他者"而使藏学于欧美东方学界内一枝独秀。但藏学同样不是一门国际显学。西方人有他们自己的"国学"，东方学本身就是作为西学的"他者"而存在的,说到底它不过是西学的一个组成部分。虽然今天的藏学显然比传统的印度学、蒙古学、突厥学、满学等热得多,但藏学既不能成为一门国际性的显学,印度学、蒙古学、突厥学和满学等却亦薪火传承,绵绵不绝。学术当有自己的传统,不应受外在条件制约而忽冷忽热。

学问不应有冷热之分,西域研究,或曰西域历史语言研究,是一门既有现实意义、又富有学术挑战性的学问,当然不应该被冷落。冯其庸先生提倡将西域历史语言研究整合到国学研究之中的确与时俱进。国人早已习惯于"中国是一个多民族、多文化的国家"这样一种说法,但一提到"国学"最先想到的却还是四书五经,很少有人会想到非汉族文明的东西。国人对国学的认识与其对国家的认识不同步。事实上,西域研究,或如其开始时所称的"西北舆地之学",恰好是在界定中国的过程中发展起来的。清末中国受外国侵略,出现了前所未有的边疆危机。为了确保领土完整,不受瓜分,明确中国作为一个民族国家的地位,中国学者中间应时而出现了一股研究"西北舆地之学"的热潮。所以说,"西北舆地之学"从一开始就是国学的一个部分。嘉道以后,"西北舆地之学"因缺乏新材料和新方法而渐失其活力。然此时"东方学"却于西方盛极一时,这与帝国主义不断东侵直接相关,但亦有其特定的学术缘由。当时以法国汉学家伯希和为首的一批欧洲学者，不但从中国的西北地区劫走了大量珍贵的古文献，而且在学术上亦独辟蹊径，运用历史语言学的方法，即用汉语古音和民族语言或异国语言互相比对等方法，处理、解释这些多种语言的文献，令人耳目一新，其成效较乾、嘉诸老更上一层。当时留学海外的中国学者中有一批身怀学术救国之抱负的优秀学者，为这种新兴的研究方法吸引，故积极地投身其中。这种曾被人称为"不古不今、不中不西之学"者，实际上亦古亦今、亦中亦西，它比纯粹的中学或西学更富有学术挑战性。人们常如此形象地嘲讽那些惯于在中西文化之间投机取巧的人，说他们在伦敦讲《红楼梦》，回北平说莎士比亚。相信当时这样做的人有不少，但有志向者更愿意选择一种介乎二者之间的学问，以此与洋人在学问上一争高低，以振学术救国之雄心。我曾在留学德国时拜读了季羡林先生的《留德十年》，当读到先生当年坚持不选汉学而以斯拉夫学为副修的故事时，深为自己才疏气短、竟然选汉学为副修而无地自容。

当我在波恩为取得博士学位苦苦挣扎时，时常感叹何以当年韩先生他们这一批学者可以在如此短的时间内、如此好地掌握西方历史语言学的研究方法，取得如此令人瞩目的成就。韩先生一共只在欧洲住了三年，留学的本来目的是学习西洋文明史。可三年下来,他却成了一位一流的西北语言、史地专家,于西北民族史中的审音与勘同的能力上无与伦比。大概是时代造人,当年韩先生在巴黎的老师中有伯希和、同学中有石泰安,回到国内时西域研究正得到大力提倡,既有像陈寅恪、王国维、陈垣先生这样的大师可为表率,亦有像傅斯年、顾颉刚先生这样杰出的学术组织者的积极倡导。虽然是烽火连天的年代,但他们同心协力构筑起了中国西域历史语言研究的象牙之塔。当年中国学术与西方学术间的距离远没有今天那么大。有理由目空一切的伯希和未敢藐视他的中国同行,世界一流的牛津大学竟再三向没有博士学位的陈寅恪先生发出聘书。让人痛心的是,一代大师们苦心建立起来的象牙塔很快被无情地摧毁。待中国学者再次有机会面对国际学术时,二者间的距离已被拉开。中国的蒙元史研究承韩儒林、翁独健、邵循正三位曾留学欧美之西域史、语文学大家之流风余绪一度鹤立鸡群,但中国学术之整体水平已不复乐观。今天人人仰望陈寅恪、王国维,可谈陈寅恪者津津乐道的是《柳如是别传》,说王国维者言必称《人间词话》,殊不知前者是作者晚年失明后的自娱之作,而后者是作者踏入学术高峰期前小试锋芒之作,他们的学术抱负和最高的学术成就均不在此。据传中国学者中当年最受伯希和激赏的是王国维和陈垣,可以想见王静安先生著作中最得伯氏欣赏的决不可能是《人间词话》，而一定是见于《观堂集林》中的那些"考史者兼辽金元，治地理者逮四裔，务为前人所不为"的作品；陈垣先生没有留下一部与《人间词话》《柳如是别传》类似的"国学"著作，可赢得了伯希和对他甚至高过对胡适、陈寅恪两位先生的尊敬，其原因是他写出了《元西域人华化考》《元也里可温教考》这样治不中不西、不古不今之学的经典著作。因《柳如是别传》《人间词话》而荣登"国学大师"之榜首，陈、王两位大师若九泉有知，一定啼笑皆非。如果这两部著作可用作衡量一位学者是否"国学大师"的标准的话，那么被公认为西方汉学第一人的伯希和先生绝无资格当选"汉学大师"。伯氏似从未研究过四书五经，中国古典文学中的风花雪月显然亦不是他的最爱，他的入室弟子中有蒙古学家、西藏学家、乌拉尔—阿尔泰学家等等，但好像没有一位纯粹的汉学家。伯希和先生的头像没有被悬挂在波恩大学的汉学系内，却被悬挂在中亚系内。莫非伯希和先生就不是一位汉学家？假如陈寅恪、王国维先生没有《柳如是别传》《人间词话》传世，不知今天他们是否还会被人称为"国学大师"？当今中国大师名号满天飞，可很多人却很不情愿称季羡林先生这样大师级的学者为"国学大师"。季先生于德国主修印度学不假，但他日后治中印文化交流史，作《大唐西域记校注》、传吐火罗语，并主持中国的敦煌学研究，这与陈寅恪先生当年治不古不今、不中不西之学并无不同。陈先生在海外学的是梵文、藏文、蒙古文、满文、西夏文等西域古文字，夫子自道其学术兴趣主要在于历史和佛教，即在于考证唐朝、吐蕃以及西夏之种种关联和梵、汉、藏文佛经对勘。于季先生留学和治学经历中我们不难见到陈先生的影子。不知国人何以对季先生这位百岁老人如此吝啬，不肯心悦诚服地称他一声"国学大师"？伯希和一生主要研究中国西域的语言和历史，可他是西方学界公认的汉学大师。王国维、陈寅恪先生主治不古不今、不中不西之学，可他们众望所归地被聘为清华国学院的导师。由此看来，中西皆以西域历史语言研究为汉学、国学的一个不可分割的组成部分。中国今天兴国学，理应支持西域历史语言研究。

二十多年前一句以讹传讹的话，"敦煌在中国，敦煌学在日本"，曾激励了不少有志之士，令今日中国学者于敦煌研究中所取得的成就举世瞩目。荣新江先生最近提出了敦煌研究的一个理想境界，即"敦煌在中国，敦煌学在世界"，这充分显示出一位优秀的中国学者的自信和豁达。但我们还应该看到的是，即使在敦煌研究领域内，中国依然不能算是世界上的龙头老大。对敦煌汉文文献的发掘和利用，世界上大概没有比荣新江先生更优秀的学者了。然而对"敦煌胡语研究"，亦即对敦煌发现的非汉语文献的研究，中国学者除了耿世民、王尧先生以外基本没有发言权。在西域研究领域内中国学界依然是空白的区域还相当不少。除了敦煌以及与其相关的丝绸之路和西域各种语言古文献的研究以外，西域研究还应当包括突厥（回鹘）、西藏、西夏、蒙古、满洲研究等，而在上述所有这些领域内中国学者都不见得已经走在了世界的前列。要改变这种状况，需要我们作不懈的努力。不可否认，从事西域研究，中国学者有着天然的优势。汉文文献是一个宝库，不管从事西域哪一种文字、哪一个民族的研究，如果不能利用汉文文献则必然是一个天然的缺陷。但对西域研究这一学科的建设，尚需要从许多基本的工作做起。（图2-3）首先，我们迫切需要建立起一个西域历史语言研究的专业图书数据库。当年陈寅恪先生受聘清华国学院后再三推迟归国行期，于柏林苦等其妹妹从国内为他筹备购买《西藏文大藏经》之巨款。可惜陈氏虽为世家，但亦无力满足他的这一奢望，陈先生最终抱憾东归。中国进口第一部影印本《西藏文大藏经》是陈先生归国后数年经胡适和旅居北平的爱沙尼亚男爵、印度学家钢和泰（Alexander von Staël-Holstein, 1877—1937）两位先生促成。陈先生最终放弃作西域研究的努力，或主要是因为国内相关图书资料的不足和其个人收藏的丢失。可幸我们今天的条件比陈先生当年要好得多，例

图2-3 《西域历史语言研究集刊》(第一辑)书影

如他当年孜孜以求的《西藏文大藏经》，现在不但有中国藏学出版社正在出版的各种版本合校本，而且我们还可以花不多的钱在美国买到全套的扫描光盘本。但如今中国学者与西方、日本学者相比，最大的劣势或仍在于图书资料的严重不足。西方、日本学者唾手可得的东西，我们往往遍求不得。这种情况不改变，中国学术很难与世界学术接轨，亦没有办法培养出一流的学生。其次，西域研究一定得从语言入手，海外学人常常笑话中国有不懂藏文的藏学家、不懂蒙古文的蒙古学家、不懂回鹘文的突厥学家等等。这样的现象不应该在我们的下一代中继续存在，西域古代语言人才的培养刻不容缓。再次，西域历史语言研究曾经大师辈出，如今大师已逝，连他们当年创下的学术规矩亦失之殆尽。今日中国学者重有争世界一流的雄心，委实可喜可贺。然要争一流，先要预流。预流之后，短时间内或尚难成一流，但努力之下必会有一流的成绩出现。反之，若不预流，投入再多亦永远成不了一流。做学问入不入流，看的首先是作品符不符合学术规范。学术在不断地发展和更新，但基本的学术规范应该百年不变。唯有如此，学术才能既有各自的传统，又有国际对话的基础。晚近学界常常讨论如何建立学术规范这一至关紧要的问题，其实如果我们能够恢复20世纪三四十年代那些提倡历史语言研究的学者们所身体力行的学术规范，中国的学术出版物即可预流。我手头有一本成都华西协和大学1942年出版的中国文化研究所专刊，是吕澂先生的《汉藏佛教关系史料集》。其用纸、印刷极为简朴，但从注释、引文到标点、索引均极规范，一点不比与其差不多同时代问世的"罗马东方学研究丛书"差。而这样中规中矩的学术著作在今天的藏学、佛学出版物中已成绝唱。当下常有人为个人著作是否涉嫌剽窃他人成果而与人争执，造成这种现象的重要原因之一无疑是其著作的不规范。曾有朋友的弟子被人指控学术剽窃，我友痛心疾首之余发感慨说：坊间多的是东拼西凑而成的烂文章，这比全文剽窃更加恶劣。最简单的学术规范就是要以前人的学术成果为自己所作研究的起点，否则要它作甚？著作等身，有何用处？止可覆瓿，倒亦罢了。辛苦为之，却讨个贻笑大方，又何苦来着？国学亦好，西域研究亦罢，若不遵守最起码的学术规范，不说一流没戏，就是预流亦难。

游子倦归时，本当三缄其口。斗胆说那么多闲话，并非不知高低，有意要评点江山。初则被人问起，不得不有所响应；继而有感于今日为学之艰难，想做一流的学问当真必须学贯中西，然于我来说可谓mission impossible。少小失学，至今对中学一知半解；游学西方虽十又六年，可对西学的认知尚不及对中学之一知半解。有心步前贤后尘，勉强做些不中不西、不古不今之学,谋生之外,尚冀私心有所寄托。国学虽是中国的学问,但国学研究必须是世界性的。若西域研究这门本来就颇具世界性的学问能有幸作为国学的一部分而得到重视,区区私愿,即得而偿矣!

原载《文景》2006年第7期

03
我们能从语文学学些什么?

一

2008年10月,在中国藏学研究中心举办的北京2008年国际藏学讨论会开幕式上,来自奥地利维也纳大学的Ernst Steinkellner教授作了题为《我们能从语文学学些什么?有关方法学的几点意见》(What can we learn from philology? Some methodological remarks)的主题发言。Steinkellner先生是世界佛学耆宿、语文学大家,他用语文学方法处理梵、藏文佛教文献之精致,已成世界同行难以企及的标准。(图3-1)请他来谈语文学的方法,可谓适得其人。出人意料的是,Steinkellner先生没有多谈语文学和他所从事的专业研究的关系,却大谈了一通语文学方法对于实现人类和平、和谐和幸福的意义。他指出:语文学是一门研究文本的学问,其宗旨是正确理解文本之本来

03 我们能从语文学学些什么?

图3-1 著名佛教学家、维也纳大学荣休教授 Ernst Steinkellner

意义。而今天我们这个世界赖以继续生存下去的条件就是需要人们正确理解个人、社会、国家互相发出的各种文本和信息。因此，语文学不仅是一种处理文本的学术方法，而且还是一种世界观，是指导我们如何理解他人、处理与他人关系的一种人生哲学。

大家知道，语文学通常被归属于小学、朴学之流，与理学、哲学相对。在中国学界，它常被认为是一门从事实证研究的技术活。我本人从进入学界开始就偏爱语文学，但受这种观念影响，有时亦会觉得自己所做的学问远离义理之学，无法直接参与学术和时代的"宏大叙事"，心中有所不甘。"听君一席话，胜读十年书。"Steinkellner先生的报告，如醍醐灌顶，令我恍然明白过来，原来语文学不仅是正确处理古典文本的学术方法，而且也可以是关乎世界和平、人类幸福的人生哲学。真庆幸当今学界还有像Steinkellner先生这样祭酒级的人物，不但能将作为朴学的语文学的精美发挥到极致，而且还能跳出象牙塔，将作为理学的语文学的意义说得如此精当，将职业和人生、世界结合得如此完美。小子不才，今生唯Steinkellner先生马首是瞻！

二

Philology，此译之为语文学，以前有语言学、言语学、语学、古典语言学、比较语言学、历史语言学、文献学、小学、朴学等种种不同的译法。最早将这门西方学问在中国学界大力推介的是傅斯年先生。(图3-2)他在中央研究院发起成立"历史语言研究所",其中的"语言研究"指的并不是主要研究语言表达之形式(the form of linguistics expression)的linguistics,即"语言学",而是同时研究语言表达之意义(meaning),将"语言学"和"文字[文学、文献]研究"(literary studies)结合起来的"语文学"(philology)。今天"史语所"的英文名称作The Institute of History and Philology,"中央研究院"又另设"语言学研究所",与"史语所"区别开来,这或说明"史语所"至今依然遵循傅先生当年建所时的宗旨,重视"语文学"研究。

在《历史语言研究所工作之旨趣》那篇有划时代意义的学术宣言中,傅先生对"语文学"和将这门学科引进中国的必要性作了说明,大致可以归纳为以下几点:1. 随着梵文的发现和研究,欧洲古典语言学在18、19世纪之交发展迅速,其中印度—日耳曼系的语言学研究最有成就,带动了其他语支的研究,导致研究语言流变、审音的比较语言学的发展;2. 西洋人利用"语文学"方法,解决了中国人不能解决的史籍上的"四裔"问题,格外注意中国人忽略的匈奴、鲜卑、突厥、回鹘、

图3-2 著名历史学家、国学大师傅斯年（1896—1950）

契丹、女真、蒙古、满洲等问题。所以，如果中国学是汉学，那么西洋人治这些匈奴以来的问题是虏学，而汉学之发达得借重虏学。3. 中国人没有"语文学"这个工具，所以历代音韵学者审不了音，甚至弄不明白《切韵》，一切古音研究仅以统计的方法分类，知其然不知其所以然。所以，中国人必须借助"语文学"这个工具，来建设中国古代言语学，研究汉语、西南语、中央亚细亚语和语言学。傅先生上述意见无疑对"史语所"的规划和引进"语文学"方法、推动中国学术研究的进步起过重大的作用。但要真正理解傅先生当时提出这番意见的良苦用心，我们或当对西方"语文学"发展的源流和当时西方汉学研究的状况有所了解。

迄今为止，我们无法给philology找到一个大家认可的译名，这或许是因为我们很难给philology下一个确切的定义。只有检讨这门学科的历史发展过程，我们才能理解到底什么是philology。philology这个词来源于希腊语philologia，它由philos和logos两个词组成，前者意为"亲爱""喜爱""朋友"等，而后者意为"言语""语言表达"和"推论"等，合起来意为"学问之爱""文学［献］之爱"等。philology最初表示的是一种对学问、文学［献］以及推理、讨论和争论的热爱，与热爱终极智慧的哲学（philosophos）相对应。不过，古希腊传统中这种宽泛的对"学问和文学[献]之爱"(love of learning and literature)后来渐渐被专业化为专指对语言的历史发展的研究,特别是到了19世纪,历史语言学(historical linguistics)研究在欧洲学界兴起,成为philology的主流。"历史语言学"也称"越时语言学"(diachronic linguistics),总括比较语言学(comparative linguistics)、词源学(etymology)、方言学(dialectology)、音韵学(phonology)、形态学(morphology)和句法(syntax)等,重视理解发音、音变规则(sound laws)和语言变化(language change)的研究。在欧洲的学术传统中,philology有时是"历史语言学"的同义词。傅先生文中提到的研究语言流变、审音的比较语言学即指"历史语言学",中国老一辈学者亦多半称philology为"历史语言学"。确切地说,"历史语言学"只是philology的一个比较突出的分支而已,除了上述这些语言学研究内容以外,philology还应包括对语言的历史和文字[学]传统(literary tradition)以及对古典文献(ancient texts and documnents)的研究。

傅先生在文章中着重提到的"欧洲古典语言学"实际上指的是"古典语文学"(classical philology),它与"历史语言学"几乎就是同义语。"古典语文学"一开始是对古希腊文、拉丁文和梵文的语文学研究,以后扩展到对所有欧洲、非欧洲和东方古代语言的研究。16世纪初,欧洲语言学家发现了梵文和欧洲语言的相似性,于是推想所有语言都来自一种共同的祖先语言,即所谓"原始印欧语"(Proto-Indo-European Language),触发了古典语文学研究的热潮。"古典语文学"主要是一种"比较语言学研究",重视各种语言间的关系的研究。但它的兴趣并不局限于语言研究,而是要通过研究各种古典语言间的关系和各种异种语言来弄清古典文献的来源,并理解和解读这些古代文献。"古典语文学"作为一门独立的学科在欧美学术界有持久的影响力,多数名牌大学中曾经有过"古典语文学"或者"古典研究"(Classical Studies)系和专业。

除了对语言变迁历史的研究之外,"语文学"格外重视对文本及其历史的研究。通过文本批评(textual criticism)来重构和理解文本的本来意义,这是"语文学"研究最基本的内容。所以,它特别注重文本的发现、编辑、整理和解释,遂成所谓"文本语文学"(textual philology)。今天很多人将"语文学"径称为"文献学"大概就是这个道理。"文本语文学"有悠久的传统,它起源于西方语文学家对《圣经》的研究,其历史可以追溯到欧洲宗教改革时期。语文学家们试图通过对存世各种不同版本的《圣经》作比较研究,以重构《圣经》最本初的文本(读法)。这种以重构原始文本为目的的文献研究方法很快被应用于对欧洲古典时代和中世纪文本的研究之中，成为西方学术研究的主流。这种"文本语文学"留下了一个在西方学术界至今不衰的学术传统——制作文本的"精（合）校本"（critical edition）。一个"精（合）校本"的制作旨在提供一种可靠的、重构的原始文本，要求作者将同一文本的所有存世的稿本收集起来，进行比较研究，并在其重构的文本的脚注中将各种稿本中出现的五花八门的差异之处一一标注出来，使读者能对整个稿本的面貌和流传情况有通盘的了解，从而对各种稿本歧异之处的正误作出自己的判断和理解。与这种"文本语文学"相伴随的还有一种被称为"高等批评"（higher criticism）的研究方法，注重考证文本的来源、成书的时间和作者的身份等，旨在能将一个文本置于还原了的历史语境中来考察。由于语文学关注的因素大多数与对一个文本的解释有关，所以在"语文学"和"解释学"（hermeneutics）之间并没有一道十分清楚的界线。

19世纪，"语文学"是欧洲学术研究的主流，也是科学化人文学科的一个重要标志。具体到汉学研究，19世纪后期正是汉学在欧洲学术机构中登堂入室，正式成为一门综合语言、文学、哲学、宗教、艺术和历史的现代专门学科的关键时刻。作为一门包罗万象的跨学科的学问，汉学并没有自己特有的学术方法，汉学家不管是研究语言、文学、哲学，还是研究宗教、艺术和历史,其最基本的学术方法就是"语文学"。按照傅斯年先生的观察,西方汉学家处理汉文古籍对"一切文字审求,文籍考订,史事辨别等等"永远一筹莫展。但在中国的"四裔"问题上,即所谓"虏学"上,西方学者却游刃有余,而中国学者反而一筹莫展。对此韩儒林先生曾作过精辟的总结,他说:"嘉道以后,我国学者在西北舆地之学方面的成就是很高的,可是由于受时代的拘限,没能进一步利用新材料、新方法,出现了停滞不前的状况,生命力就渐渐丧失了。例如清末西北舆地学家在古代译名的审音勘同问题上,常用音差、音转、音讹、急读来解决问题,读起来叫人产生雾里观花、牵强附会之感,不能令人信服;西方有成就的学者则别开蹊径,用汉语古音与民族语言或异国语言互相比对,进行解说,简单明了,耳目一新,另是一种境界。"

由于近代中国受东西方殖民势力侵略的威胁,中国学者对西北舆地之学和边疆史地的研究投入了巨大的热情,但由于缺乏对汉语以外诸民族语言的起码了解和缺少必要的"语文学"训练,遭遇瓶颈,成就远赶不上西方学者。故傅先生说:"丁谦君的《诸史外国传考证》,远不如沙万(沙畹,Emmanuel-Èdouard Chavannes, 1865—1918)君之译外国传,玉连(儒莲,Stanislas Julien, 1797—1873)之解《大唐西域记》,高几耶(考狄,Henri Cordier, 1849—1925)之注《马哥博罗游记》,米勒(Friedrich W. K. Mueller, 1863—1930)之发读回鹘文书,这都不是中国人现在已经办到的。"他提到的这些著作都是西方的东方学家用"语文学"方法整理、研究汉文古籍和当时新发现的非汉语民族文字典籍的经典之作,他们开创的汉学研究新传统随即又被沙畹的弟子伯希和发展到了极致。

"中央研究院"历史语言研究所成立于风雨飘摇的时代,高瞻远瞩如傅先生者,不但关注中国学术的进步,而且同样关心学术的经世致用。所以,他不但重视汉学,而且也重视"虏学",急切地要引进和推广西方的"语文学"研究方法,以改变中国学者在"虏学"方面远远落后于世界的局面。傅先生本人深得"古典语文学"研究之精髓,他在《历史语言研究所工作之旨趣》中提到的"审音之学"实际上指的就是"古典语文学"所重视的"比较语言学"研究,而引进"古典语文学"的目的,正是要借助这个工具来解释中国古代语音规则,学习西南和中亚各种民族语言、文字,以解读古代汉文文献中出现的大量仅仅依靠传统的汉学方法无法勘同的名物制度和其译名问题,从而真正读懂汉文古籍。

"语文学"研究方法的引进对于当时中国学术之进步的推

动是显而易见的,王国维、陈垣、陈寅恪等大师们在研究中国西北舆地、中西交通和汉文宗教、历史文献方面的成就之所以不但能够超越钱大昕这样杰出的乾嘉学者,而且还能与伯希和等世界汉学大家比肩,其重要原因就是他们不但精熟汉文古籍,而且深得西方"语文学"之精髓,懂得如何会通中西学术、将汉学和"虏学"的方法结合起来处理古代汉文文献。在他们的引领之下,"语文学"在当时一代中国学者中间深入人心。就"历史比较语言学"这个狭义的"语文学"方法来说,伯希和先生的亲传弟子韩儒林先生在研究西北民族历史中的审音勘同方面的成就无疑最为卓著,但就在历史的和语言学的上下联系中重构、理解文本这个广义的"语文学"方法而言,民国时期的大部分优秀学者对此均奉行不违,因此他们能在极其艰苦的生存条件下创造出非凡的学术成就。20世纪前半叶,中国学术与世界学术之间的距离并不遥远。只有当我们此后放弃"语文学"这个学术传统之后,中国学术复与世界学术渐行渐远。

三

在西方两千五百余年的学术传统中,语文学家收集、编辑残缺的文本,还原其历史语境,添加上自己的评论,并将它们传授给与他们同时代的读者。没有语文学家的辛勤劳动，一切过去了的文学［献］传统的辉煌一定早已灰飞烟灭。可以说，语文学家是以语言、文字为载体的古代文明的最重要的传人。正如哈佛教授Ihor Sevcenko先生曾经说过的那样："语文学是一个很窄的东西，然没有它其他一切均无可能（It is a narrow thing, but without it nothing else is possible）。"

可是，自20世纪后期以来，语文学的传统在欧美学界受到了严重挑战，作为一门有悠久历史的传统学科，语文学渐渐在欧美大学设置中淡出，或被重新定义为"文化研究"（cultural studies）。过去语文学家精心复原和重构古代文本之形式和意义的做法已成明日黄花，而"现代的"或"后现代的"文化学家们天马行空式的文本解读法（free-floating textual interpretation）却常常招来掌声一片。这种局面引起了人们的警觉，早在1988年哈佛大学文学［献］、文化研究中心（Center for Literary and Cultural Studies）就曾召集不同学科的专家、学者开会，就"何谓语文学"问题展开讨论，探讨语文学于当下这个时代的意义。当以印刷物出现的文学［献］不得不让位于电视、电影和音乐时，学者们必须解释清楚为何他们还放不下他们手边的书籍。语文学标准的降低，意味着知识的失落；如果学者的表述无法令当代读者明白，他们从事的研究领域就会消亡，所以重兴"语文学"是迫在眉睫的事情。最近Hans Ulrich Gumbrecht先生更深刻反省"文化研究"的缺陷,强调语文学的问题、标准和方法于当今学界的重要性前所未有,呼吁学术研究要回归"语文学的核心实践"(philological core exercises),以免失落思想的聚点。(图3-3)

与西方主流学术将语文学重新定义为文化研究的趋向一致,大部分传统以语文学为主要研究方法的东方学学科受到了结合人文和社科研究的所谓"区域研究"(area studies)的挑战。例如,沙畹和伯希和等学者当年热衷的汉学或者"虏学"传统,现今受到了更关心中国现实的"中国研究"(Chinese Studies)的挑战。如果说传统的汉学是出于"学问之爱",以弄清古典文本之本来意义为首要目的,那么晚近的中国研究则转变为从当今立场来解释过去,借古讽今,使历史为现实服务。相当部分从业者更多关心的是自己如何在解释历史文本时发明新招术,以赢得学术名望和地位。而这种著述多为稻粱谋的做派还每每被美其名曰"职业主义"。在这样的大环境下,人们自然更关心"宏大叙事",而轻视入室的门槛既高、做起来又难的"语文学"了。

但依然有相当一部分人,他们坚守"语文学"这个阵地,坚信只有用"语文学"的方法,来重构和解释传到他们手中的

图3-3 Hans Ulrich Gumbrecht 著《语文学的权力:文本研究的活力》

03 我们能从语文学学些什么？

文本，发现和理解"文本"的本来意义，才是做学问的真谛。Steinkellner先生无疑就是这样的一位学者。他坚持用"语文学"方法解读梵、藏文佛教文献，对佛学和藏学研究都作出了巨大贡献。可以毫不夸张地说，正因为还有Steinkellner这样的先生存在，当今国际佛学和藏学研究才依然坚持以"语文学"为主流学术传统。更可幸的是，Steinkellner先生对"语文学"的坚守，绝不是因为他是一个爬不出象牙塔的冬烘先生，相反他的社会活动能力和学术组织能力与他的学问一样出类拔萃。他坚持称自己是一名职业的语文学家（a philologist by profession），甚至不称自己是佛学家或者藏学家，原因就在于他不但将语文学作为他做学问的方法，而且也将它作为处世立命的基本人生态度，他的成功或就在于他将职业和人生完美地结合到了一起。

Steinkellner先生非常明确地界定"语文学"即是"文本研究"（the study of texts）。尽管"文本"的概念范围在过去几十年间扩展到了所有信息载体，但他仍从传统角度来理解"文本"，即"文本"是用固定书写工具写成的信息，它以将这个信息传达给他人或使它能传之后世为目的。在绝大多数情况下，作者写作这个"文本"的目的是为了能让别人理解它，所以作为"文本"的信息是一种有目的、有意识的沟通。与其他非语言的交流形式相比，作为一个语言群体主要信息载体的"文本"，其内容可长期保存，甚至不受自然和社会变迁的影响。即使它所属的那个语言群体消失了，这个文本所承载的信息还可继续存在下去，它或可出现在当代或未来的其他语言群体中。总而言之，"文本"是在人与人、社会群体与整个社会之间建立关系，甚或是人类互相联结的最重要的手段。一个"文本"是一种组织形式的核心，它是建立和维护社会稳定的工具，它能够帮助我们创建和平、和谐和幸福。

既然文本有如此重要的作用，那么研究"文本"的"语文学"即是锻炼理解这类用于沟通的信息的能力的一种努力。所有社会、国家都依赖理解信息而生存。所有社会从来都需要一批特殊的人才来完成这一任务，如记者、翻译、语文学家，甚至间谍等。一个"文本"就其时间、地点、语言和文化而言与我们的距离越远，我们为理解它而付出的努力就越大。在我们当今这个社会中，语文学家的工作不但十分有用，而且不可或缺。如果我们不坚持不懈地努力去互相理解社会、文化、经济和其他日常生活需要等方面的信息，那么暴力和灾难性的敌对显然就是摆在我们面前的另外一种选择了。

有人对人类理解他人思想的可能性提出质疑，因为根据"诠释学循环"（hermaneutic circle）理论，拘于自己的经验和

03 我们能从语文学学些什么？

概念背景，在开始解释他人的一种陈述时，我们身上带着的全部精神遗产使得我们只有能力在他人的陈述中理解我们自己早已经知道的那些东西。对这种"诠释学循环"对跨文化的理解/误解造成的巨大影响，Umberto Eco先生曾以他的"背景书"理论作过形象的说明，他说："我们人类是带着一些'背景书'（background books）来云游和探索这个世界的。（图3-4）这倒不是说我们必须随身携带这些书，而是说我们是带着从自己的文化传统中得来的、先入为主的对世界的观念来游历世界的。不可思议的是，我们出游时往往就已经知道我们将要发现的是什么，因为这些'背景书'告诉我们什么是我们假定要发现的。这些'背景书'的影响是如此之大，不管旅行者实际上所发现的、见到的是什么，任何东西都将借助它们才能得到解释。"大概正是因为这种可怕的"诠释学循环"，使得马可·波罗在中国竟然没有看见长城，没有看到中国人喝茶、用筷子、中国女人裹小脚等，却找到了"约翰长老的王国"和"独角兽"这两种从来就没有存在过东西。Steinkellner先生承认这种"诠释学循环"起初是不可避免的，但若认为这个循环无法被打破，则人类不但将无所作为，而且还是危险和不道德的。打破这个循环的最简单、最直接的方法就是"语文学"的方法。

Steinkellner先生以他的专业知识解释说：试图理解他人

图3-4 意大利著名哲学家、文艺批评家 Umberto Eco（1932—2016）

的陈述时，我们的确需要一个坚实的起点，但这个常规的事实并不强迫我们非得接受"知我所知"这样的格言不可，因为它有违直觉。我们可以将对一个句子或一个陈述的最初步的领会（preliminary comprehension）作为起点，然后将所有现存的文献一个接着一个、互有关联地放置于一个前后连贯的序列中。这个过程即将丰富和改进我们最初的领会，而每一个新出现的资料亦都将继续改善我们的初步领会。这个过程一直进行到我们再也找不到更多的资料为止，然后我们可以用一个假设性的解释来总结我们的领会。如果以后有新的资料出现，后来者可以继续这个理解的过程。可以肯定的是，我们此时的理解距离我们最初的领会已经很远。而我们还应该记住的是，语文学方法还有一个重要的特点，即这个理解的过程可以在任何时候、由任何其他的研究者去紧跟和检验。

Steinkellner先生强调，否认人类具有理解他者的能力从根本上来说是违背社会伦理的，其结果会将人类的活动降低到只能跟随本性和欲望的程度。如果我们不认为他人发出的语言符号中含有可能对我们有用或有利的意义，那么我们就停止了使用我们理解这些符号的能力，而它是我们作为社会生物自然进化至今必须具备的一种能力。事实上，只有以这种理解能力为基础，人类才能理性地和对他人负责任地去行动，才能为我们这个世界的生存作出贡献。否则，连语言这一最重要的和社会活动中最必不可少的人类天赋也将变得毫无用处。

当然，即使以最佳方式理解他人，也不过是在人与人、民族与民族之间取得和平、和谐和幸福的一个必要条件，它本身还不是一个充分的条件。要取得这种更高的社会能力，理解还须有一种开明的态度做伴。这种开明当然不是"虚假的开明"（false tolerance），而是"真正的开明"（true tolerance）。"虚假的开明"指的是耐心地容忍，例如当我们相信他人的主张太不恰当或太愚蠢，故不必郑重理会时，我们常常表现出这种态度。又如当我们相信我们无法阻止或者改变这种愚昧时，我们姑且听之任之。而"真正的开明"指的是我们相信他人的观点对他来说是有价值的，而且我们愿意设身处地去理解为什么会是这样。

培养"真正的开明"的态度同样需要语文学方法的训练。这种开明以他人同样追求和平与和谐的理想为前提，而Steinkellner先生相信追求这种理想是人类常见和自然的状态，很少有人有意寻求一种充满动乱和争议的生活。世界上个人与个人、民族与民族、国家与国家之间和平与和谐的实现必须依靠在相互理解的基础上建立起来的开明态度，换言之，开明是人类在全球范围内实现和平与和谐的一个强有力的工具。如果我们想与他人联合,实现和平与和谐的共同目标,我们就应该正确地理解他们的想法与动机,了解他们的思想史背景,承认他们特定的价值观、他们的文化传统和所有他们认为有价值的文化遗产,哪怕我们并不同样认为这些东西是有价值的。保护他人的价值观和文化遗产通常是真正的开明和尊重的表征。(图3-5)

最后,Steinkellner先生呼吁大家要将"语文学"当作一门新的"主导学科"(leading discipline)来重视。晚近学术界将太多的注意力投放到了像生物学和基因学等所谓主导科学上。不论这些生命科学对于人类的生存到底有多重要,我们都不应该低估这类学科之进展带来的尚不为人所知的结果的绝对的危险性。我们需要做的是,努力去揭示与那些"主导科学"一样重要的"语文学"的种种优点。"理解他者"是许多人文学科赖以奠基的一门艺术,如果运用得当的话,这种艺术也将为和平与和谐作出重大的贡献。许多世纪以来,"语文学"不断地发展和改进各种理解他者的工具,已成为一门文化的技术。

借助其各种传统的、精致的理解"文本"的方法,"语文学"已经为完成在"跨文化能力"中教育我们这个世界的任务作好了异常充分的准备。对于那些正对世界和平、和谐和幸福肩负着最大责任的大国、强国而言,保护、鼓励和倡导理解

图3-5 笔者与著名佛教学家、维也纳大学荣休教授Ernst Steinkellner合影

"文本"的努力都是绝对必需的，不管这里所说的"文本"是广义的，还是狭义的。作为"语文学"的核心，努力去理解"文本"可以成为在别无选择的社会生活中定位的一个方式。在不同的世界观、宗教和幸福观之间进行的解释性的对话将成功地为未来全球社会和平的形成作出贡献。

四

显而易见，不管是做学问还是做人，我们都可以从"语文学"中学到很多的东西。为了正确理解一个文本，解决一个学术问题，我们必须像傅斯年先生当年所说的那样，"上穷碧落下黄泉，动手动脚找东西"，下最大的工夫去收集、编排、比较和它相关的所有其他文本，替它重构出一个可靠的语言的和历史的语境，从而给它一个逻辑的、合理的解释。望文生义，断章取义，抑或过度诠释，都与做学问的宗旨背道而驰。同样，为了理解"他者"，并与他人共建和平与幸福，我们也必须将"他者"所发出的信息，放在属于它自己的语言的和历史的语境中来分析，以正确地理解"他者"的本义，并以真正开明的心态，尊重他人的价值观和文化遗产，美人之美，美美与共。如果跳不出"诠释学循环"，总是以小人之心度君子之腹，永远将他人的文本放在自己语境中来解释，那么这个世界必将充满冲突、战争和灾难。

在今日这个世界，获取文本、信息并不难，但要自觉自愿地跳出"诠释学循环"却很难。人们习惯于根据自己的"背景书"来阅读他人的文本，收集有关他人的信息常常是为了证实他们头脑中早已先入为主的有关他人的观念的正确性。对与他们既定的观念不相符合的信息，他们可以像马可·波罗当年对中国的筷子一样熟视无睹。要打破这种"诠释学循环"，既需要道德勇气，更需要"语文学"方法。一位现代的开明（tolerant）、博雅（liberal）君子一定是像Steinkellner先生一样，为学、为人皆深得"语文学"精髓，且身体力行的人。

中国的学术背离傅斯年先生积极倡导，王国维、陈垣、陈寅恪等先生身体力行的"语文学"传统已非一朝一夕之事，尽管上述诸位先生今日复为学界响当当的大师级人物，但他们当年奉行的"语文学"传统实际上并没有受到今天对他们顶礼膜拜的后生学者们的理解、欣赏和继承。这些偶像人物的学术和人生之所以成为传奇，只不过是因为它们正好与我们当下这个时代的"宏大叙事"合拍，变成了后者不可缺少的一个组成部分。而中国学术和国际学术之"接轨"之所以举步维艰，最大的困难恐怕并不见得是我们不够"后现代"，缺少理论或"范式"，而是我们许多的学术著作离最基本的"语文学"标准都相差甚远。时常听人抱怨西方研究中国的学者不重视我们中国人的著作,殊不知,不但20世纪二三十年代的情况并非如此,而且即使今天西方人依然挺重视日本学者的著作。我看问题的关键或在于我们的著作水分太多,我们在解读古典文本时有点太着眼于当下了。我敢说"语文学"基本素养的缺乏是我们这一代学人最要命的缺陷。

最近十余年来,中国学者对海外汉学异常关注。他山之石,可以攻玉,了解他人对自己的研究确有必要。可是,我们似乎迄今没有找到正确评价海外汉学著作的立场和标准。不少来自海外的庸常之作,到了我们这里却成了不世出的"扛鼎力作",凸显出我们的无知和愚蠢。而当我们掌握了诸如"东方主义""文化帝国主义"或者"后殖民主义"等各种批判的武器之后,原本色彩纷呈的海外汉学著作,一夜之间黯然失色。显然,肉麻的吹捧和一棍子打死的做法都是非学术的做派。萨义德对"东方主义"的批判针对的主要是西方政治和文学表述中的"东方主义"倾向,对作为学术的"东方学研究"涉及不深。日后萨义德本人对西方学术界几百年来用"语文学"方法整理、研究东方的文献所取得的成果表达了极大的敬意,并视之为一笔宝贵的文化财富。显然我们不可以因为沙畹、伯希和等杰出的汉学家曾经生活在殖民主义时代,甚至曾经为殖民主义在中国的侵略服务过,就把他们那些用"语文学"方法研究和写成的、曾受到过傅斯年先生热情赞美,也给中国学者带来很多启发的优秀作品的学术价值全盘否定掉。尤其需要警惕的是,不少不遗余力地批判包括汉学在内的西方"东方学研究"的学者,往往对阅读、理解东方的"文本"缺乏兴趣、诚意和能力,却非常热衷于阐述"主义"、建构"话语",积极参与学术与政治的"宏大叙事",以打倒过去几百年间树立起来的学术权威,思想今日"彼可取而代之也"。

不知今天是不是又到了"少谈些主义,多研究些问题"的时候了?或许中西汉学家应该一起来响应Gumbrecht先生的号召,找回"学问之爱",重归"语文学核心实践",将"语文学"的研究方法进行到底。见贤思齐,我们都来做一回Steinkellner先生的粉丝吧!

原载《文景》2009年第3期

04

我的心在哪里？

2002年，我的博士论文 *Leben und Historische Bedeutung des ersten Dalai Lama dGe 'dun grub pa dpal bzang po (1391-1474): Ein Beitrag zur Geschichte der dGe lugs pa-Schule und der Institution der Dalai Lamas*（《一世达赖喇嘛根敦珠巴班藏波（1391—1474）的生平和历史意义：格鲁派和达赖喇嘛制度史研究》）由德国华裔学志社（Institut Monumenta Serica, Sankt Augustin）作为"华裔学志丛书"（Monumenta Serica Monograph Series）第49种出版。（图4-1）拙著出版后，两年间陆续出现了近十篇分别用德、法、英文发表的书评，评论人中竟然不乏像Françoise Aubin、Anne Chayet 和Helmut Eimer这样大腕级的学者，令我受宠若惊。但在这些书评中给我留下深刻印象的只有两篇，其中一篇是 Françoise Wang-Toutain（汉名王薇，法国国家科学研究中心

图4-1 笔者博士论文《一世达赖喇嘛根敦珠巴班藏波（1391—1474）的生平和历史意义：格鲁派和达赖喇嘛制度史研究》

研究员）写的，长达9页，发表于 *Études Chinoises*（《中国研究》）22（2003, pp.340-349）上。读到她的书评后，我大为感动，因为完全没有想到世界上还会有人那么一字一句地认真地阅读我用外文写的、对她来说也是外文的著作，并写出那么长的评论。辗转得到她的E-mail地址后，我马上去信向王薇博士表示感谢，从此我们成了时相往还的好朋友和志趣相投的学术知己，常常互为新作之第一读者。自此始知世人以文会友，诚有其事也。然能与王薇为友，又何其幸哉！

另一篇给我留下了深刻印象的书评则出自时下在中国大名鼎鼎的Wolfgang Kubin（汉名顾彬）教授之手，发表于 *China Report*（《中国报道》）41（2004, p.34）上。顾彬先生亲自出手评论拙著，这已经多少有点出乎我的意料，因为拙著属藏学、佛学范畴，与顾彬教授干间弄潮的汉学没有太多的干系。然而顾彬先生不太靠谱的评论方式则更令我吃惊，恕我孤陋寡闻，这样的书评我还是头一回见到。他的评论大意如此：《一世达赖喇嘛根敦珠巴班藏波（139—1474）的生平和历史意义：格鲁派和达赖喇嘛制度史研究》一书从一部纯学术著作的角度来看颇为精良，德文居然写得相当不错，行文、注释、索引也都中规中矩，如果让他作为指导教授来给这篇博士论文打分的话，他一定会打出高分；不仅如此，这本书的编辑、装帧和印刷都相当精美，用纸亦属上乘，看来流传上百年是没有问题的。可是，最后他忍不住要问："作者的心在哪里？"我很清楚我自己的心在哪里，也明白这篇书评不过是习惯于"语不惊人死不休"的顾彬先生信手写来的一篇游戏之作，读罢只觉得好玩，遂一笑了之。

一晃又五六年过去了，最近我对语文学（philology）作为一种学术方法或者一种人生态度，有了一些新的认识[1]，且念兹在兹，故不禁想起了这段有趣的往事，这里不怕人笑话，拿出来晒上一晒。我不敢妄自忖度顾彬先生问我心在哪里是否另有深意，只愿相信他的言外之意是说，拙著虽然从语文学的角度来看扎实、靠谱，但没有理论，也见不到快意、率性的议论，故全书缺乏精神，所以他要问"作者的心在哪里"。其实，顾彬先生很明白，我写作这篇博士论文为的是拿下他供职的那所德国大学的博士学位，研究、写作的路数遵照的完全是德国东方学研究的优秀传统，即语文学的方法。我用这篇论文取得的博士学位专业官称"中亚语言文化学"（Sprach

---

[1] 参见拙文《我们能从语文学学些什么？》，载《文景》，2009年第3期，第28～35页。

und Kulturwissenschaft Zentralasiens），而"语言文化学"几乎就是"语文学"的另一个称呼（如云："作为文化学的语文学"，Philologie als Kultur wissenschaft）。所以，我的心就在于遵照德国东方学研究的传统写作一篇像他一样的教授大人们认为优秀的博士论文。

二

记得顾彬先生有一次曾对我说过，他对第二次世界大战后德国汉学研究的领军人物Herbert Franke（汉名傅海博，1914—2011）先生[1]的学问佩服之至。（图4-2）但是，这种学问可望而不可即，所以他和稍长于他的这一代德国汉学家，尽管其中不少曾是傅先生的亲传弟子，可在学术方法上却已改弦更张了。说到对傅海博先生之学问的钦佩，我与顾彬先生同声相应。自20世纪80年代中期开始，傅先生主持巴伐利亚州科学院中亚委员会的工作，自此专治元代西藏历史，而这正好是我当时做硕士和博士论文时所研究的课题，所以我对傅先生学问之精深或

---

[1] 坊间流传的Herbert Franke先生的汉文名字有福赫伯、傅海波等多种，笔者于1997年春在巴伐利亚州科学院中亚委员会的办公室内访问过傅海博先生，他亲口告诉我，他的汉文名字叫做傅海博，取意"像大海一样博大"。

图4-2 Herbert Franke 所著《剑桥中国史》第六卷（辽、金、蒙元时代）

04 我的心在哪里?

比顾彬先生有更深的体会。自1984年首次读到傅先生的大作以来,我对收集、阅读他的学术著作的热情历二十余年不稍减,从中得益良多。当年计划出国留学时首选的导师就是傅先生,可惜晚生了几十年,当时他早已从慕尼黑大学退休,不可能再收我这个中国学生。尽管我没能够有幸成为傅先生的弟子,但就对傅先生学术成就的推崇和对他所秉持的学术方法的服膺而言,我自认比他的许多弟子更为执着。

可到德国留学不久,我颇为吃惊地发现,当时在任的德国各大学的汉学教授中虽有不少曾经是傅先生的弟子,但从学术史的角度来看,他们当中似乎没有一位可以称得上是傅先生正宗的衣钵传人。傅先生是一位出色的中国古代历史学家,但他的弟子们大多数是中国哲学史家,或者中国文学史家,其中几乎没有专治中国古代历史的学者。傅先生重视利用各类稀见汉文历史文献资料,精于文本的厘定和译注,擅作史实的辨析和考证,并注重中国边疆和民族的研究,而他的弟子们却多半更喜欢哲学思辨,重视汉文经典之微言大义的诠释(exegesis)。傅先生是一位学有专攻的专家型学者,而他的弟子们多半变成了文史哲无所不通的百科全书式的汉学家。但从世界汉学的角度来看,傅先生之后似乎再没有出现一位像他一样活跃在国际汉学舞台、并具有广泛国际影响的德国汉学家,至少在中国古代史研究这个领域内一定如此。

对于这样一种现象的出现,作为傅先生的外国粉丝,我大惑而不得其解。1997年春天,我平生唯一一次有机会拜见傅海博先生,便将我的这份困惑说了出来,希望他能够给我一个合理的解释。不曾料到的是,傅老先生竟用带点调侃、然又非常肯定的口吻告诉我,那是因为他的弟子们懒惰,舍不得下苦功夫。我想这大概不是事实,傅先生的弟子们一定不会同意这种说法。2007年春天,在中国人民大学举办的首届世界汉学大会上,我巧遇Helwig Schmidt-Glintzer(汉名施寒微)先生,与他相谈甚欢,于是我再次提出了那个令我困惑了许多年的老问题。施先生作为傅先生的弟子,曾执掌慕尼黑大学汉学教席多年,主攻中国古代文学史,兼修中国古代宗教、思想和近代历史,是傅先生弟子中成就非常突出的德国中生代著名汉学家之一。(图4-3)他给我的解释是,到20世纪70年代,像傅先生这样的汉学家已经很难继续在德国存在,传统的以古典文本研究为主的极其专门的汉学研究渐渐被更注重现实、且包罗万象的中国研究取代,社会更需要百科全书式的中国通,而不需要躲在象牙塔中专读古书的汉学家,于是便出现了两代汉学家之间在治学方法和学术成就上的裂变。

施先生的解释自然可成一家之说,专治德国汉学史的学者

04 我的心在哪里？

图4-3 汉学家Helwig Schmidt-Glintzer（施寒微）

或还可以找出其他种种理由，来给这种现象以更全面的解释。我自己私下琢磨，随着德国汉学研究从传统汉学到中国研究的转变，德国汉学家们的治学方法也随之发生了重大变化，从而直接导致了上述裂变。记得傅海博先生在发表他译注的元人杨瑀笔记《山居新话》时，曾经写过这样一段话，大意是说像他这样翻译、注释一本元人笔记在外人看来一定是十分老套、过时的做法，但他自认为只有这样从译注原始资料做起方才能够把自己的学问做实、做好，并对他人的研究有所帮助。显然，傅先生感觉到了发生在他周围的这种学术气氛的变化，从前由他领军的德国汉学研究已今非昔比了。

本来厘定、译注和解读一本来自东方的古典文本是欧洲，特别是德国东方学研究最经典的做法，几百年来欧洲东方学研究的最大贡献就是运用西方古典语文学的方法，整理、解读、保存了一大批来自东方的古典文本。可如今坚守这一传统的做法却连傅先生这样的人物都自觉有点不合时宜了，难怪他的弟子们都纷纷和他分道扬镳，另辟蹊径了。可幸德国的藏学家、印度学家们似乎没有汉学家们那么灵活，他们中的大多数至今依然我行我素，而我尊师重道，义无他求。拙著最基本的内容是一世达赖喇嘛两部成书于15世纪末的藏文传记的德文译注，若用语文学的标准严格衡量，它离完美或还相差很远（在此我由衷地感谢顾彬先生对它的肯定),但在方法上它无疑是遵循了德国东方学研究的一贯传统。若将我的博士论文与同类型的德国同学的博士论文相比较,尽管题目和内容不同,学术水平或有高下之别,但所用方法则同出一辙。令我不解的是,我用德国的文字、遵循德国东方学的学术传统、写作了一部德国式的东方学著作(我导师的眼光与顾彬先生一样,给我的博士论文打了最高分,即 sehr gut,译言"非常好"),不知为何却要遭到顾彬先生如此的质问?莫非是因为我归根到底还是一个东方人?

显然,我和顾彬先生不但身处不同的学术领域,而且追求的目标也完全不同。我只是一位热爱学问、文献和文献研究的语文学家(a phiologist who loves learning, literature and study of literature),平生最大的野心不过是要厘定、读懂和解释传到我手中的文本(establishing, understanding and interpreting the texts that have come down to me)。为了读懂各种各样的古藏文文本,我已经作了二十余年的努力和准备,然而愚钝如我,眼下每天要面对的难题和挑战,依然是如何正确理解和解释我正在研究的每一个藏文文本(就像我在德国一住八年,可理解德国人的思想和德国文化对我来说依然是一大难题一样)。而顾彬先生无疑比我有底气、也有志气得多,他不但对他研究的汉语和汉学有充分的自信，以致听不得中国人说这个事情"老外不懂"一类的话，而且还常常自觉地肩负起代表（represent）和指导他所研究的对象（包括我在内的所有中国人）的职责（例如他说中国当代文学是垃圾，还说中国人不懂散步等等），甚至对继承和光大中国的传统文化有着十分强烈的使命感，对中国人没有能力传承自己优秀的传统文化痛心疾首。一个只奢望读懂手中的文本，一个却有意要指点江山、激扬文字，道不同，不相与谋。

三

做学问历来有不同的方法，也因此产生过许多激烈的争论，例如中国近代学术史上的"朴学"（或称"小学"）与"理学"之争、"京派"与"海派"之争，以及20世纪80年代西方学术界的"语文学"（philology）与"理论"（theory）之争等等。事实上，一个人的学术取向与他最初进入学术领域时最先接受的专业基础训练有直接的关联，也深受他身处的周围学术环境的影响，甚至亦受时尚左右；例如眼下时尚理论，所以学者们多希望自己的学问能与宏大叙事合拍。值得指出的是，一个人的学术取向实际上常常取决于他个人的性格或性情（disposition），有人偏爱知识和事实的积累，有人热衷于思辨概念和观点，所以有的人的著作从观念到文本，也有的人的著作则从文本中发展出观念。所以，尽管做学问需要"朴学"与"理学"的结合，但能够兼治宏观与实证两种学问的学者从来都是凤毛麟角，不可多得。

陈寅恪先生大概可以算是兼通两种学问的大师，既有深刻、独到的思想，又精通小学。（图4-4）所以，作为一位能读懂无数种外来文字、且深得考据学精义的小学家（语文学家），陈先生得到了当下广大学人们的推崇；又因为他有诸如《柳如是别传》一类的寄情作品传世，再加上他的传奇人生，陈先生作为一位有思想、有性情的文人受到时人激赏和热爱，甚至被推崇为"国学大师拿摩温"。近日读到龚鹏程先生评论近代学人和学问的文章，他也把中国近代学术分成"理学"和"朴学"两种传统来叙述，而陈先生则被理所当然地归入了"朴学"一类。龚先生指出了陈先生所犯的两个学术错误，即错误地将汉文文献中的华佗和孙悟空两位人物故事的原型与印度古代作品中的母题联结起来，并说这是陈先生受思想的局限而犯下的错误。在我看来，陈先生犯的这两个错误，与思想恐怕没有关系，相反是因为没有将语文学工夫做到家才出的错，但是龚先生将陈先生算做朴学家而不是理学家，这无疑是公正的。

中国近代学术史上有意要兼治"理学"和"朴学"的有胡

图4-4 陈寅恪(1890—1969)

适之先生,在新文化运动中呼风唤雨、风光无限的胡先生,当年对朴学同样投入很深。例如,他曾经积极支持流亡中国的爱沙尼亚男爵钢和泰先生在北京建立汉印研究所(Sino-Indian Research Institute),从事汉、梵、藏、蒙佛经的对勘,乃至以北大校长之尊,每周花几小时亲自替钢和泰先生当口译,讲授汉、梵佛教文献的语文学研究。(图4-5)20世纪30年代,胡适先生还曾在巴黎法国国家图书馆内坐了一阵冷板凳,一字一句地抄写被伯希和劫掠到巴黎的敦煌出土汉文禅宗文献,用心辨别禅宗初期之历史事实,可以说他是世界敦煌禅学研究的第一人。通过实证性的文献研究,胡适先生对不少当时以为定论的说法提出了挑战,引起了当时世界上最负盛名的禅师日本人铃木大拙的不满,兴起了一场著名的"胡适禅学案"。即便如此,与他当年引领新文化运动时那种叱咤风云的气概和颠覆旧文化传统的成就相比,胡先生在小学领域内的投入显然未能结出丰硕的果实。特别是他晚年曾暗地里与人争胜,长时间兢兢业业地注解《水经注》,可到头来却几乎是白费工夫,想来令人扼腕。于此看来,不但人各有志,人的能力也各有侧重,若不顺从自己的性情、兴趣,强人所能,则一定事倍而功半。

于当下的学界,"理学"与"朴学"两种不同的学术方法(academic approaches)之间的争论,集中在理论和语文学之间

图4-5 钢和泰(Baron Alexander von Holstael, 1877—1937)

的争论。不用说,理论是时尚的丽人(lady theory),而语文学早已是明日黄花(aging lady philology),虽然间或亦有人呼吁要重归语文学,但终归势单力薄,难以恢复语文学昔日的辉煌。语文学热衷重构,而理论,特别是后现代的各种理论,偏爱解构,故要想在理论和语文学之间找到一种平衡,实在不是一件容易办到的事情。但理论与语文学实际上并不互相排斥,从事文本研究若能有观念、理论的指导,不但学术课题的思想意义能够得到提升,而且也可使从事文本研究的学者更具智性的挑战;而任何一种理论实际上都不是凭空想象出来的,而是从对大量文本的精读(close reading)中得出来的。萨义德的"东方主义"理论在当代学术界的影响力无与伦比,可认真读过《东方主义》一书的读者都不会忘记,在得出这样具有普遍意义的宏大理论之前,萨义德先生究竟阅读了多少西方人书写的有关东方(中近东)的文本。可以肯定的是,理论的和语文学的学术方法势必都会继续同时存在下去,正所谓世上既有抵制理论的人,就也会有抵制语文学的人(For everyone who resists theory, there is someone else who resists philology)。事实上,热爱语文学也好,钟情于理论也罢,只要符合你自己的性情,你就应该尽情地去做,别管人家说什么。伯希和做学问也不过是为了"那让我觉得好玩"(ça m'amuse),我等又复何求？昨天看电影《博物馆奇妙夜》(*Night at the Museum: Battle of the Smithsonian*)，又学到一句箴言，叫做"幸福的关键就是做你爱做的事"(the key to happiness is to do what you love)。

四

我自己生性喜好文字，对读懂写成文字的东西有特殊的爱好。打从做硕士论文开始，认真阅读的都是中外蒙元史学者撰写的考据式文章，所以酷爱傅海博式的学术风格，醉心于西方语文学研究著作的扎实和精致。（图4-6）虽然一度也曾被以萨义德的"东方主义"理论为代表的西方殖民和后殖民时代文化批评理论深深吸引和打动，留学期间，也曾参加波恩大学神学系和哲学系联合主办的一个题为"跨文化、跨宗教对话：宗教史研究"的跨学科的研究生班，与一帮言必称《旧约》《新约》和韦伯、海德格尔的新锐神学家、哲学家和宗教学家们一起厮混了整整四年，跟着他们学习和讨论各种各样传统的和新潮的理论，学得非常辛苦，也一知半解地学到了不少东西，从此以后至少对西方的东方学家们"叶公好龙"式的东方观有了深刻的认识，也对西方人随意挪用、误读东方的宗教文本有了本能的警觉，但终究本性难移，自己所作研究基本上还是遵循语文学的方法，也只有回到语文学研究才像是回到家中一样舒服。

图4-6 沈卫荣著《西藏历史和佛教的语文学研究》，上海古籍出版社

我写作博士论文的这段时间，正好与参加那个"跨文化、跨宗教对话"研究生班同时。与学习理论的收获比较起来，我还是觉得自己在学习和实践语文学研究方法上的收获更大、更直接。写作和修改博士论文的漫长过程，让我对语文学的方法及其魅力有了更深刻的体会。首先，我认识到整本地翻译一篇"东方的文本"，决不是一种机械的、没有多少学术意义的劳动，相反它既是一种最有效的语文学习的基础训练，同时也是西方语文学实践的一项最基本的内容。按照西方学者的说法，语文学就是"慢慢读书的艺术"（philology is the art of reading slowly）。古代文人好读书不求甚解或不失为一种洒脱，但现代学者若亦如此则一定有失专业精神（unprofessional）。西谚有云："读书不求甚解是对书的漠视"（to read and not to understand is to disregard），一知半解地读书，还不如不读书。若想读出字里行间的意思，且避免误读，除了慢慢地读，没有其他的办法。

语文学的慢读工夫首先以厘定或设定文本（establishing or constituting a text）为基础，这个过程对于从事现代研究的学者来说不见得那么重要和困难，毕竟他们不常遇到像乔伊斯的《尤里西斯》（Joyce's *Ulysses*）这样有争议的文本。但它对于像我这样研究非本民族语言之古典文本的人来说不但非常重要，而且还特别困难，需要以长期、耐心的专业语言训练为前提，而且还要学会运用paleography（古文书学）、codicology（手稿学、书籍考古学）以及文本批评（textual criticism）等极其专业的方法，否则就没有能力处理那些不是残破就是有多种不同版本传世，而且与现代语文相差很远的古典文本。当然即使阅读自己的母语文献，正确理解一个古典的文本实际上也并不那么简单。自我感觉最有把握的东西，也往往是最容易出错的地方，一个没有受过专业训练的人实际上很难真正理解自己民族的古典文本，因而同样需要设定所读文本的语言的和历史的前后联系。

去年5月，我在巴黎遇到美国印第安纳大学中央欧亚系教授、汉藏语言学、藏学和欧亚学大家Christopher Beckwith先生，他对我说，迄今为止中外汉学家中间几乎没有人像西方古典语文学家设定西方古典文本一样处理过汉文经典，所以至今没有出现一本像样的汉文经典文本的合校本（critical edition）。在这一点上，汉学大大地落后于印度学、藏学、蒙古学等其他东方学研究的分支学科。尽管中国的经学研究已有上千年的传统，但对汉文经典文本的厘定和设定与西方古典语文学对西方经典文本的设定相差很远，传统汉学研究并没有完全走到尽头，回归语文学也是一件迫切需要做的事情。

按照语文学的传统，若要正确理解一个文本，我们就必须认真对待文中出现的每一个词汇，必须根据其前后联系和它早先的出处、例证，尽可能设法重建这些词汇本来的生命（original life），品味出其意义上的细微差别（nuances），然后来确定它们在这个文本中的确切意义。若要正确理解一种古代文明的文字记录，我们还需要掌握大量广义的文化史知识，如民俗、传说、法律和习俗等等。此外，一个文本的语文学阅读还要照顾到这个文本用以表达信息的各种不同形式，所以它还涉及语言风格、韵律和其他相关的研究。总之，要保证我们阅读文本时不一知半解，不犯断章取义或者类似的错误，我们只有坚持读书而求甚解的慢读习惯。强调这一点，对于当下我们这个习惯于从网络上迅速获取资讯、却懒得翻开一本字典或者一本参考书的时代尤其重要。于我而言，从头到尾翻译藏文达赖喇嘛传这样非母语的古典文本，经历一个艰苦的慢读过程，不但使我阅读古藏文文本的水平有了显著的提高，而且也使我对这个文本的理解和我起初浏览时的理解相比有了质的变化。用语文学的方法处理一个文本，其目的是要重构（reconstruct）或者恢复（restore）这个文本原有的十分丰富的内涵和生命，从而对它进行解释（interpret）和评论（comment）。厘定或者设定一个文本并不只是一个机械的、技术性的活动，不但其过程即伴随着研究者个人的理解和解释,而且其目的也是最终要给这个文本以合理的解释和评论。有人以为解释和评论不能算是纯粹语文学的内容,因为它们必须涉及观念和理论的东西,但对文本的设定和确定与对它的解释本身是没有办法完全分开来进行的。若不首先以语文学的方法对这个文本的丰富内容进行重构和恢复,任何解释和评论都将难以实现。相反,完成了重构和恢复,解释和评论便水到渠成。设定文本的目的就是要复原这个文本原来的语言的和历史的关联,而不是预设某个观点或者概念,若读者头脑中带着某个观念或观点来阅读文本,那么他往往只着意于在文本中寻找可以证实自己已知观念的内容。而当我们脱离预设的观念来阅读文本,则常常能够读到很多预期之外的其他内容(otherness),使阅读的过程充满惊喜和发现。

当我开始译注一世达赖的两部传记时,我没有奢望要重构15世纪西藏政治和宗教的历史。当我完成了译注之后,我却惊喜地发现这样一部历史已跃然纸上了。大家知道,藏文文献之多仅次于汉文文献,但由于受佛教的影响,任何藏文文献资料都是佛教化了的东西,从中很难剥离出纯粹历史的内容。不管是一部西藏教法史(chos 'byung),抑或一本喇嘛的传记(rnam thar),如果我们只是粗粗地阅读而不求甚解,那么,除了被无休无止的佛教名相搞晕了头脑外，我们或将一无所获。但当我将一世达赖传记中出现的所有人名、地名、寺院名，以及各种经典、法物、仪轨的名称、背景和传承一一考证清楚，即发现有关15世纪西藏政治、宗教，乃至经济、艺术的内容，特别是有关格鲁派兴起和达赖喇嘛体制形成的过程，已被全部包罗进来，重构这段历史已不再是一项不可完成的使命了。一世达赖喇嘛在哪里学/传哪一种法、受何人支持/排挤、请何人授法、造像、去哪里建寺、举办法会等等，都不是偶然发生的事情，都有其深刻的历史背景，一旦把他们的缘由和来龙去脉搞清楚了，我们即可从一部充满宗教说辞的高僧传中构建出一部传主所处时代的教法史。这就是语文学研究的魅力所在，也是我写作这篇博士论文的用心所在，这篇论文的学术贡献也尽在于此。所以，若顾彬先生真的有意要知道我的心在哪里，那么我可以明白地告诉他：我的心就在语文学，能成为一名优秀的语文学家是我今生最大的野心。

五

最近几年，顾彬先生成了中国大众传媒热衷追逐的对象，作为一名海外汉学家能在中国如此的鼎鼎大名，他的造化实在是大。然而，这一切看起来与学术本身没有多大的关联，更多是因为顾彬先生说出了"20世纪的中国现代文学全是垃圾"这样一句让人莫名惊诧的话。真不知道顾彬先生是从观念到文本、还是从文本到观念得出了这样一个听起来非常不学术的高论？我也不免好奇起来，想问一下顾彬先生，你说此话时你的心又在哪里？顾彬先生这一回该不是利用自己西方学术权威的身份，凭借西方对东方的文化和"话语"霸权，把好心崇拜洋教授的中国人很过瘾地给忽悠了一把吧？！

原载《文景》2009年第6期

05
说学术偶像崇拜和学术进步

一

作学术研究应该重视前人的研究成果、后辈应该尊重前辈,这是做学问和做人最基本的道理。如果不很好地了解过去学术发展的历史和理路,我们今天的学术研究就会失去坚实的根基和深厚的传统。对学术偶像们的崇拜,确切地说,是对他们的学术方法和学术成就的学习和吸收,对每个在学术领域蹒跚学步、艰难成长的学人而言无疑都是重要的帮助。但是,盲目崇拜和神化学术权威则是学者治学之大忌,因为学术的进步需要理性的批判。如果对学术权威的学问并无深刻的领会,对他们的学术方法、成就,以及他们的局限和不足没有专业和历史的把握,却对他们的生平逸事和人际脉络了如指掌,说起来头头是道,如数家珍,则是一种十分令人讨厌的中国毛病,凸显说者追星式的幼稚和无知。一代人有一代人的学术，即使像王国维先生这样学术之博、精"几若无涯岸之可望，辙迹之可寻"者，陈寅恪先生依然以为"先生之著述，或有时而不章；先生之学说，或有时而可商"。学术的进步必须长江后浪推前浪，晚辈不应该一味崇拜前辈偶像，而应当知道前辈学术之成败，不断地发现新的学术偶像，得到新的启发，受到新的挑战，见贤思齐，自己的学问才会不断地成长和进步，青出于蓝而胜于蓝。如果一个人永远只对一两位过去了的偶像推崇备至，对他们学术毫无批评精神，或者永远发现不了新的偶像，这或表明他自己的学术视野永远停留在一个角度，他的学问也一直在原地踏步。

二

问学之初，我曾经十分倾心地崇拜过两位西方学者，一位是20世纪最杰出的藏学家、意大利学者图齐（Giuseppe Tucci, 1894—1984）先生，另一位是第二次世界大战后德国汉学的领袖人物、世界著名宋辽金元史研究专家傅海博先生。这两位先生既是学问的大家，也是charisma十足的大人物。图齐先生是当代藏学研究的奠基人，他一生留下了近四百种著作，涉及西藏语言、文献、考古、佛教、历史、艺术、民俗、地理等各个领域，且均有非凡的成就。不仅如此，他还创立了意大利远东研究院，创办了享誉世界的"罗马东方学研究丛书"和学术期刊 *East and West*。没有图齐，今天的世界藏学研究，甚至世界东方学研究一定是另外一番景象。而傅海博先生则是当代德国乃至世界硕果仅存的最杰出的老一辈中国古代历史研究大家，凭他对中国古代历史文献的精熟和他扎实的语文学功力以及出色的学术组织能力，西方学界宋辽金元史研究的水准从此跃上了一个新的台阶。不仅如此，傅海博先生桃李芬芳，他的弟子们一度几乎占领了德国所有大学的汉学教席，使得第二次世界大战后德国成为世界汉学研究重镇。

不消说，天底下有的是像我一样对图齐和傅海博这两位前辈大家推崇备至的人，但我对他们的崇拜有我非常特殊的渊源。我对图齐的崇拜多半缘于阅读他的传世名作——《西藏画卷》(*Tibetan Painted Scrolls*, vols.1-3, Rome, 1949)，这是一部研究藏传佛教艺术，特别是唐卡艺术的开山之作，而其中的第一卷则是对中世纪西藏政教历史的综述。（图5-1）图齐将天女散花般散落在卷帙浩繁的藏文文献中的历史资料一一探寻出来，把纷繁、复杂的西藏中世纪史梳理得有条有理，令人一目了然。他既能作抽丝剥茧式的语文学研究，又能高屋建瓴地作宏大叙事，将这两种能力结合得如此完美，令我叹为观止。对

05　说学术偶像崇拜和学术进步

图5-1　第一版《西藏画卷》英译本（1949年）

傅海博先生的崇拜则是因为阅读了他一系列有关元代西藏研究的论文,虽然傅海博不是一位西藏学家,但他旁征博引稀见元代汉文文献以解读藏文诏令和文诰,并解释西藏历史、宗教和人物史事,解决了许多令藏学家们一头雾水的疑难问题。他的汉学知识的广博和他作语文学研究的细致令我这位汉族西藏史家汗颜,从此不敢轻视西方汉学家对汉语文文献之发掘和研究的能力。由于我初入学界所做的题目正好是元代西藏研究,阅读图齐和傅海博两位先生的著作对我来说无异于经历一场学术启蒙,对他们的追随设定了我自己最初的学术道路。总之,我对这两位学术偶像的崇拜不可与追星同日而语。

岁月荏苒,一晃二十余年过去了。我的学术兴趣几经转移,陆续也有新的学术偶像出现,但我对图齐和傅海博先生之学问的敬仰之情不减当年。当然,偶像也难免有黯然失色的时候,对图齐的失望和批判缘于发现这位20世纪最优秀的西藏学家和东方学家,政治上却极其不光彩。图齐曾经是一位与墨索里尼政权有密切联系的铁杆法西斯分子,他的东方学研究背后有着深刻的法西斯主义背景。他本人曾经对日本的武士道精神深深着迷,还为加强日本和意大利两个法西斯政权间的联系而摇旗呐喊过。一位学术的巨人曾经是一位政治龌龊的人物,想来令人扼腕。对傅海博先生过去的政治面貌我不甚了了,他的青年时代正是德国纳粹猖獗的年代，很多与他同辈的学人，如同为图齐和傅海博先生之好友的世界蒙古学大佬Walter Hessig先生就也曾与纳粹政府有所瓜葛。我衷心地希望傅海博先生比图齐和Hessig有一个更清白的过去，但对他的学问我同样不再只有崇拜而没有批评了。

多年前，我在1994年出版的 *Asia Major*（《泰东》）第7卷上读到傅海博先生的一篇新作，题为 "Consecration of the 'White Stūpa' in 1279"（《论1279年的白塔胜住仪轨》）。这是傅海博先生80岁时发表的作品，是他晚年的代表之作。他利用所见各种文字的文献资料，对北京元建妙应寺白塔的历史作了迄今最充分的研究。文中傅海博先生对元人祥迈所撰《圣旨特建释迦舍利灵通之塔碑》作了重点翻译和解释，照例旁征博引，鞭辟入里。可是，他的译文中竟然出现了一处令人触目惊心的硬伤，令我深为偶像惋惜。《圣旨特建释迦舍利灵通塔碑》中有句云："取军持之像，标驮都之仪"，傅海博将其译做"(The construction) was in the hands of selected soldiers, and its shape symboized the form of a form of a sacred element"。他竟然将"军持"翻译成"the hands of selected soldiers"，译言"所选士兵之手"，而不知道汉文"军持"是梵文Kundikā的音译，意为"瓶""净瓶"，此处指的是藏式覆钵形菩提塔如净瓶般的形状。而"驮都"确如傅海博所认定的那样是梵文dhātu的音译，通译做"界"，但dhātu也有很多其他的意思，如傅海博认为的"a sacred element"（成分、要素）等。可偏偏它在这里的意思与"成分"毫不相关，它实际上指的就是佛之舍利。所以这句看起来挺复杂的话可以简单地翻译成"(The stūpa) takes the shape of a vase to mark the manifestation of Buddha's relics"。指出傅海博著作中的这个硬伤，并无意于损害偶像于我辈心目中的高大形象，先生一世的英名也决不至于因此而毁于一旦。我在此只是想借此说明任何权威都有其各自的局限，都会与常人一样犯可笑的错误，盲目崇拜和神化学术权威实不可取。

三

在我从对西藏历史研究的专注中走出，转而更多地注意藏传佛教研究之后，我最钦佩的学术偶像无疑是David Seyfort Ruegg（1931—2021）先生。（图5-2）出生于纽约的Ruegg先生，早年受学于法国高等研究学院，主修历史学和梵文，研究印度语言哲学。后于巴黎索邦大学获博士学位，研究印藏佛学中的"如来藏"思想。一生历任法国远东学院、荷兰莱顿大学、美国西雅图华盛顿大学、德国汉堡大学、英国伦敦大学等学术机构的教授、研究员，从事印藏佛教的哲学、语文学和历

05 说学术偶像崇拜和学术进步

图5-2 伦敦大学亚非学院荣休教授David Seyfort Ruegg先生
（1931—2021）

史学研究，是世界最著名的印藏佛学家之一，20世纪90年代出任国际佛学研究会主席一职将近十年。

我对Ruegg先生的钦佩首先是因为他的博学和杰出的语文能力。他是一位典型的印藏佛学家，说他兼通印藏佛学实在不足以表达他的能力和成就，更确切地说他是贯通了印藏佛学。他对梵文和藏文两种语文工具的精熟，使他可以广泛地运用这两种语文的历史和宗教文献，对佛教哲学思想在印藏两种佛教传统中的源流有极其深刻的把握。Ruegg先生对佛教的如来藏思想、中观哲学、政教理念、"他空见"等都有精深的研究，他的相关著作都是业内的经典作品。晚近，Ruegg又出版了一部题为《南亚佛教与婆罗门教/印度教和佛教与西藏和喜马拉雅地区"地方崇拜"的共生关系》(*The Symbiosis of Buddhism with Brahmanism/Hinduism in South Asia and of Buddhism with "Local Cults" in Tibet and the Himalayan Region*, Austrian Academy of Sciences, 2008)的专著，再次显示了其学识之渊博。

除了博学以外，我钦佩Ruegg先生的另一个重要原因是他打通理学和朴学后所达到的崇高的学术境界。作为一位欧洲传统训练出来的语文学家，他在理学方面的造诣在同辈中无与伦比。欧洲的佛教学研究传统以语文学研究为主流，对梵、藏文佛教文献的出色的语文学处理是欧洲佛教研究的一大特色，对梵文和藏文佛教文献的厘定、译注和解释是印藏佛教研究的主要内容。作为一位典型的欧洲佛教学者，Ruegg先生对用语文学方法处理梵、藏文佛教文献驾轻就熟，他对"如来藏思想"和"中观哲学"的哲学史式的研究就是建立在对相关的大量梵、藏文佛教文献的译注和解释的基础之上的。但他的每一项研究往往都超越一般语文学家研究佛教文献所能预期的成就，而赋予其语文之外的哲学和文化意义，为佛教的语文学研究树立起更高的哲学和文化价值。

不仅如此，Ruegg对世界人文学界，特别是文化研究的新理论、新思想极为敏感，常常将它们精妙地结合到他自己所从事的研究领域之中。例如，他曾经对佛性论，特别是印藏佛教传统中的顿悟和渐悟思想作过非常出色的比较研究，出版过一部题为《比较观中的佛性、心识和渐悟问题》(*Buddha Nature, Mind and the Problem of Gradualism in a Comparative Perspective*, London, 1989)的经典著作，不但对印藏佛学传统中有关顿悟与渐悟的文献和思想作了深入的讨论，而且还将当年流行的"历史记忆"和"传统的创造"等新理论运用到他自己的研究之中，非常精辟地指出藏文历史文献中对"吐蕃僧诤"的记载看起来不像是一个真实的历史事件，而更像是一个半历史的topos，和尚摩诃衍已经成为一个非历史的、具有象征意义的人物,而"吐蕃僧诤"成了一个历史与神话交杂的东西,或者说是一个"记忆之场"。(图5-3)正是受Ruegg这段话的启发,我对藏文文献中有关和尚摩诃衍及其"吐蕃僧诤"的记载作了系统的检讨,得出的结论与Ruegg的预想完全一致,藏文文献中有关和尚摩诃衍及其教法的说法基本上是后世藏族史家创造出来的一个传统。[1]

对Ruegg之学问的崇拜无疑与我个人的学术志趣和追求相关。我自己所作研究通常采取语文学的方法,但我也非常希望能够为自己所作的小学式的研究找到直接的理论和哲学的支撑,希望自己从事的语文学研究能够摆脱匠人之气,而更富有人文精神和智识、脑力的挑战。然而,要将理学和朴学完美结合,将学术著作写得既扎扎实实、无懈可击,又充满智慧、发人深思,这实在是一件非常困难的事情。不才如我,当然不敢有此奢望。但正因为如此,Ruegg先生才成了我长期崇拜的学术偶像。

四

除了Ruegg先生,我曾十分钦佩的学术偶像还相当不少。

---

[1] 参见沈卫荣:《西藏文文献中的和尚摩诃衍及其教法——一个创造出来的传统》,载《新史学》,第16卷第1期,2005年,第1—50页。

图5-3 《比较观中的佛性、心识和渐悟问题》

例如，美国印第安纳大学中央欧亚系的Christoper I. Beckwith（1945—　）教授就是其中之一。Beckwith先生的大作《中亚的吐蕃帝国》(*The Tibetan Empire in Central Asia*, Princeton University Press, 1987)，利用汉、藏和阿拉伯文献资料，宏观地构建了吐蕃对外扩张和吐蕃帝国的历史。（图5-4）Beckwith利用他兼通汉、藏和阿拉伯文献的杰出能力，完成了中亚学研究的一桩宏大建构，并获得了奖励给天才学人的麦克阿瑟奖。阅读Beckwith此书给我留下的最深刻的印象，也是我至今依然对它推崇备至的一个重要原因，是Beckwith要言不烦、举重若轻的大家手笔。纷繁复杂的问题到了他的笔下，好像都一目了然，读来让人十分惬意。虽然中外学者，包括我的朋友范德康（Leonard van der Kuijp）教授，都对Beckwith这部大作有过很多这样那样的批评，但在我看来，《中亚的吐蕃帝国》这部卷帙上无法与图齐之《西藏画卷》同日而语的小书，却是继其之后世界藏学研究的又一部有里程碑意义的巨著。

Beckwith后来专注于建构汉藏语系的语言学研究，隔行如隔山，读他的研究论文常常只能看懂结论，而其论证过程则常令我堕入五里雾中。几年前，Beckwith发表过一篇试图重构"吐蕃"两字为唐代时的发音的文章，其结论为"吐蕃"实际上就是汉文文献中的"发羌"。这样的结论大概有助于我们

图5-4 Christopher I. Beckwith 著《中亚的吐蕃帝国》

理解汉藏两个族群的源流,只是对其论证过程我实在无法如实体会。前年春天,我有幸在巴黎恭听了Beckwith的一场学术报告,主题是对汉文古文献中"月支"一词之语源和读音的重构。他的结论是"月支"的"月"字相当于Toka,而"支"字则与匈奴语中的"王"字对应,所以"月支"就是"吐火罗王"的意思。同样,我对他论证这一观点时所用的那一套语言学术语一知半解,所以没有办法跟随他的论证理路。而同堂听讲的多为从事欧洲古代语言研究的法国语言学家,他们对他的这个报告好像推崇备至。真希望Beckwith确实用他出色的语言学和语文学训练为我们解决了这两个长期以来传统汉学研究所无法解决的难题。

继Beckwith的《中亚的吐蕃帝国》之后,又一部曾给我留下极为深刻印象的学术著作是人类学家、英国Cardiff大学宗教学和神学教授Geoffrey Samuel先生的大作《文明的萨满:西藏社会中的佛教》(*Civilized Shamans: Buddhism in Tibetan Societies*, Smithsonian Institution Press, 1993)。(图5-5)阅读这部长达七百多页的大书对我来说是一种全新的经验,它与我习惯阅读的历史学和语文学类著作在风格上几无共同之处,但它给我带来了前所未有的愉悦和兴奋。Samuel与其说是一位西藏学家,不如说是一位人类学家和宗教学家,但他的著作却给

图5-5 Geoffrey Samuel 著《文明的萨满：西藏社会中的佛教》

西藏研究带来了令人神清气爽的一缕清风。他形象地用"文明的"和"萨满"来表征藏传佛教于显密二宗均十分出彩的典型特征，并以它们为主线来分析7世纪至近代西藏社会发展变化的过程，以及藏传佛教的这两种典型特征与西藏社会发展变化之间的紧密关联。《文明的萨满》一书将人类学的调查资料和广泛的文献研究完美地结合到一起，通过对整个西藏历史之宗教结构的共时的考查和对宗教生活之社会、智识和精神成分的历时的分析，为读者奉献了一部综合研究西藏社会和宗教的具有里程碑意义的优秀作品。严格说来，《文明的萨满》既不是一部西藏宗教的地缘政治研究，也不是一部西藏的宗教、文化史，更不是一部研究大乘佛教的专业著作，但它巧妙地包罗了上述所有这些内容，为读者理解西藏社会和藏传佛教提供了最有利的视角、最全面的资讯和最发人深思的启示。

近年来，我和我的学生们又都成了美国印藏佛教学者、Fairfield大学宗教学教授Ronald M. Davidson教授的粉丝，他的新著《西藏文艺复兴：西藏文化再生中的密宗佛教》(*Tibetan Renaissance: Tantric Buddhism in the Rebirth of Tibetan Culture*, NewYork: Columbia University Press, 2005)成了我们研究藏传密教，特别是黑水城出土藏传密教文献和藏传密教于西夏和蒙元时代在内地传播历史时常备左右的参考书。（图5-6）

图 5-6 Ronald M. Davidson 著《西藏文艺复兴：西藏文化再生中的密宗佛教》

Davidson别出心裁地将10世纪中到13世纪初这段时间称为西藏的文艺复兴时期，通过对大量印度成道者所传密教文献于西藏传译的精细研究和对以萨迦派道果法为中心的密法教义和修法仪轨的描述和诠释，Davidson对最终成为藏传佛教之典型特征的密教传统的形成过程，对藏传密教的印度渊源、文献依据、师承次第等都作了清楚的交代。在这一部头不大的专业著作中，我们几乎可以找到有关早期藏传密教的所有有用的信息，为我们深入研究萨迦道果法在西夏和元朝的传播提供极大的方便。

Davidson对梵、藏文密教文献有全面和精深的了解，他的著作为读者提供了大量一手的资料。此前不久他出版的《印度密教：密教运动社会史》(*Indian Esoteric Buddhism: A Social History of the Tantric Movement*, New York: Columbia University Press, 2003)从社会史、文化史的角度研究印度密教，它和《西藏文艺复兴》一起成为研究印藏佛学的当代经典。尽管西方的印藏佛教研究已有相当悠久的历史，但以往的研究，如前述Ruegg的著作，较多地集中在对印藏佛教思想的比较研究之上，对印藏密教传统的比较研究尚未全面展开。Davidson的这两部著作开风气之先，引领世界印藏密教研究新潮流。他之所以能有如此之成就，首先得归功于他超强的语文能力，他的所有研究都建立在他对大量梵、藏文密教文献的精细的译解的基础之上。让我颇为吃惊的是，最近 Davidson 竟然开始大量利用汉文佛教文献来研究早期的陀罗尼。西方印藏佛学家中少有兼通汉语文者，Davidson 早年以研究印度梵文佛教文献和哲学见长，后专擅印藏密教，学习汉语文、重视汉文密教文献，恐怕是最近的事情。从他的这段学术经历中，我们见到了一位优秀的西方佛教学者的学术轨迹。

值得一提的是，以上这几位我所推崇的学术偶像都不是名牌大学的大牌教授，但他们的学术能力和学术成就无不鹤立鸡群，令人肃然起敬。文章千古事，得失寸心知，希望一位中国同行对他们由衷的钦佩能够给他们带去些许的慰藉和几分的自豪。

五

吾生有涯学无涯，几十年在学术道路上蹒跚学步，不知不觉间老之将至。令我无比欣喜的是，很多比我年轻得多的青年才俊在学术上已远远走在了自己的前头。他们出色的学术成就让我体会到了什么叫做后生可畏，遂知大师、偶像不见得非得是古人、老人不可。

近年来，我读到了不少青年学术同行们的优秀作品，其中给我留下最深刻印象的无疑是芝加哥大学神学院宗教史研究助理教授Christian K. Wedemeyer（1969—　）先生的著作。（图5-7至5-8）Wedemeyer是哥伦比亚大学宗教系的博士，曾师从美国最著名的藏传佛教专家、宗喀巴讲座教授Robert Thurman先生。Thurman贵为哥大佛学教授，但其做派更像是一位藏传佛教的传教士。虽然在民间有十分巨大的影响力，但其著作的学术含量则实在不高。令人吃惊的是，Wedemeyer的治学方法与他的老师有天壤之别，他竟然是一位非常出色的语文学家。他出版的第一部专著是圣天造《合行明炬》的译注本〔*Aryadevas Lamp that Integrates the Practices (Caryāmelāpakapradīpa): The Gradual Path of Vajrayāna Buddhism according to the Esoteric Community Noble Tradition*, New York, 2007〕，遵循的完全是欧洲佛学研究传统的语文学方法，从中可以看出他深厚的语文学功底。Wedemeyer兼通梵、藏两种语文，擅作佛教文献之比较研究的能力在他的另一篇论文中反映得更加淋漓尽致，这篇论文题为《译师之功的诱人痕迹：宗喀巴著述中梵文资料的别样翻译》（"Tantalising Traces of the Labours of the Lotsāwas: Alternative Translations of Sanskrit Sources in the Writings of Rje Tsong Kha pa", in *Tibetan Buddhist Literature and Praxis: Studies in its Formative Period, 900—1400*,

图 5-7　Christian K. Wedemeyer

图 5-8　Christian K. Wedemeyer 代表著作之一《为密乘佛教正名：在印度传统中的历史、符号学和违规》

edited by Ronald M. Davidson and Christian K. Wedemeyer, Leiden: Brill, 2006, pp.149-182），对宗喀巴著作中所引述梵文文献的误译、误解作了十分精到的检讨和批判，对传统以为藏译佛教文献十分忠实梵文原本的说法提出了有力的质疑，并进而对梵文佛教文献于西藏传译过程中有可能出现的问题作了非常有见地的讨论。

更令我吃惊的是，与他深厚的语文学功力相比，Wedemeyer的哲学和理论修养似乎还更胜一筹。Wedemeyer近十年间发表的论文总共不足十篇，但篇篇珠玑，其中有两篇文章对印藏密教研究带来了颠覆性的震撼。第一篇题为《修辞格、类型学和转向：密宗佛教史学的简短世系》（"Tropes, Typologies, and Tumarounds: A Brief Genealogy of the Historiography of Tantric Buddhism", *History of Religions*, vol.40, no.3 (February 2001), pp.223-259），它对西方一个半世纪以来的密宗佛教历史编纂的历史（the history of the historiography of Buddhist Tantrism）提出了根本性的质疑和批判。Wedemeyer在其文章开头提出了如下一个人文学科建设中带普遍性的问题：在众多学科的初始阶段，通常都会预设一些临时性的理论，用来为这个形成中的知识领域提供一个大致的结构，以便更详细的研究得以开展。这些理论，除非很快就被推翻或者随后被重新考量，设定了初期

05　说学术偶像崇拜和学术进步

研究的程序，变成了组成这个学科研究背景的重要成分，甚至成为这个学科不言而喻的"公理"。而一旦成了"公理"，这些假设，尽管完全没有（或者只有微弱的）实证依据，通常会定义、结构和界定这个学科之学术研究的路线。而当足够多的时间和能量已经被投入到了预设那些"既定观点"之正确性的研究之中时，它们从此以后就再也不会受到质疑，以免打破学科之平静的外表，也不使让人感到舒服的"进步"的幻象被打搅。就是由于这个原因，有时我们可以真切地见到一种非常强大的、跨越好几代学人的学术保守主义，在这种学术保守主义之下，长辈学者们（权威、偶像）非常不愿意鼓励（且不去说"允许"）对一个领域的那些最基本的假设作激进的修正。

接下来 Wedemeyer 就以西方印度密宗佛教历史编纂学为例来说明那些本来毫无实际根据的"既定的观点"是如何设定了西方学者近二百年来的密宗佛教研究、如何决定了密宗佛教史的建构和叙述范式的。他的文章提出了一个印度密宗佛教历史编纂学的世系谱，特别强调了西方密教研究及其成果之历史背景，揭示佛教史大纲的最初构建如何决定性地受到了不加甄别地选择对用来结构这个历史的叙述原型（narrative archetype）的影响，这个大纲又是如何为对印度宗教的最早的诠释模式所确认，而由这个大纲设定的写史传统及其关联的说法又是如何因为一位本来很有见识，而且注定要成为20世纪最著名和最有影响力的佛学教授的戏剧性的投降而被作为不二之论定格为佛学研究之正统的。

Wedemeyer整篇论述十分的精致、复杂和巧妙，富有智性、理性和思辨性，读起来让人觉得刺激、过瘾，又处处发人心智。他的主要观点是说，西方学者把印度佛教视为一种过去现象，把它在印度的消亡当成既成事实，于是采用历时的叙述模式来构建佛教的历史，讲述佛教在印度从生到死的一个完整的故事。当西方学者在19世纪初开始构建佛教历史的时候，西方最流行将历史当做一种有机的发展过程（organic development）来描述，历史无非是从出生、成长、成熟到衰落和死亡这样一个有机的发展过程。于是，佛教的历史顺理成章地按照这个叙述原型被建构起来了。释迦牟尼佛的出生和宏化是佛教的诞生期，小乘佛教是佛教的成长期，大乘佛教是佛教的成熟期，而密乘佛教则是佛教的衰亡期。在这样的一个叙述模式之下，密教自始至终被当做7世纪才开始出现的，印度佛教的最后，也是最堕落、没落和行将消亡的一个阶段，尽管密教至今未亡，它依然是藏传佛教最重要的一个活着的传统。而密教中出现的性瑜伽等修习方式，正好符合将道德沦丧，特别是性行为的堕落作为一种文明衰亡之重要标志的西方传统,于是,密教史的研究就成了一部佛教衰亡史的书写过程。这种叙述原型形成了强有力的话语霸权,即使是世界上最优秀的佛教语文学家也难以摆脱这种霸权的控制,他们的研究和叙述处处受到这些"既定之见"的左右。Wedemeyer这篇优秀的论文让我们终于清醒过来,西方近两百年来密教研究的传统必须有一个根本性的改变,对那些已成"公理"的传统说法需要作严肃、历时的清算和重新考量。这样的真知灼见又何尝不可以推而广之,我们是否都应该重新考量我们各自学科中那些被我们崇拜的行内巨擘、大腕们设定的那些"公理"呢?

Wedemeyer另外一篇发人深省的文章题为《牛肉、狗和其他神话:大瑜伽密教仪轨和文献中的引申符号学》〔"Beef, Dog and Other Mythologies: Connotative Semiotics in Mahāyoga Tantra Ritual and Scripture", *Journal of the American Academy of Religion*, vol.75, Issue 2 (June 2007), pp.383-417〕。在这篇文章中,Wedemeyer试图处理密教研究中另一个长期令佛教学者争论不休的十分棘手的大问题,即如何来解释密宗佛教中那些有悖常理、十分违规的成分。密教长期受人诟病的一个重要原因就是其修法中包含了很多违犯佛教戒律,甚至与世俗道德观念相抵触的特殊修法,如男女双修和"五肉"(狗肉、马肉、牛肉、象肉和人肉)、"五甘露"(大香、小香、精、血和骨髓)供养等等。对于这些极为怪异的修法到底应该如何解释,学界历来有很多激烈的争论,有人以为应该按其直接的字面意义来理解它们,将它们视为实际的修法;也有人把它们当成特殊密码,只具有比喻和象征意义,认为这类密乘修法是观修,而不是实修。而 Wedemeyer 则提出:以上两种说法,不管是实指,还是喻指,都把它们当做直接的指义自然语言(directly denotative natural language)的范例来处理,所以都没有抓住这些传统之符号学的最本质的方面。他的这篇论文试图表明密乘大瑜伽续部采用的是一种可称为"引申符号学"(connotative semiotics)的指义形式,在这种形式中,来自自然语言的符号(一种能指和所指的结合),在一种更高层次的话语(神话语,mythic speech)中,有能指(signifiers)的功用。将这些符号学工具引入对解释密教修法之批评中的目的,无非是要人认知,不管是仪轨的实修,还是经典的叙述,其中起根本性作用的是一种关于清净和污浊的语法规则(清浊无二),而这种规则出现在与早期密乘佛教和更广泛的印度宗教常规的重要对话之中。这表明见于密乘佛教中的这种对常理的违背表示的既不是"部落式"(字面的、原始的)的修习,也不是纯正的瑜伽密码(象征性的),而是反映了主流印度佛教固有的关注。

05 说学术偶像崇拜和学术进步

Wedemyer以讨论密乘大瑜伽部最著名的续典《密集本续》中提到的"五肉""五甘露"供养的解释问题为出发点，说明从仪轨的实修和经典的叙述的两种角度来看，不管是从其字面上，还是从其象征意义来解释这种奇特的供养法都不足以给解释它们实际的宗教意义，所以他建议释者要跳出指义语言的框框，在引申符号学体系（a system of connotative semiotics）中来重新考量这些密宗符号的解释问题。所谓"引申符号学"是"一种不是由它的字面意义，而是由它的意图（intention）来定义的语言，它的意图因为没有在字面意义中表达出来，故被冻结、净化，乃至永恒化。这种神话语言的构成成分的模糊对于指义（signifcation）而言有两种后果，它从此表现得既像是一种通告，又像是对一个事实的陈述"。具体而言，所谓"五肉""五甘露"，我们既不能直接从其字面的意义上去理解，也不能把它们简单地看做一种具有比喻和象征意义的密码，而应该把它们看做"引申符号"，找出它们的字面意义中没有被表达出来的潜在的意图，以理解其实际的宗教意义。而这个没有在字面上被表达出来的意图实际上就是佛教的清净和污浊无二的法则，引申开来说就是轮（回）涅（槃）无二、烦恼和觉悟一味的成佛境界。所以，这些看似有违佛教戒律的怪异修法不过是标示成佛境界的"引申符号"。

如何解释这些怪异的密宗修法一定还将继续成为佛教学者们长期争论的一个焦点，但Wedemeyer上述这种解释无疑为我们提供了一种新的思考方法。作为研究密乘大瑜伽部的顶级专家，Wedemeyer将西方符号学的理论如此巧妙地引进自己的专业研究之中，令人大开眼界。他在上述著作中所表现出来的在理学和朴学两个方面的非凡造诣，令我在阅读他的著作时脑中常常掠过这样的一个念头：中国佛教学界何时会出现一位像Wedemeyer这样的青年才俊呢？我相信那时一定就是中国之学术雄起于世界之日。

六

世人走过的学术道路千差万别，每个人或都应该有一个与众不同的崇拜和扬弃学术偶像的个人经历。我相信每一个有过这样经历的人最终都会得出同样的结论：任何学术偶像都不是永恒和不可超越的。一代人有一代人的学术，后代超越前代是大势所趋。在图齐的时代，他的《西藏画卷》和《西藏宗教》（*The Religions of Tibet*, University of California Press, 1988）无疑是最杰出的经典，但到了Samuel的时代，《文明的萨满》就理应取代《西藏宗教》的经典地位。图齐无疑也曾经是Samuel的学术偶像，Samuel曾是图齐《西藏宗教》一书的英文译者。但

05 说学术偶像崇拜和学术进步

Samuel的《文明的萨满》和他最近出版的新著《瑜伽和密教的起源》(*The Origins of Yoga and Tantra: Indic Religions to the Thirteenth Century*, Cambridge University Press, 2008)最终超越了图齐的《西藏宗教》。西藏宗教研究在图齐和Samuel两代学人之间完成了学术的更新,取得了明显的进步。而无论是从理学还是从朴学的角度来看,血气方刚的Wedemeyer的能力和水准都已经丝毫不逊色于德高望重的Ruegg。毫不夸张地说,今日的Wedemeyer已经具备了最终超越Ruegg的所有潜质和能力,明天的Wedemeyer一定会成为今日的Ruegg,他们注定都是印藏佛学研究的祭酒级人物。

从自己学习和吸收上述这些学术偶像之学术成就的经历中,我深深感到不管身处哪个学科、在作什么样的课题研究,用语文学的方法作仔细的文本研究应该是每一位学者必须具备的最基本的功夫。特别是对初入学界的新人而言,要想不在茫茫学海中迷失方向,用语文学的方法老老实实地作文本研究无疑是一个相对安全、可靠的定位方式。这样的方式不但能够使人得到最基本的学术训练,而且其学术成果也最具原创性,能够给读者提供新的知识。而学术研究最理想的方法应该是理学和朴学的完美结合。一部精致、复杂的语文学著作,如果缺乏哲学和思想的意义,终难脱离匠人之气,缺少思想和智识的力度和挑战。而一位学者若完全缺乏对文本作语文学研究的能力和耐心，只专注于空洞的理论探索和哲学思辨，则他既不可能写出有丰富的实际内容的好作品，也永远不可能创造出能给人以启发的新理论。描述和解释作得再完美、再迷人，也只是一种形式的变换和更新，无法替代扎实、精致的文本研究。作学术研究只重视理论、解释，而轻视甚至舍离对文本的语文学研究，则是舍本求末，或能眩人耳目、哗众取宠，但既不会给我们带来新的知识，也不会给学术研究带来实质性的进步。

原载《东方早报·上海书评》2010年5月23日

06
东方主义话语与西方佛教研究

一

自萨义德《东方主义》一书于1978年问世以来,东西知识界同时拥有了一种检讨西方东方学研究的强有力的武器。(图6-1)东方主义像是一面照妖镜,许多曾备受推崇的东方学大家在它的面前纷纷原形毕露。东方主义理论对于澄清西方探究东方文明过程中出现的种种迷误、划定西方东方学研究的局限、解构西方东方学的权威、消除文化帝国主义给东方文化带来的灾难等均有无可估量的积极影响。

由于我所学专业恰好属于西方传统的东方学范畴,故初入学术殿堂就得师尊耳提面命,读、译了不少西方东方学家们的著作,对他们的学术能力和成就从心底里佩服。深知即使治东方的学问,要超越西方学者的成就亦不是一件容易做到的事

图6-1 萨义德著《东方主义》1978年初版

情。正是这一认知令我从学二十余年来一直生活在西方东方学的阴影之下，常有泰山压顶之感。20世纪90年代初，我赴欧洲留学，师从西方的东方学家，从此直接生活在东方主义阴影的笼罩之下。欧洲人处处可见的文化优越感，尤其是那些东方学家们叶公好龙的劲儿时常令我有窒息之感，多年间心中的郁闷实难为外人道。直到有一天读到萨义德的《东方主义》一书，终于不但有了可以恰当地名状、指称这一文化现象的词汇，而且还拥有了可以有力地反击那些"好似龙而非龙者也"们的"批判的武器"，常年郁结于胸中的块垒才算卸去，心中那份惬意亦殊难为圈外之人形容。近十年间，每当读到批判东方主义的犀利文章，我都忍不住要手舞足蹈起来，有时也会随喜发些快意之谈。

可这样的文章读多了，胸中郁结的愤懑发泄出来了，却又忍不住怀疑起来：当下对东方主义的批判是否有点矫枉过正了？那些借东方主义话语来批判其先辈的西方学者实乃项庄舞剑，他们的着眼点完全不在东方，关心的亦纯粹是西方的问题；他们在努力解构东方主义影响下的东方学研究时，不但往往亦把东方本身给虚无化了，而且还图谋树立他们自己对于东方的新的霸权。而东方学者对东方主义的批判不但容易意气用事地全盘否定西方东方学研究的成就，而且为了凸显西方对东方的误解，还会有意无意地夸大东西文化间的不同和相互理解的困难，甚至不惜"自我东方化"。不管是西方学者，还是东方学者，他们在借用东方主义话语痛快淋漓地解构西方的东方学研究时，很少有人着意于建构一种西方理解东方的新的、积极的方法，这使人对东西文化互相理解、沟通的可能性感到深刻的绝望。一位身兼东方主义和文化帝国主义所有典型特征的德国汉学家就对中国人所谓"老外不懂中国"的说法忍无可忍，乃至十分刻薄地发问：如此说来，"只有狗理解狗，杀人犯理解杀人犯"了。

确实，掌握了东方主义这一"批判的武器"之后，我们在西方的东方学作品中随处可以发现或隐或显的东方主义倾向，可这不应该成为全盘否定西方之东方学的理由。二十余年前，当我开始接触西方东方学论著时，尚不知有东方主义这劳什子。这些作品最吸引我的地方是它们对具体问题的那种精致、深入的考证和讨论。在实证性的考据之学被讥讽为"象牙塔里的学问"而遭摈弃的年代，正是这些著作让我渐渐懂得什么叫学问和应该如何做学问。萨义德晚年在反思和响应他人对其东方主义学说的批评时指出，西方之东方学研究的最大贡献是那些数量巨大的实证性研究作品。不管那些东方学家的政治立场如何，他们遵循西方优秀的语文学、文献学传统，对来自东方的各种文字的文献所做的大量、细致的整理工作,是人类文化史上一笔不可多得的财富。我从西方东方学著作中受惠最多的无疑就是从这一类著作中学到的有关东方的具体知识和他们处理文献的那一套精致的方法和一丝不苟的精神。

其实,尽管西方人每每从他们自己的文化传统出发,带着先入为主的世界观来发现和解释东方,所以他们对东方的理解多半打着明显的西方印记,但这种发现和诠释的过程并非完全没有今日西方知识界正努力提倡的跨文化对话所具有的积极意义。从一种完全不同的视角和背景出发,来审视、评论一种他者文化,往往会得出让"只缘身在此山中"的人意想不到的高见,这是一个极为浅显的道理。中外学者都对韦伯的《儒教和道教》一书从方法论到资料的可信性等提出过种种的非难,但若以为韦伯对汉文化的解释、领悟全无可取之处,或者对韦伯对他种文化的深邃的洞察力视而不见,坚持要把他列为外行的话,那么此人可真的是"老外"了。对于西方的东方学作品我们还是采取"取其精华、去其糟粕"的态度较为妥帖。

二

引出上述感慨的是我十年前读过、日前又重新翻读了一遍的一本旧书,题为《佛之主事们:殖民主义下的佛教研究》

(*Curators of the Buddha: The Study of Buddhism under Colonialism*, The University of Chicago Press, 1995，以下简称《佛》)。(图6-2)此书由六篇论文组成，出版者将它当做"西方佛教研究的第一部批评史"，称该书"是将殖民时代和后殖民时代文化研究的深刻领悟应用于这一领域的第一部作品"，它"按年代顺序记录了在帝国意识形态背景中佛教的学院式研究在美洲和欧洲的出现，为这一学科提供了一个早该完成的谱系，且为它长远的重新构想铺平了道路"。

《佛》的六位作者自觉现在该是清算西方佛学研究中的东方主义倾向，并为这一学科的将来作重新构想的时候了。诚然，这种清算确实早该进行了。佛教作为东方文明的一项重要内容，由于东方主义，它在过去和现在都不是一个思想或行动的自由主题。大家知道，佛教能够作为世界宗教的一种而为西方人接受花了相当长时间，相反西方学者建立他们对佛学研究的绝对权威却并没有花多长的时间。早在英国维多利亚时代，其东方学家们就已经大言不惭地声称佛教只存在于他们的书桌之上，因为佛教不是一个活的传统，而原始的佛教文献是只有他们才有能力解读的巴利文和梵文佛经。当下虽然佛教已经成为可供西方人自由选择的相当受欢迎的一种另类信仰，佛教研究也已成为西方大学和其他学术机构中比较宗教研究学科的一

06 东方主义话语与西方佛教研究

图6-2 洛佩兹编《佛之主事们》中文版

个组成部分,可在这个领域内,亚洲人,不管是学者,还是佛教徒,依然没有多少话语权,国际佛学研究协会的主事者多半是欧美学人。美国宗教学会今年年会的主题之一是中国佛教,但主事者中没有一位是中国人。总之,东方人依然没有能力来表述佛教这一种东方的文化传统,这个任务还必须由西方人来承担。无疑,西方的佛学研究是受东方主义毒害很深的一个重灾区。

《佛》的作者显然都对东方主义理论有深刻的领会,自己又都是西方佛教研究领域内冉冉升起的新权威人物,感觉到了清算佛教研究中的东方主义倾向的迫切性,于是毫不留情地举起了东方主义这把利剑,刺向了20世纪西方佛教研究中几位最炙手可热的大人物,轻而易举地推翻了西方佛教研究史上的几块丰碑,读来令人耳目一新。此书的编者 Donald S. Lopez Jr. 是美国密歇根大学亚洲语言和文化系的佛教与西藏研究教授,是一位十分活跃的藏传佛教研究者和西方学术、文化批评家。他的成名之作《香格里拉的囚徒们:藏传佛教与西方》(*Prisoners of Shangri-la; Tibetan Buddhism and the West*, The University of Chicago Press, 1996)运用东方主义理论,揭露了西方人如何将一个物质的西藏一笔笔地抹去,然后将它塑造成一个精神化了的乌托邦——香格里拉的背景和过程,描述了西方与西藏文化遭遇史上一幕幕有趣且发人深省的场景。Lopez作为一位藏传佛教学者,最拿手的学问是对藏译《心经》的研究,但他对文化研究中的理论探索有着持久的爱好和敏感。此前Lopez曾编辑过一本题为《佛教诠释学》(*Buddhist Hermeneutics*, Honolulu: University of Hawaii Press, 1988)的文集,讨论佛教各传统如何在卷帙浩繁、然非释迦牟尼佛一人所说的大、小、显、密诸乘佛经中重获其微言大义,并予以正确解释的种种原则。目前,他正主编一套题为"佛教与现代性"(Buddhism and Modernity)的丛书,其中的第二种是他的新作《疯子的中道:藏僧更敦群培对现实的反思》(*The Madman's Middle Way: Reflections on Reality of the Tibetan Monk Gendun Chopel*, Chicago: Chicago University Press, 2006)。

Lopez称《佛》中的六篇论文是"一部西方佛教研究之文化史中的六章",其中的每一章都通过对这一领域内的一种特别的"陈词滥调"(idées reçues)的成因的透彻分析,为完成这部尚未写成的历史作出了贡献。这种特别的"陈词滥调"包括:禅纯粹是一种体验;藏传佛教或是被污染了的,或是最神圣的;佛像源出于古希腊、罗马;亚洲人内向;古典文献优于俗语文献;等等。这些论文通过对佛教研究这门学科赖以立足的基础的挖掘,取得了对理解这一学科之建立过程的新的深刻领悟。它们将注意力集中在西方最重要的几位"佛之主事们"身上,这些人物不但对于佛教能在西方成为学术研究的对象举足轻重,而且还肩负着保护、解释、治疗佛教的职责。尽管他们都是在欧洲殖民势力主导大部分佛教亚洲地区时从事佛教研究的,但本书的副标题"殖民主义下的佛教研究"主要还不在于要彰显佛教研究是在殖民主义的影响下被创造和繁荣起来的这样一个明显的事实,而是在于要表明将西方佛教研究的历史放在一个更大的殖民和后殖民文化研究的范畴内来理解,将佛教研究这一学科在欧美的出现放在帝国意识形态这样的背景中来考察的重要性。

要将佛学研究的历史作为后殖民时代文化研究的一个组成部分来探讨,势必要借鉴东方主义理论,但 Lopez 认为他们并不能将萨义德对东方主义的批评性分析直接运用到佛教研究这一个案中,因为东方主义处理的是欧洲人对中东伊斯兰世界的表述,它并没有考虑到亚洲过去和现在的文化。构成东方主义之基础的恐惧或者着迷很大程度上是因为伊斯兰世界与西方世界在空间上的邻近性,而佛教世界地处地球的边缘,对西方世界不构成任何威胁。19世纪东方主义的直接的政治角色,即东方文化的模式化形象被欧洲强权用来作为殖民东方的工具,于佛教研究这一个案中亦没有得到明显的表露,因为当印度沦为大英帝国的殖民地时，佛教在印度本土早已不复存在。19世纪西方的佛教学者多半是冬烘先生，很少有人曾出任殖民官员，甚至很少有人涉足亚洲。尽管如此，任何一部东方主义的通史都将因一部西方佛教研究的文化史而得到补充或者变得更为复杂。佛学研究对东方主义的贡献并不在于它对亚洲佛教徒的公开的政治霸权，而在于一个被称为"佛教"的实体的创造，在于其历史的建构，以及一部佛的传记的创造，而佛本身业已成为一种东方精神气质之范例时而受到赞扬、时而受到谴责。正是这个被创造出来的"佛教"和"佛陀"在"浪漫的东方主义"中扮演了极为特殊的角色，后者以对失落了的智能的向往，对早已过去了的古典时代的构建，对伊甸园语言的寻找和对现代东方的贬低为特征。

三

《佛》中的第一篇论文题为《上座部佛教研究中已取和未取的道路》，作者Charles Hallisey是哈佛大学神学院的教授，主攻南亚佛教文化史，目前与他太太、前国际藏学会主席Janet Gyatso一起主持美国宗教学会（AAR）的佛教部。Hallisey此文检讨了地方土语文献（vernacular literature，指非巴利文、梵文的南亚当地语佛教文献）作为欧洲学者研究南亚佛教之中介的兴衰过程。他以欧美南亚佛教研究的开山鼻祖 Thomas W. Rhys Davids 为例，说明欧美早期佛教学者为何起先重视，而后唾弃这些地方土语文献。Rhys Davids 于1876年为《不列颠大百科全书》撰写的词条"佛教"中，曾向读者推荐了四种参考书，其中两种是地方土语文献，即锡兰语和缅甸语文献，另外两种才是巴利文和梵文佛本生故事，这表明他曾给予地方土语文献与古典文献同等的重视。待到了1910年，当他再次为《不列颠大百科全书》重撰同一条目时，不但增补了大量有关佛本生的巴利文、梵文和藏文文献，而且还将巴利文、梵文文献称为古典文献，将地方土语文献称为现代作品，明确表明古典文献的价值远胜于现代作品。无疑，Rhys Davids 区分和评判古典文献和现代作品的方法与贯穿19世纪欧洲学术界对文本本源及与其相应的历史性的追求直接相关。在这种追求之下，亚洲文明史的写作通常是通过认定他们的来源、古典时期和衰落阶段来完成的。亚洲文明的衰落阶段，或被称为"近代时期"，通常是以腐败、无能为标志，而且总是不可避免地就发生于当下，所以顺理成章地被利用来为欧洲在这些地区的殖民统治张目。东方学家通常凭借一个学术的系谱来为东方代言，其任务就是要表述东方，因为东方没有能力来表述他们自己。现代佛教社团注定没有能力撰写一部准确的佛陀传记，这个任务只能由欧洲学者来替他们完成。将古典文献置于地方土语文献之上是完成这一表述和被表述过程中的一个重要环节。随着佛学研究训练的愈益职业化，对于欧美前辈佛教学者而言曾经十分重要的地方土语文献及其注疏渐渐变得一文不值，而掌握了出色的巴利文、梵文文献处理能力的新一代佛教学者就牢牢地控制了对佛教的表述权，乃至对整个佛教的控制权。

Rhys Davids所重视的"历史性的方式"（the historicist approach）显然受到了被萨先生称为"文本态度"（textual attitude）的一个东方主义的普通程序的影响。这个程序于整个19世纪左右了佛教研究，甚至亦左右了东方主义。有人将"文本态度"这个概念发展成为"文本化"（textualization）理论，具体到佛教研究，即通过这个"文本化"过程，佛教的本质已经不能直接在东方所表现出来的东西中被见到，它只能通过西方学者对佛教文本中的过去的控制而被发掘出来。我们或可在Rhys Davids有关撰写佛本生的"历史性的方式"中来体会"文本化"的过程：一部客观的佛陀传记乃南亚佛教团体之所缺，但他们无法自己找回这个东西。只有欧洲的佛教学者才有能力通过文献学的研究来重构这部佛之本生。于是，欧洲人便对佛的生平，乃至对佛教的起源有了绝对的话语权。欧洲人为完成这项任务而作的文献学研究取得的明显成功，加深了他们这样的印象：他们现在所见的佛教是一个长期的退化过程的最终结果。

"文本化"是令西方东方学家纷纷掉入"浪漫的东方主义"的泥潭而无法自拔的一个重要原因。一个沉溺于东方古典文本，处处以古典文本对照现代东方之现实的学究，情不自禁"发思古之幽情"，实在不足为怪。然而，以为勉强能读懂几部未经训练的东方人不容易读懂的东方古典文本，就觉得自己比东方人更懂他们的文化，所以急急忙忙地站出来要替他们说话，这实在是一件很可笑的事情。

《佛》中的第二篇论文题为《奇迹屋中：佛教艺术与西方世界》，作者 Stanley K. Abe 是杜克大学艺术和艺术史系的教授，主攻中国早期佛教艺术史。此文检讨了 19 世纪开始一直延续至今的围绕印度犍陀罗佛教造像中出现希腊艺术特征这一事实而产生争论的来龙去脉，向读者演示希腊人曾活动于犍陀罗地区这一个本来非常简单、明了的事实，如何被牵涉进了诸如种族混合、扩散、退化和对源头的占有等等诸多复杂的概念。而这种争论的进一步发展竟达成了这样的共识：犍陀罗的佛像不仅是在希腊艺术影响下制造出来的，而且它们还是最早出现的佛像，佛之拟人化的表现形式是受希腊文明的影响。正因为有这种希腊源头，所以犍陀罗佛像不只是最早的，而且亦是最完美

06 东方主义话语与西方佛教研究

的佛的表现形式,所有后出的佛像只不过是它们的拙劣的模仿品而已,是一个从根源逐渐退化的过程的产物。希腊文明在东方的影响就像是转轮王的轮子,一旦转动起来就不可抵挡。西方最著名的中亚探险家、考古学家斯坦因(Aurel Stein)笃信此说,进而认为希腊艺术的影响还曾一直往东扩展,达到中国西北的敦煌地区,甚至还提出犍陀罗艺术是所有后出的东亚和中亚佛教艺术的基础。这样的说法实际上解构了斯坦因中亚探险及其考古发掘工作的所有意义,因为中亚实际上并没有什么还没有被西方的利益和需要已经预见的东西可以让斯坦因去发现。斯坦因艰苦的考古发掘工作可以被理解为西方早已经开始了的一场有关犍陀罗希腊佛教艺术的讨论的最终结果。在这场讨论过程中所创造出来的东西最终通过斯坦因在中亚的努力得到了考古学证据的证实,如此而已。

《佛》中的第三篇论文题为《日本民族主义中的禅宗》,作者Robert H.Sharf,现任加州大学伯克利校区佛教学教授,代表作是《接受中国佛教:〈宝藏论〉释读》(*Coming to Terms with Chinese Buddhism: A Reading of the Treasure Store Treatise*, Honolulu: University of Hawaii Press, 2002)。Sharf此文不但解构了被世人目为一代禅学宗师的铃木大拙,而且亦解构了至今在西方依然很受欢迎的禅,因为铃木宣传的禅是地道的日本殖民主义和西方东方主义相结合而生产出来的一个怪物。为了适应日本明治以来的现代化进程，塑造日本的"民族精神"，铃木巧妙地创造并向世界推出了一种纯日本式的、经验性的禅。它既不是佛教的一个流派，甚至也不是一种宗教，而是一种超越历史的、直接的体验。Sharf揭示了这种独特的禅观的形成过程，说明西方有关禅的知识不是通过西方语文学家的作品，而是通过在一种动荡的政治大气候中几种类型不同的人物之间的互动构建起来的，其中包括像铃木这样的日本的禅辩护士和像Paul Carus这样的美国的"科学宗教"的倡导者。那些日本的禅辩护士们多数和禅宗寺院没有很深的关系，他们的主要关心点亦不是将禅传入西方，而是要将禅从明治时代对佛教的一片谴责声中拯救出来。近代日本的批评家们为了要构建日本的自我认同，即一种在明治和后明治时代于本土意识形态中被称为"日本人论"的东西，有意将佛教解释为一种外来的"他者"。作为对这种批评的响应，西方人所知的禅应运而生。与欧洲东方主义者宣布真正的佛教已在亚洲无可挽回地消失不同，日本的佛教辩护士们奋力争辩，说佛教的真正精神虽然已不见于亚洲的其他地区，但它却依然独一无二地存在于日本。这种对日本独家拥有佛教精神的宣扬正好与日本变成一个强大的亚洲殖民势力同步，所以铃木等人对禅与日本人论的鼓吹正好为日本殖民主义者的泛亚洲殖民野心提供了意识形态上的准备,后者正是以建立泛亚日本帝国、恢复佛教精神为其殖民侵略扩张为目的的。

Sharf此文不仅证明了这样一个事实,即种族主义、本土主义和民族至上主义的意识形态也存在于亚洲,而且还追溯了凭借自我的创造同时亦创造了"他者"的过程,在这个过程中,认知的(epistemic)暴力成为不可避免的后果,这种暴力使亚洲人民饱受日本军国主义的蹂躏。这种与铃木等宣传的禅紧密相连的意识形态不只是"传统"与"现代性"之间一种假定的冲突的结果,它更是一个殖民主义话语被吸纳入本土民族主义意识形态的事例。

当东方人从西方回归故土,开始自己的殖民计划时,这种东方化的殖民主义话语变得空前的强有力。将禅表述为与西方哲学没有任何关联、只有日本人才有的、纯粹的体验,代表了后期殖民主义历史上的另一个重要时刻,即受西方教育的东方精英们尝试借助殖民者的种种范畴来证明他们自己的文化产品的优越性。Sharf有如此犀利的眼光,能如此入木三分地看透铃木禅观中的殖民主义本质,委实难能可贵。遗憾的是,铃木这种对禅的表述至今依然常为其西方听众不加批评地全盘接受。想起国人长期以来对铃木大拙及其所宣扬的禅的追捧,禁不住不寒而栗。

《佛》中的第四篇论文题为《朱塞佩·图齐与法西斯时代的佛学》，作者Gustavo Benavides是意大利Villanova大学神学和宗教研究系的教授。图齐（Tucci）是20世纪西方东方学界的一位巨人，是20世纪，乃至有史以来最著名的西藏学家和杰出的佛教学者。Benavides此文没有对图齐的学术研究进行批评，而是对他作为一位与墨索里尼法西斯政权有密切联系的法西斯主义者的东方观念作了分析。文章着重于分析图齐于墨索里尼当政时期所发表的一些演讲和随笔，特别是他在1941至1943年间在为加强日本和意大利两个法西斯政权间的联系而出版的月刊《大和》(*Yamato*)上发表的一系列文章。图齐的这些作品主要借助于铃木大拙的著作，凸显了他对作为对现代主义否定的响应而产生的禅和受禅影响的日本武士道精神的深深着迷。文章揭示了图齐著作中显现出的介乎语文学之"科学的"观察和浪漫的东方主义的怀旧式的论断之间的张力，并说明了这种特别的东方建构被用做反击现代主义的武器来武装法西斯分子的缘由。耐人寻味的是，图齐并没有在自己独步士林的印度和西藏佛教中，而是在他从铃木那里学来的禅中，即在日本的民族主义意识形态中，找到了对一种生死如一、超越时间的王国的最好表述。Benavides并没有简单地将图齐看做一位藏学、佛学研究的大佬，而是将他看做一位20世纪上半叶欧洲宗教学术讨论的参加者，在这场讨论中，对一个失落了的农耕世界的怀恋引出了诸如人造性和真实性这样的话题，真实性即意味着对永恒的体验。东方在地理上与这个永恒的王国相对应，图齐试图通过对东方的探索来填充一个保卫国家意识形态的军械场。一位杰出的学者，同时却也是一位法西斯主义分子，他的东方学研究背后有着深刻的法西斯主义背景，这个事实让我们这些对他的学问极为崇拜的后辈学人感到万分的遗憾。图齐显然不是西方唯一一位学术先进、政治反动的人物，他的老友、德国乃至世界最著名的蒙古学家Walter Heissig先生据称亦曾是一位纳粹分子。而像以《旅藏七年》而名闻天下的奥地利登山客Heinrich Harrer则不但曾经是一位纳粹分子，而且亦曾是被国民党驻藏办事处收买的特务，不管他在西藏的经历日后被他自己和他的追随者们吹嘘得如何天花乱坠，其龌龊的过去和卑劣的人格当为正人君子所不齿。

《佛》中的第五篇论文题为《东方的智慧和灵魂的治疗：荣格与以印度为代表的东方》，作者Luis Gómez亦是美国密歇根大学亚洲语言和文化系的佛教研究教授。他既是一位优秀的佛学研究专家，亦是一位有造诣的心理学家，乃评点西方知名分析心理学家荣格（C. G. Jung）之佛教观的不二人选。荣格以同情东方宗教，特别是佛教著称，于1936至1944年间写过一系列对佛法的评论，其中包括对《西藏生死书》《禅宗佛教入门》等书的评注，以及有关转世、瑜伽、坐禅、坛城、心性等佛教概念、仪轨的诠释。Gómez此文首先分析荣格对一个巨大而不加区分的东方的极端矛盾心态，提出荣格实际上是19世纪西方关于东方意识的种族主义理论的继承者和精心制作者。荣格认为东方人"从来没有失去过与原始根源的联系"，具有一种"集体内向的态度"，陶冶着"原始的心灵"，且正走回到"自然的母体深处"。他设定有一种"特殊的亚洲意识心理学"，把亚洲人置于欧洲人常态的限定之外和之下。他坚持要为东方代言，然常常在认同和异化之间左右摇摆。他一贯地将亚洲宗教涂抹上异国色彩，警告欧洲人不要去修习那些定义不明的瑜伽。

Gómez还检讨了荣格为何敢于评注他并不在行的亚洲文本，然后建立他自己的殖民经济的过程。荣格认为亚洲的原材料虽有价值，然不经加工则不但无用，而且危险。所以他先将那些来自亚洲的原材料从它们原有的文化和历史关联中搬离出来，然后对它们进行加工，为欧洲人生产出种种理论，再用这些理论来治疗欧洲人心灵上的毛病，最终将亚洲的原料并入了一种对欧洲人来说既亲密又具异国风情的集体无意识中。荣格还常常将诸如坛城等亚洲的象征符号返销回亚洲，向亚洲人解释这些象征符号和灵魂的真正本质。荣格从未被历史或者被他阅读的文本吓住，似乎只有他一人可以对文本理解的正确性作抉择。他利用他手中的亚洲文本的权威性来证明他拥有进入一种传统的特殊权利，然后再依此来证明他对这种传统具有权威性。总之，亚洲的心理治疗能力只有凭借荣格的理论才能够起作用，荣格充当了东西间必不可少的中间人角色，他既是诊断者，又是治疗者。

《佛》中的最后一篇论文题为《拜倒在喇嘛脚下的外国人》，作者是本书的编者Lopez。此文检讨了西方将藏传佛教作为研究对象的四个紧要时刻，揭露外国人拜倒在喇嘛脚下的真实原因。第一个拜倒在喇嘛脚下的西方人是一位在拉萨住了五年的意大利耶稣会神父，Ippolito Desideri，为了要向喇嘛们证明他们信仰的教条的谬误，说服喇嘛们改宗天主教，这位神父自觉应该首先理解藏传佛教中最深的教法。五年的学习使Desideri几乎成了一位佛教的大德，他用藏文撰写了一部长达五百多页的题为《白头喇嘛Ippolito向西藏贤者请教宿世和空性见地》的论书。第二位拜倒在喇嘛脚下的西方人是被后人称为"藏学之父"的匈牙利人Alexander Csoma de Körös（乔玛），他来东方的本意是为了寻求匈牙利人的根，最后却停在了拉达克，编写了西方历史上第一部藏文文法和藏英字典。第三位拜倒在喇嘛脚下的西方人是大英帝国的殖民官员 L. A. Waddell，他曾在大吉岭买下了一座藏传佛教寺院，专门让喇嘛们为他表演各种仪轨，对藏传佛教作了很具体的研究。但他觉得他依然没有发现藏传佛教的秘密，所以加入了荣赫鹏的英国侵略军，打进了圣城拉萨。第四位拜倒在喇嘛脚下的其实是一群人，即 Lopez 等于 20 世纪 70 年代晚期在西方大学内以佛教为主修的整整一代研究生们，他们纷纷来到印度的流亡藏人喇嘛中间，发愿要保存西藏文化。显然，这四位、或四代西方人都没有真的拜倒在喇嘛的脚下。Desideri 虽然对藏传佛教作了相当精深的研究，但他西藏之行的目的是为了要让喇嘛们放弃他们自己的信仰而皈依天主。Csoma de Körös 创立现代藏学研究是被殖民主义者利用的结果，他原本不过是一位"天才的业余爱好者"，但因受英国东印度公司殖民官员 William Moorcroft 的委托和资助，才到喇嘛中间学习藏语文，出色地完成英国殖民政府交给他的"沉重职责"。Waddell 则是一位地道的殖民主义者，他研究藏传佛教得出的最后结论是：藏传佛教根本不是佛教，而是"喇嘛教"，藏传佛教的修行仪轨不过是可笑的哑剧，藏文佛教文献绝大部分无聊透顶，是用词汇堆积起来的荒野，是一堆过时的垃圾。而 20 世纪 70 年代末以来成熟起来的西方新一代藏传佛学家们是一伙自命不凡的东方主义者，以为拜倒在喇嘛脚下几年，听到几句喇嘛们世代口耳相传的秘诀，并将它们笔录下来，就可以担当起佛的传人的角色、肩负起保护佛法于不堕的千秋大业了。维多利亚时代将藏传佛教表述为所有佛教传统中最退化的、离佛祖所说的简单的伦理哲学最远的一种传统，到了Lopez时代，这种表述被完全颠倒了过来，藏传佛教被描述为一个未经翻译过的佛教文本的巨大宝藏，是佛教最纯净的、最直接的传统。但不管是将藏传佛教说成最受污染的还是最纯净的一种传统，其本质并没有多少不同。说其污染，是为了要消灭它，说其纯净，是因为它马上就要消失了，只有西方的佛教学生才能把它们抢救出来，并把它们转移到西方的课堂中去，所以他们不但是佛的主事者，而且还是佛的真正传人。

四

对于我等修佛教学、中亚学、西藏学的学生来说，Rhys Davids、斯坦因、图齐、荣格和那几位拜倒在喇嘛脚下的外国人都是行内的巨擘，心中的偶像，读《佛》一书，眼见得丰碑塌落，伟人失色，内心的感受真可谓惊心动魄。对西方殖民主义和后殖民主义文化的大背景，我们很难像《佛》的作者们那样有如此透彻的了解,故也难对西方佛教研究史作出如此犀利的批判和深刻的反省。我由衷地钦佩他们能有此道德勇气,如此不留情面地解剖他们的前辈和自己的学术道路。虽然《佛》算不上是一部完整的西方佛教研究批评史,但它通过对这几个最有代表意义的人物、学术流派和传统说法的评点,勾勒了这一学科的大致谱系。它使我们对西方佛学研究史有了一个大致的了解,亦给我们重新认识自己在佛学研究中的位置提供了一个全新的观察角度。我们不应该妄自菲薄、盲目崇拜西方学术权威,更不应该把铃木大拙所宣扬的禅这种渣滓当做精华来接受和推崇。

像许多重在解构的后现代作品一样,虽然《佛》对以往历史的解构痛快淋漓,特别是对"文本化"倾向和欧洲文化中心论的批判,以及对佛教研究与殖民主义的关系的揭露均力透纸背,可在作这种颠覆性的解构的同时,它对佛教研究这门学科的长远的重新构想却少有建树。书中对权威人物之政治理念和行为的否定浓墨重彩,但对他们的学术经历和著作意义的肯定则轻描淡写。读完这一部激动人心的著作之后,我们依然不知道那些地方土语文献对于佛教研究的价值究竟何在,亦不知道佛教艺术研究应该走什么样的道路,在揭露"文本化"倾向的危害时,我们是否依然应该重视西方文献学研究的巨大成就，怀疑荣格对亚洲宗教的加工纯粹就是一个投机商人的经济运作而没有任何沟通东西文化的积极意义，图齐宏富的学术著作因为其法西斯背景就变得一文不值了。值得提醒的是，读着《佛》中对西方佛学研究史的激烈批判，佛教在我们的眼前亦变得越来越模糊，甚至虚无起来。解构了铃木大拙的禅之后，我们并没有看见禅的真相，相反对真正的禅亦不免心生嫌弃。在解构拜倒在喇嘛脚下的外国人的同时，喇嘛作为佛之传人的地位亦被连带着解构掉了。记得《香格里拉的囚徒们》一书出版之后曾引起了一些读者的强烈不满。对此Lopez曾表示大惑不解，一再强调他的本意和出发点完全不是为了批评西藏和西藏文明。然而，在Lopez挥动其生花妙笔、激情四溢地描绘和批判他的先辈和同僚们如何将一个现实的、物质的西藏抹掉，而代之以一个精神的、虚拟的西藏的同时，亦把一个实在的、富有文化传统的西藏给虚无化掉了。怪不得被Lopez指责说应为当代西方神话化西藏负责的哥伦比亚大学宗喀巴讲座教授罗伯特·瑟曼（Robert Thurman）反唇相讥，称Lopez此书"指责受害者"。（图6-3）西方人妖魔化、神话化西藏，这当然不是西藏人自己的错。对误解西藏之历史的揭露并非一定就是正确理解西藏的开始，而对神话化西藏的批判则容易让人对被神话化了的对象亦产生怀疑和厌倦。再回到西方佛学研究批

图6-3　哥伦比亚大学宗喀巴讲席教授罗伯特·瑟曼

评史这一主题，我们既不应该全盘否定以往的学术成就，亦不应该不关心这门学科的长远建构，更不应该造成这一学科的对象——佛教本身的虚无化。要知道今天的佛教依然是一个活着的传统！

原载《文景》2007年第4期

07

大喜乐崇拜和精神的物质享乐主义

在美国有一本相当有名而且持续畅销的旧书,叫做《剖开精神的物质享乐主义》(*Cutting through Spiritual Materialism*, Shambhala, 1973),作者是20世纪七八十年代曾在美国新时代运动(New Age Movement)中兴风作浪的西藏"嬉皮士"——仲巴活佛(Chögyam Trungpa, 1939—1987)。仲巴活佛将新时代美国人对精神性和宗教的过分执着称为"精神的物质享乐主义"(Spiritual Materialism)。他用癫狂的行为对这一主义进行矫枉过正的批判,又使它演变成对精神超越和物质享受同时的狂热追求。由于美国人疯狂地性解放、嗑毒品、作梦幻之旅(acid trip)时,我还在"火红的年代"中修地球、求饱暖,所以多年前初读仲巴活佛此书时,对他所批判的这种"精神的物质享乐主义"难有深切体会。光阴似箭,日月如梭,世事今是昨非、昨非今是,由不得人不生老崔式的感叹:"不是我不明白,这世界变化快。"当下一部分先富起来的国人,一边疯狂地享受财富的增长和感官的满足所带来的物质性的喜乐,一边也开始寻找空山寂谷,关注心灵解放和精神超越了;致使沉渣泛起,形形色色的"性灵之学"风起云涌。于是,我开始对"精神的物质享乐主义"若有所悟。

近日有闲,随便翻阅书架上过去几年内买进而未曾细读的旧书,翻到美国学者 Hugh B. Urban 先生的著作《密教:宗教研究中的性、守密、政治和权力》(*Tantra: Sex, Secrecy, Politics and Power in the Study of Religion*, Berkeley: University of California Press, 2003),即觉兴趣盎然,如遇知音,几番点拨,令我茅塞顿开。尽管 Urban 先生书中披露的是密教在美国的流行与美国本身特殊的历史时刻、文化氛围和政治背景的关联,描绘的是一种本来说不清、道不明的密教传统如何风靡美国,成为异域风情的东方能为西方人提供的一种最性感、最诱人的商品而被广泛消费的背景和过程,可它对我们了解国人过去和现在如何看待、接受印藏密教,如何面对和处理精神与物质的关系同样富有启发意义。国人无时不想"超英赶美",但事事步人后尘,在"精神的物质享乐主义"成为一种流行的社会思潮或文化话语这一点上,我们又落后人家好几十年。幸或不幸,在你我一念之间。

一、从元朝蒙古宫廷中流行的秘密大喜乐法说起

说起印藏密教,我们难免感到陌生。但若提起曾经在元朝蒙古宫廷中流行的"秘密大喜乐法",你或许耳熟能详。传说元顺帝妥懽帖睦尔在位时,有奸臣哈麻阴荐西天(印度)、西番(西藏)僧人,向蒙古皇帝传"秘密大喜乐禅定",或曰"双修法"。此法秘密,然法力无边,修者可得大喜乐。于是,皇帝即和其亲近的臣下、皇室子弟们一起,得贵为大元国师的西藏喇嘛的指导,同修"秘密佛法",共得大喜乐。(图7-1)大内深宫,男女裸居,君臣共被,还用高丽姬为耳目,刺探公卿贵人之命妇、市井臣庶之丽配,择其善悦男事者,媒入宫中,与君臣同修秘密大喜乐法数日。元顺帝为修此秘密法,专门在上都内建穆清阁,连延数百间,千门万户,广取妇女实之,昼夜不分,百事不问,唯"大喜乐"是念。不但自己乐此不疲,还不听皇后再三劝告,把皇太子也一并拖下了水。结果,大喜乐派对很快与蒙元帝国一起玩儿完,元顺帝远走朔漠,成了亡国之君。可叹世界征服者留下的偌大江山就因为这个"秘密大喜乐法"竟然不足百年而亡。

只要对蒙元历史有所了解,你一定知道这个典故。若没有读过《元史》,你也许读过明朝江南才子唐伯虎所写的色情小

07 大喜乐崇拜和精神的物质享乐主义

图7-1 双身佛金铜像

说《僧尼孽海》，其中对西天僧和西番僧在元朝宫廷所传"秘密大喜乐法"有令人印象深刻的描写。（图7-2）如果你既没读过《元史》，也没读过《僧尼孽海》，那么你或许曾违禁读过20世纪80年代《人民文学》上发表的一篇题为《亮出你的舌苔或空空荡荡》的禁毁小说，对作者马建着力描写的以男女双修为主要内容的藏传密教"灌顶"仪式记忆犹新。令人难以置信的是，迄今连世界最顶级的学者也没有办法说清楚由印度和西藏僧人在蒙古宫廷中传播的"秘密大喜乐法"到底是哪一门子的密法。可这些本来属于小说家言的东西，竟然不只是国人茶余饭后用来助兴的谈资，而且也形成了国人对印藏密教的最基本的认识。在汉文化传统或汉人的想象中，所有印度、西藏僧人所传密教基本上都和这种"秘密大喜乐法"画上等号，是淫戏和房中术的代名词。唐伯虎对"秘密大喜乐法"的了解大概不超过《元史》或《庚申外史》中语焉不详的几句话，可他在《僧尼孽海》中挪用汉人色情经典《素女经》中的"采补抽添之九势"，把西番僧所传的"秘密大喜乐法"描绘得栩栩如生；马建在20世纪80年代的西藏，根本不可能见到任何藏传密教仪轨，可他在《亮出你的舌苔或空空荡荡》中对"男女双修"所作的十分戏剧化的描述，将读者直接拉入了那个莫须有的场景之中。唐伯虎的挪用和马建的虚构，推动了汉文化传统中有

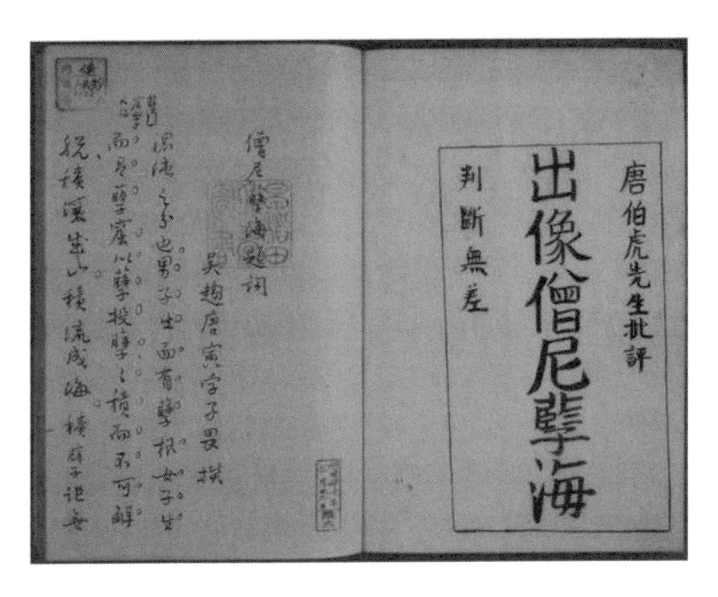

07 大喜乐崇拜和精神的物质享乐主义

图 7-2 唐寅著《僧尼孽海》

关印藏密教的一个强有力的话语的形成，其核心内容就是：印藏密教即男女双修，即房中秘术。于是，以密教修习为主要特征的藏传佛教即被人贬称为"喇嘛教"。自元朝迄今的六百余年中，藏传密教在中原地区的传承从未中断，信仰、修持印藏密法的汉人代不乏人，可汉人对这种密法的基本看法则从没改变。

有意思的是，尽管西方与印藏密教的接触开始于18世纪，比我们晚了四百多年，但西方人对印藏密法的基本看法却和我们的看法惊人的一致。最初发现印度密教的西方东方学家和传教士们曾称其为印度人意识中最恐怖、最堕落的东西，是导致印度教败落的所有多神崇拜和淫秽巫术中最极端的例子。它是如此地令人作呕，以致不能让它进入人的耳朵中，更不能让它暴露于信仰基督的公众之中。它是源出于印度最无知、最愚蠢的种姓的系列魔术。然而，这种曾如此为西方人唾弃的印度密教，今天却成了美国人的最爱，对于今天的山姆大叔们来说，印度密教（Tantra）是"神圣的性"（sacred sexuality），是"精神性爱"（spiritual sex），是一种"性爱瑜伽"（yoga of sex），或者"性爱魔术"（sex magic）。他们将印度密教改化、提升为一种"大喜乐崇拜"（a cult of ecstasy），认为其是专注于一种宇宙性力的幻境（a version of cosmic sexuality），是一种我们迫切需

07 大喜乐崇拜和精神的物质享乐主义

要的对身体、性和物质存在的颂扬（a much needed celebration of the body, sexuality, and material existence）。不管是追求精神的还是物质的大喜乐（ecstasy），人们无一不痴迷于印度密法。

不管是唾弃还是歌颂，西方人心目中的印度密教离不开一个"性"字，对密教的谴责和热衷实际上都是因为贴在它身上的"性爱魔术"这个标签。而这个标签显然是跨文化误读的产物，将密教解读为"性爱魔术"是将一种他者文化现象搬离其原有的社会、文化环境，从解释者自己的社会、文化背景出发对其改造，并作价值评判而形成的误读。西方人对密教的误读不过是其东方主义的又一个经典例子，我们借用萨义德式的后殖民主义、后现代文化批评理论即可对密教解释者身上散发出的明显的东方主义或文化帝国主义习气作无情的揭露和锐利的批判，把责任全部推到西方妖魔的身上。然而，东西方同时出现情色化密教话语，这一现象使得对这种误读的分析和批判愈加复杂。仅仅解构西方人对密教所作的东方主义式的表述还远远不够，它也并非为正确理解密教而作的建设性的努力。破字当头，立不见得就在其中。

密教被误读无疑与其作为一种复杂、多元、变化的宗教形式本身具有的许多容易引起争议的特殊修法有关。密教并不只是指佛教中的密宗修法，而且是指大约7世纪开始于印度教、佛教和耆那教传统中共同出现的一种极为特殊、激进、违背常理、甚至危险的宗教修习形式和体系。由于其体系十分庞大和复杂,若要对密教下一个明确的定义,或者对它的宗教修习形式作一个大致的界定,是一件十分困难的事情,近乎盲人摸象。美国密教研究专家David Gordon White先生在他主编的《实践中的密教》(*Tantra in Practice*, Princeton, N. J.: Princeton University Press, 2000)一书的导论中,用极大的篇幅尝试为密教定义,可读来依然让人如堕五里雾中。笔者自己多年研究藏传密教,对具体研究的一个文本、一种仪轨可以说出个道道来,可对作为一个整体的密教却常常不知从何说起。事实上,我们现将Tantra译做"密教"本身就嫌牵强,或是受了东瀛的影响。汉传大乘佛教有所谓显、密二宗,大致分别与梵文Sutra和Tantra对应。而Sutra(经)和Tantra(续)通常只是指两种性质不同的佛教文本,这种分类多见于藏文大藏经中,在汉文大藏经中并没有这样一分为二的区分。即使藏文大藏经中的Sutra和Tantra也并不能作为严格区分显、密二宗的标准。同样一部《心经》,有时见于"经"部,有时又被划归"续"部。你说它是属于显宗,还是密宗?密宗是哲学和实修相结合的一个十分庞杂的系统,其中既有玄妙不可测的甚深法义,也有匪夷所思、五花八门的密修仪轨。将密教解读为"性爱魔术"

07 大喜乐崇拜和精神的物质享乐主义

者,显然只注意到了它的极为特殊的密修仪轨,而将其同样极为特殊的哲学和甚深法义统统抹杀掉了。

密教历来遭人诟病多半是因为其修法实在怪异,不但与我们设想中的宗教南辕北辙,而且经常与起码的社会道德与伦理纲常背道而驰。例如密教有所谓五M的修法,五M分别指鱼(matsya)、肉(mansa)、于粮(mudra)、酒(mada)和淫乐(maithuna),参与修法者可尽情吃、喝、淫乐,最终得大喜乐,实现精神的超越。这听起来与西方传统中纵情声色达到极致的群交派对(orgy)几乎没有什么区别。还有,密教重实修风(气)、脉(轮)、明点,有拙火、迁识、梦幻、中有、光明、虹身、双身等等直接与身体的特异功能相关的各种瑜伽修法,所有这些都很难让人将它们和出世的宗教联系在一起。而正是这些异乎寻常的秘密修法不但常常遭人诟病,同样也容易令人着迷。

不管是元人笔下的"秘密大喜乐法",还是当今西方人向往的"密教性爱",都不纯粹是好事者无中生有的捏造。包括男女双修在内的密教修习至少在藏传佛教中曾是相当普遍的现象,即使是最重戒律和义理的格鲁派也不排斥密教修行,反而把它们作为高于显乘的修法,因而认为其不能随意乱修,而要事先作好最充分的精神和物质准备。但是密教中的"性"与元人和西方人想象中的"秘密大喜乐"并无共同之处。在阅读密乘续典和各色各目的仪轨、导引时,我们确实经常会碰到涉及男女双修等秘密修法的文字。可这类文字决不像人们想象中的那样性感、诱人,相反极其晦涩、朦胧,通常淹没在冗长、乏味的说教和细节之中。密教中的双身修法有实修,亦有观修,后者只是对本尊父母双身结合的想象,喜乐和超越都不过是一种精神体验。即使是男女实修双身法,也一定是在极其秘密的场境中,在德证兼具的上师指导下,由受过秘密灌顶的弟子们,按照既定的仪轨一丝不苟地进行的一种宗教仪式,与俗世的淫乐并不相干。未曾接受这种灌顶并获得随许者若违禁接触、修习这类密法则将遭受诸如天打五雷轰之类的灭顶之灾。总之,密教确有"性瑜伽",但与世俗性爱不是同一档子事。按佛家说法,弃舍烦恼而修道者,是显教道;不舍烦恼而修道者,是密教道。修密教之人,可将贪、嗔、痴等一切烦恼返为道用;包括男女双修在内的密宗修法,实际上就是化贪、嗔、痴为道用,令行者快速修成正果的大善巧方便。

二、大喜乐崇拜与新时代美式密教

你只要上亚马逊网站上检索Tantra一字,即可发现今天可供我们选择的有关密教的各类书籍竟有6 687种之多,其中

07 大喜乐崇拜和精神的物质享乐主义

赫然前列的有:《城市密教:二十一世纪的神圣性爱》(*Urban Tantra: Sacred Sex for the Twenty-first Century*)、《密教——发现高潮前性爱的力量》(*Tantra: Discovering the Power of Pre-orgasmic Sex*)、《密教:大喜乐之道》(*Tantra: The Path of Ecstasy*)、《灵魂性爱:鸳鸯密教》(*Soul Sex: Tantra for Two*)、《为男人的密教秘密:每个女人都想让她的男人知道的关于如何强化性喜乐的东西》(*Tartric Secrets for men: What Every Woman Will Want Her Man to Know about Enhancing the Sexual Ecstasy*)、《密教性爱使人生苦短:五十个到性爱大喜乐的捷径》(*Life's Too Short for Tantric Sex: 50 Shortcuts to Sexual Ecstasy*)、《密教性爱之心:爱和性满足的独家指南》(*The Heart of Tantric Sex: A Unique Guide to Love and Sexual Fulfillment*)、《诸心碎开:为爱女人的女人的密教》(*Hearts Cracked Open: Tantra for Women Who Love Women*),等等。从6 687这个数字中,我们可以想见密教在今天的美国人气是如何之高,而这些书名则告诉我们密教几乎就是同样来自印度的世界级性爱宝典《欲经》(*Kama Sutra*),是教导异性恋、同性恋美国人如何达到最强性高潮的不二法门。美国人对密教大喜乐的向往和崇拜到了近乎疯狂的地步,除了诸如上列图书于大众书店中的"新时代"(New Age)和"性"(Sexuality)等类目的书架上随处可见以外,展

示五M等密教性爱的成人电影也流行坊间，还有直接以Tantra或者Yantra（演蝶儿法）命名的摇滚乐队，因特网上Tantra for Sale，诸多密教网站全球性地吸收会员，组织虚拟教会，提供网上灌顶，兜售密教性爱技术和道具；许多大城市都有密教瑜伽修炼中心，由密教性爱上师直接传道解惑。密教性魔术被吹得神乎其神，著名流行歌星Sting自称曾运用密教性爱技术，达到了一次长达七小时之久的性高潮，其间还吃了一顿晚餐，看了一场电影，实在匪夷所思。

以禁欲、勤奋、节约、反对一切享乐为教条的美国新教徒，何以竟然把一种以精神超越为旨归的出世的宗教传统改造成了一种以肉欲的最大满足为目标的世俗、甚至下流的房中术呢？从印度密教到美国密教（American Tantra）的蜕变经过了一个相当有趣的过程，这个转变主要发生在20世纪六七十年代，与当时如火如荼的新时代运动的发展紧密相连。（图7-3）20世纪以前，受西方东方学家和传教士对密教的激烈批判的影响，密教在西方大众中间一直不被看好，即使是对东方神秘主义超级热衷、希望以引进东方的宗教传统来对抗达尔文进化论对基督教宗教权威的冲击、从而建立一种新的科学的宗教的灵智学（theosophy，或译神智学、通灵学、神灵学），也认为密教是西方最邪恶的魔鬼惯用的黑色魔术（blackmagic）的

07 大喜乐崇拜和精神的物质享乐主义

图7-3 新时代冥想团体

化身。20世纪初，密教开始与对情色喜乐和肉欲享受的追求联系起来。尽管《欲经》实际上与密教毫不相关，但在维多利亚式的想象中，密教与《欲经》很快被混为一谈，并随着后者的畅销而日益受人注目。传说最早将密教传入美国的人名叫Pierre Bernard，是20世纪初美国历史上"最有色彩、最富争议的人物之一。Bernard早年曾往印度取经，在克什米尔和孟加拉等地学习古梵文和密法，受过灌顶，参加过密教修习。回美国后先在加州以催眠术闯荡江湖，以一套过硬的自我催眠和装死技术打出名气。1904年，他在旧金山开密教诊所，专门教授自我催眠术和瑜伽，颇受想学催眠和摄魂术以勾引男性的年轻女性们的青睐。1906年，Bernard建立起了第一个"美国密教会"（Tantrik Order in America）。其后，从旧金山迁往纽约，于1910年开设"东方圣所"（Oriental Sanctum），楼下教授"率意方便瑜伽"（hatha yoga），楼上私传密教灌顶。据称"圣所"中不时传出怪异的东方音乐和女人们听起来不像是痛苦的尖叫声。邻居们纷纷抱怨、投诉，遂使Bernard锒铛入狱，以绑架罪遭起诉。但他很快获释，被他绑架的女人出庭作证说："我没有办法告诉你们Bernard是如何控制住我的，但我可以告诉你们，他是世界上最奇妙的人，没有女人能抵挡得住他的魅力。"1918年，Bernard率其信徒移往纽约Upper Nyack的一个

07 大喜乐崇拜和精神的物质享乐主义

占地72公顷的庄园,建起了他的"密教乌托邦社区"(utopian Tantric community),纽约上流社会的一时之选均趋之若鹜。据称在这个乌托邦内,"哲学家可以跳舞,傻瓜则被戴上思想的帽子",一夜之间Bernard名利双收。他的成功主要在于他将密教诠释为主要关心性爱与身体愉悦的技术,指出人身是宇宙间最优秀的作品,性冲动是推动世界前进的动力。现代西方文化愚蠢地压抑性爱,自我正确的清教徒们视性爱为堕落,使性欲变成了一种见不得人的动物本能,故绝大部分美国人看不到性爱的重要,没有意识到它是人生和幸福的源泉。所以,Bernard要用东方的密教性爱来对治现代美国因压抑、禁欲和自我否定而产生的种种社会疾病。Bernard夫妇既用手术去除女性阴蒂包皮等方法增强妇女对性快乐的接受能力,又教导男人应当如何努力,使性爱中的妇女们感觉自己是王后。Bernard被称为"全能的奥姆",性能力超强。据称一对熟习他所传密教仪轨的徒弟可以连续做爱几个小时依然保持男人雄风不衰、女人欲望不减。Bernard和其徒众的行为在20世纪初可谓惊世骇俗,是十足的丑闻,既引发了周遭社会的强烈谴责,也招徕了媒体的狂热追踪,遂使密教在美国大众想象中变成一种虽然伤天害理,但却十分诱人的东西,这为日后密教与西方固有的性崇拜传统结合而被打上"性爱魔术"这样一个注册商标奠定了基础。

第二个因将西方性魔术与密教连在一起大肆宣扬而臭名昭著的美国人是 Aleister Crowley（1875—1947）。此人自称"巨兽666"，别人则称他为"地球上最缺德的人"。他曾去亚洲学佛，对密教有所了解，同时对西方传统的性魔术，特别是 Paschal Beverly Randolph（1825—1875）创办的"东方庙会"（the Ordo Templi Orientis）所从事的秘密性崇拜运动也很热衷。他宣称所有正统宗教都是垃圾，只有太阳和它的代表——"那话儿"才是世间唯一真神。Crowley 和他的同性恋伙伴、诗人 Victor Neuberg 一起鼓捣了一系列形式多样的性爱修法，宣扬性爱的最终目的是要达到精神和物质两方面的成功。Crowley 视性高潮为使灵魂出窍、达到超感官的大喜乐状态的手段。性高潮可以是获取财富或者你梦寐以求的其他任何东西的途径，只要你在高潮来临的那一刻将你的意念专注于你想要得到的某件东西或者想要做成的某件事情上面，你就一定如愿以偿。此外，Crowley 声称修习性爱魔术的根本目的是为了创造一个内在的、不朽的胎儿，以超越从娘胎里带来的道德缺陷，所以他自己在性高潮时能令一个精神的、不朽的、类似于上帝的圣儿诞生（the birth of a divine child）。Crowley 宣扬的这些东西听起来与密教没有什么关系，密教中也没有任何与同性恋相关的东西，但他曾在东方修习密教的背景却使人误以为这一切都是密教的魔法。与Bernard一样，Crowley和他怪异的性爱修法成为20世纪初十分轰动的丑闻和大众媒体追逐的对象，这使得密教也愈益渗入大众想象之中。他们对密教的重新解释使得密教从一种秘密、严肃的宗教传统渐渐转化为一种专注于性高潮之完美的东西，并使它与西方的性爱秘法传统越拉越近了。

密教成为"大喜乐崇拜"和"性瑜伽"蜂拥进入美国大众文化是在20世纪的60年代，经过Bernard、Crowley等人的改造，密教已与当时流行美国的文化反动（counterculture）和性解放、性革命非常合拍。1964年，Omar Garrison出版了十分畅销的《密教：性爱瑜伽》(*Tantra: The Yoga of Sex*)一书，鼓吹密教性技巧是取得长时间性高潮和最大性快乐的最可靠的手段。通过修习密教瑜伽，男人可以连续做爱一个或多个小时，达到大喜乐。几个世纪以来，基督教视性爱为罪恶，而密教则将两性的结合看成打开人生新境界的道路，故成为打击基督教的伪善和假正经的有力工具，是对西方世界的一个十分及时和必要的治疗。直接、激进的密教十分受20世纪60年代人的青睐，它给以暴力、毒品和滥交为标志的60年代经验赋予精神上的和政治上的意义，为其合法化提供了帮助。于是，密教像开了闸门的洪水一样汹涌澎湃地涌入西方的大众想象中，著名的艺人、乐师、诗人纷纷对这个富有异国情调的东方精神商标发生了积极浓厚的兴趣。人称"垮掉了的一代"（beat generation）的著名诗人之一Allen Ginsberg就是其中的典型代表，他视密教为打破美国中产阶级令人压抑的性道德观的手段，视印度为不受压抑、自发性爱的国家，与性压抑、精神紧张、过分理性的美国形成强烈的对比。所以只有以暴戾、愤怒的色情女神Kālī为象征的印度密教才可以将冷战时期的美国从令人窒息的假正经中解放出来。Ginsberg将Kālī作为性解放运动的象征，他写诗以与凡人共喜乐的Kālī来讥讽还是处女的圣母玛利亚，还将Kālī的形象叠放在自由女神像之上，将密教的色情女神与象征美国认同的圣像合在一块。在Ginsberg自创的Kālī女神像中，Kālī颈上所挂骷髅换成了世界各国的领袖，如华盛顿、罗斯福、列宁、斯大林等，脚下踩着的是跪着的山姆大叔的尸身。密教的形象变成了批判当时被认为是压抑、腐败的社会政治秩序的武器。通过对愤怒的色情女神Kālī的强调，密教为已经与性爱、女性气质和幽暗失去了接触的超级理智的西方世界提供了一剂十分及时的对治良药。

20世纪70年代是美国"新时代运动"最红火的年代，美国化了的密教成了这个五光十色的精神和宗教运动中的一个特别关键的因素。所谓"新时代运动"实际上是不同的精神运动、生活方式和消费品的一个大杂烩，是从欧美玄学传统和60年代

07 大喜乐崇拜和精神的物质享乐主义

的文化反动中滋生出的一种异端宗教、东方哲学和神秘心理现象的混合体。在表面的杂乱无章之下，贯穿"新时代运动"的主题是"对个人的颂扬和对现代性的圣化"，即对个人自我与生俱来的神圣性的根本信仰和对诸如自由、平等、真实、自我负责、自我依赖、自我决定等西方现代性的几个最基本的价值观念的肯定。晚近的"新时代运动"还进而对物质的繁荣、理财的成功和资本主义也加以神圣化。与60年代文化反动运动对物质享乐主义的否定形成强烈对比，新时代人转而肯定物质享乐主义，寻求精神性和物质繁荣、宗教超越和资本主义商业成功之间的和谐结合，视物质财富的富裕为精神觉悟的一种功能。在这个大背景下，密教演变为肯定人类自身的神圣性、寻求感性与灵性、入世的物质享受与出世的精神喜乐的完美结合的精神形式，它从此不再是黑暗时代的宗教，而是宝瓶宫时代的最强大的宗教之一。它体现了对流行的基督教价值的文化反动式的反叛和对身体、感官大喜乐的颂扬。对于几代新时代人来说，这种灵性和感性（肉欲）、出世的超越和入世的大喜乐的密教式结合代表了黎明前的宝瓶宫时代的本质。密教不再是一种危险的、违背常理的秘密崇拜，而是肯定人生、推崇肉欲的大众宗教，是普罗大众的一种感官的灵性（a sensual spirituality for the masses），是性爱和精神两大王国的完美结合体。到20世纪末，密教更发展成为性、精神、社会和政治等一切层次的自由的代名词。按照新时代人普遍的说法，他们自然的性本能长期受到西方社会和基督教的扭曲的性道德观的压迫，几个世纪以来，有组织的宗教利用人们的性负罪感来剥削他们，晚近的性解放运动还远远没有成功地消除这种残酷的遗产。因此，密教是我们这个时代最需要的精神道路，是解放我们受压抑的性和重新整合我们身体、精神之自我的手段。性解放是身体、意识和精神的整体解放。自70年代开始，密教成为西方所有社会和性解放的工具，不但女权主义者以密教女神Śakti和Kālī为象征，同性恋者也声称两千年来受到了西方宗教的压迫，必须拿起密教这个武器来为自己争取解放。这一切的发生正如福柯后来所说的那样，现代西方并没有彻底地解放性，而是将性推到了极端，达到了过分和越轨的极限，直到摧毁所有法律、打破所有禁忌为止。正是这种对极端的不懈追求才使美国式密教大行其道。

正当性在美国已经成瘾、成疾和变态时，形形色色的外来密教上师纷纷在美国粉墨登场，继续鼓吹密教是一切解放最有力的手段，将性解放推上了一个新的台阶。在这批上师中影响最大、也最声名狼藉的两位是来自西藏的仲巴活佛和来自印度的Osho-Rajneesh。仲巴活佛本是青海玉树属噶玛噶举派的苏莽

07 大喜乐崇拜和精神的物质享乐主义

德子堤寺的第十一世活佛，20世纪50年代末流亡印度，后入英国牛津大学深造，70年代初远走北美，并很快走红。他在卡罗拉多建立的那若巴学院曾为新时代人的精神圣地，他的著作《在行动中坐禅》(*Meditation in Action*)和《剖开精神的物质享乐主义》等至今依然非常畅销，以他所传教法为灵魂的香巴拉中心今天遍布美国各大城市。仲巴活佛短暂的一生中，聪明和癫狂都达到了极致，其行为之惊世骇俗，前不见古人，后不见来者。他阅尽人间春色，独享世上所有福报，吃肉、嗑毒、抽烟、喝酒，无所不为，身穿最华丽的西服、出入以大奔代步，常为世界顶级旅店精致套房中的贵宾，饮食起居都有仆从小心伺候。他不但娶年方二八的未成年英伦少女为妻，而且他的美女弟子们还排着队要和他合修密法，曾与他同床双修的女弟子不计其数。他传法时常常处于半醉状态，不是自己先脱光衣服让弟子们抬着转圈，就是要求弟子们一起脱光衣服，谁稍有不从便不惜用武力迫其就范，由他主持的法会常常演变成群交派对。他传法时最津津乐道的就是将觉悟比喻为性高潮，将发菩提心比喻为撩拨心识之阴蒂。令人不可思议的是，这样一位酒鬼、疯僧，却得到了包括著名作家 Alan Watts、W. S. Mervin 和 Ginsberg 在内的一大批相当有档次的美国弟子们的顶礼膜拜，被视为20世纪最富创意、最理想的密教上师。像藏传佛教传统中的其他著名疯僧一样，他那些疯癫的行为不过是游戏、是善巧方便，目的在于振聋发聩，给弟子们当头棒喝，领他们走出精神的物质享乐主义的误区。仲巴活佛认为过分执著于精神性和宗教，从而使自我变成另一种可得意之物，这是精神的物质享乐主义，他要用疯狂、激进的纯物质享乐主义行为来把它喝退。遗憾的是，仲巴活佛的这番努力显然矫枉过正，他的弟子们不但没有走出精神的物质享乐主义的误区，而且还坚持把这种主义进行到底，将精神的超越作为疯狂追求感官和物质享乐的借口。譬如密教的性爱是精神的、神圣的，所以他们不管如何追求性爱的大喜乐都是无可指摘的。仲巴钦定的衣钵传人唯色丹增明知自己已经感染了艾滋病毒，还继续与他的多位弟子—情人们共修大喜乐，以致将这致命的病毒至少传给了她们中的一位。这正好应验了仲巴活佛再三的警告，修密教是一件十分危险的事情。

来自印度的Osho-Rajneesh被认为是20世纪美国最臭名昭著的密教性爱上师，他是20世纪后期最初几位在美国消费者文化中成功贩卖他们打上自己商标的新密教（neo-Tantrism）的印度上师之一。Rajneesh的新密教在美国的传播使密教传统成功地完成了商品化和商业化的过程。到1980年代，激进的性解放已近尾声，代之而起的是性的商品化，这是资本主义向

07 大喜乐崇拜和精神的物质享乐主义

现代文化所有领域扩展的更大的社会经济过程中的一个部分。Rajneesh提供了西方人想象中的密教所拥有的所有东西：一个确保灵魂觉悟的免费爱情秘术，一个令人激动的激进社区。Rajneesh 1931年出生于印度的Madhya Pradesh，年轻时多次体验过各种不同的大喜乐，21岁便完全觉悟。曾在大学教哲学，1960年代后期开始招收徒弟，传授他的精神体验，鼓励弟子们沉溺于一切肉欲，嘲讽印度的民族英雄甘地是受虐狂式的沙文主义性倒错者。1971年，他在印度的Poona建立了一个新的乌托邦社区作为一种新文明的种子，并很快使其成为一个非常高赢利的新文明，也很快因财政和法律问题与印度政府发生冲突，被迫于1981年携大批弟子逃亡美国。自称为"美国等待已久的弥赛亚"，Rajneesh很快在Oregon的Antelope购置了一块方圆六万四千公顷的土地，开始与他的弟子们一起营造自己的新城和理想社会Rajneeshouram。这个社区很快变得非常的富裕，存在四年间的总收入竟高达一亿二千万美元。但他们很快与周围的美国本地居民发生激烈冲突，1986年美国政府以其违反宪法规定的政教分离原则为由，取缔了这个社区，Rajneesh和他的弟子们受到种种不同的指控和调查，Rajneesh最终于1987年被驱逐出境，在没有其他国家愿意接纳的情况下不得不返回Poona。尽管如此，Rajneesh的弟子遍布世界，他的影响即使在他于1990年去世之后依然不减,他成为一个全球高技术运动和商业经营的国际性偶像。

Rajneesh鼓吹的是一种没有宗教的宗教,一种道德的无政府主义,一条超越传统道德观、超越是非的道路,一种明确排斥所有传统、教条和价值观的宗教。他认为人类的一切痛苦来源于扭曲的社会关联,即家庭、学校、宗教和政府等文化体制对每个个人的程序设定,人类的自由和解放只有先解构所有这些强加在我们身上的程序设定才有可能。为了帮助他的信徒们解除这些设定的程序,他设计了一系列瑜伽、观想和其他心理—身体合修的方法,而其中最重要的就是那些被他贴上新密教标签的修法。而要学到这一套修法,信众们必须付出昂贵的代价,为期三个月的整套重新平衡程序法要价七千五百美元。Rajneesh称他的新密教是一种终极的反宗教,是一种不需要严格仪轨、不需要任何清规戒律的精神修法,其目的只在于将个人从所有束缚中解放出来。密教是自由,密教是解放,密教不分好坏、不分善恶地接纳一切,密教是对人欲、激情的终极肯定。密教接受性冲动,并视其为人性最强的力量。如果性爱被彻底地整合和吸收,则将成为人类最强大的精神力量。佛陀、耶稣之所以有那么大的吸引力,就是因为吸纳了性爱。所以,Rajneesh所传修法很多与群交有关,他称此为一种"强化治疗"，使人通过强烈的发泄导引出意识的转化和升华。密教修习的终极目的是彻底的自我接受、自我实现，而达到这个目的的最便宜方法就是性爱瑜伽。一旦你释放了受压的性欲，你就会发现自己早已完美无缺、神圣灵通。既可以沉溺于肉欲的快乐和满足，又能够获得彻底的自由和即时的圣化，Rajneesh的新密教看起来是20世纪70年代的"自我一代"（Me Generation）和80年代的"权力一代"（Power Generation）的最合适的精神表达。

三、网上大喜乐与后资本主义文化逻辑

密教和密教性爱的神话在数据化的网络时代继续膨胀。通过网络组成的全球化的虚拟密教社区，打破了地理边界、年龄、性别、种族、社会阶层等所有局限。不管你生活在地球上的哪个角落，你都可以和生活在地球另一个角落的人们一起供养本尊、崇拜神灵，举行密教法会、交流精神体验、同修大喜乐。美国式的密教，或曰"精神的性爱"，通过网络轻而易举地占据了全球市场。在人类历史的第三个千年开始的时候，密教看起来是美国这个后资本主义社会的最理想的宗教。

如韦伯所言，早期资本主义的建立与新教伦理关系至深，人们崇尚的是勤奋、节俭和禁欲。而今天的后资本主义社会则

以大众消费和市场化为主要特征，崇尚肉欲的满足和享乐主义。资本主义市场逻辑渗透到所有文化领域，从艺术到政治、宗教都成为可以买卖的商品。宗教早已成为精神超市中明码标价的消费品，信仰者可以自由挑选最适合于自己的宗教形式，拼合成为完全属于他们个人的精神信仰。后资本主义时代人对任何重大、统一的世界观和人类历史的宏大叙事普遍失去信仰，其美学品味趋于欣赏体格强健、震撼价值、即时满足和大喜乐体验。在后资本主义的消费文化中，身体不再是罪恶和欲望的载体，而是喜悦、享受和满足的来源。美式密教与这样的文化大背景显然极为合拍：首先，新密教拒绝一切传统的宏大叙事和既定的意识形态，公开拥抱消费者文化的激进的多元主义、话语混杂（Heteroglossia）和自由拼凑；新密教来源于一切文化传统的神圣遗产，是一种不受体制限制的普世传统，密宗性爱是适合于普世大众的不分宗派的神圣性爱。其次，作为后资本主义时代的产儿，新密教也推崇强壮、享乐和震撼的审美观。按仲巴和Rajneesh的说法，普通人都深陷于为主流教育、政治和宗教所创造出来的社会关系的运行不良的模式中，将我们从这些破坏性的模式中解放出来的唯一途径是密宗的强烈震撼策略，即以非法的性爱或对食品、毒品和狂野派对的沉溺作为对现世的道德法律的明确违背。这样做的目的是要打破我们

07 大喜乐崇拜和精神的物质享乐主义

理解现实的一般方式，将我们设计进一种脱离尘世一切束缚的终极的大喜乐状态中。

当下美国人对密教的吹捧更加玄乎，密教甚至被称为"未来的科学""政治变革的引擎"，密教将在这个千年中重新将人类团结在一个新的精神民主体制中。密教的未来就像是女人的最佳性高潮，它没有极限。密教是一种广大的精神体验，像海洋一般、奇妙和不可预知。密教是一个精神性的商标，它可以将享乐与超越、自我实现和尘世的富足奇妙地统一起来。凡此种种，不一而足。事实上，作为一种最激进、最违背常理的精神形式，密教践踏了所有的禁忌，打破了所有的社会限制。但正如自称为"后色情现代主义者"的色情明星Annie Sprinkle用密教性爱的现场表演作为从所有对性的限制和社会禁忌中获得解放的工具一样，密教看来真的就是生活在这个以激进的性、暴力、违犯戒律为标志的时代的美国人获得精神解脱的最合适的道路了。

总而言之，眼下人们心中的密教形象是东方和西方、学术界和普通百姓之想象的一个复杂和综合的创造。密教实际上是一个变化多端、极不稳定的范畴，其意义或随特定的历史时刻、文化氛围和政治环境的变化而变化。而我们对密教的看法的改变实际上反映的是我们自己不断变化中的道德观和性观念，从这个角度来说，密教无异是观照我们自己心理的一面镜子。通过对密教在美国被接受、改造和重新创造的历史过程的了解，我们可以对百年来美国人的心路历程，特别是性观念的变化、发展有一个总体的把握。而美国人对精神的物质享乐主义的揭露和批判或可引以为前车之鉴，对目前国人中间出现的相同倾向予以警惕和抑制。

原载《文景》2008年第10期

08
《欲经》：从世间的男女喜乐到出世的精神解放

一

刚到德国不久就听说有一部叫作《欲经》的古印度情色秘典在西方十分流行，以后时不时地能在书店、录像店或电视节目中见到，但里面究竟有些什么货色则没有认真关心过。德国有所谓"红灯文化"，情色（Erotik）乃有闲、有钱、有情调的人玩赏的一门艺术，是阳春白雪，据说里面学问很大；不像色情（Pornographie）不给人留下任何想象和审美的空间，把本来具有丰富、细腻的情感和精神世界的人类一下打回到前人类时期，那是下里巴人的东西，见不得阳光。最近，我对近几十年间密教在西方，特别是美国的流行颇为留意，不料又常与《欲经》不期而遇，因为西方人习惯将本来和密教不搭边的《欲经》与印度密教、甚至密乘佛教混为一谈。虽然这部世界最古老的情色秘典在西方已被庸俗化为专讲房中术的淫书，故以《欲经》命名的色情读物和电影五颜六色、五花八门。但伴随着密教的兴盛，《欲经》脱胎换骨，甚受喜好"精神性爱"者的欢迎。红男绿女，不管是异性恋，还是同性恋，若既舍不得割舍世间凡人性爱的喜乐，又想达到出世觉者精神的解脱，则无不将《欲经》捧为宝物。从情色降格为色情、再从色情升华为神圣，《欲经》在西方的遭遇令人惊讶，亦使我对《欲经》本身产生了极大的好奇心，于是赶紧从网上邮购《筏蹉衍那的欲经：卜尔通的经典译本》(*The Kama Sutra of Vatsyayana: The Classic Burton Translation*, New York: Dover Publications, 1883 [2006])和《足本欲经：印度经典文本的第一个不加删减的现代译本》(*The Complete Kāma Sūtra: The First Unabridged Modern Translation of the Classic Indian Text*, translated by Alain Daniélou, Park Street Press, 1994)这两个目前在西方最受推崇的《欲经》英文译本，开始认真地阅读起来。（图8-1、8-2）《欲经》的两位英译者Burton和Daniélou显然都是一流的人物，都有本事将一部至少一千七百余年前用梵文写成的东方古籍改造成一部让今人读来依然兴味盎然的现代西式文本。除了这两个本子以外，百年中间出现的《欲经》其他译本和改编本多如牛毛，即使抛开那些泛滥于坊间的色情版《欲经》不谈，它在西

08 《欲经》：从世间的男女喜乐到出世的精神解放

图8-1 *The Kama Sutra of Vatsyayana* 书影

图8-2 *The Complete Illustrated Kama Sutra* 书影

方一般知识大众中的流行程度或也超过《易经》《道德经》和《西藏死亡书》等其他西方最知名的东方圣典。最近芝加哥大学宗教史教授Wendy Doniger和哈佛大学世界宗教研究中心的印度心理分析研究专家Sudhir Kakar联袂重译《欲经》,用心理分析法对《欲经》作了全新的解读。看来不同背景的人、从不同的角度出发,每每可以读出一部内容全然不同的《欲经》。

二

或许是长期受人误导的缘故,印象中的《欲经》肯定是一部刺刺黄的书,拿到手才发现,它看起来倒更像是一部学术书。《欲经》原本是一部用当时印度精英阶级的学术语言——梵文写成的偈颂体作品,要不是有卜尔通这样的怪人下工夫翻译,世上大概没多少人能看得懂。可见得它本不是写给普罗大众们看的书,其读者应该是生来高贵的上等种姓和有钱有学问的士绅阶级,情色这东西从来就不是阿猫阿狗们都有权利享受的。大概我不是道学先生的缘故,从这部《欲经》中我没有读出太多"淫"的东西,相反觉得它是一本挺有人性、人道和人本精神的劝世箴言式的古书。它或可算是一部上乘的情色之作,但绝非低俗的色情作品,它更应被看作一部专门讨论男人、女人及其相互关系的"人论"。和今天坊间流传的黄色书

08 《欲经》：从世间的男女喜乐到出世的精神解放

籍相比，《欲经》早已落伍，市面上兜售的种种色情版《欲经》多半是挂羊头卖狗肉，其中没有多少原装货色。《欲经》原作者筏蹉衍那据称是一位婆罗门种姓的宗教人士，但《欲经》中很少宗教说教，通篇是对如何处理人生、男女关系和享受人间喜乐的具体、实用的建议与技术指导。作者俨然是一位曾经沧海的仁厚长者，以他丰富的人生经验，指导后生晚辈应当如何与女人相交、相处、相悦，保证既不违反家庭伦理、社会规范，又获取个人身心的最大满足，并借助六十四种情爱之术达到男女性爱的最大喜乐等等。这些人情味十足的处世之道，特别是以平等、喜乐为主旨的男女相处之道，至今也不算过时旧货，读来依然令人颇受教益。从中我们既可以窥见印度古代社会、文化之风貌和士绅阶级之人生百态，又或可改变对历经佛教、伊斯兰教和维多利亚式新教三重洗礼后的印度人给世人留下的禁欲和苦行僧形象。

《欲经》本名 *Kāma Sūtra*，Kāma 汉译"欲""爱""欲乐""爱欲""爱乐"等等，义指男女情爱和由此所生喜乐；Sūtra 原意"线""纲"，引申为"经""经典"。故 *Kāma Sūtra* 亦译《爱经》，或者《欲乐经》。英文通常译做 *The Arts of Love*，译言《爱术》。古印度人认为人的一生有法（Dharma）、利（Artha）、欲（Kāma）和解脱（Moksa）四大目标。法指善行、美德，利指财利、饶益，欲指人生爱欲、欲乐的满足，而解脱则指脱离轮回、实现永远的解脱。四者中间，法、利、欲乃世间之物，而解脱则是出世的东西，属宗教范畴。于法、利、欲这人生三大目标中，德行最高，财利次之，欲乐最低，但三者缺一不可，都应该努力去追求，否则人生就是不圆满的。德行虽然是人生的最高境界，但也是穷人无法消受得起的奢侈品；而贫穷绝不是美德，它不但令人难以享受人生的喜乐，而且也令伦理、美德无法实现，所以只要无损于法，人就可以唯利是图。同样，只要不损财利，人就可以恣意享受男欢女爱。一般说来，青少年当力求获得知识和财利，以保障日后生活无忧；青壮年当专心享受欲乐，方不虚耗难得暇满人身；老之将至才追求道德完美，以实现终极的解脱。约公元前7世纪，古印度出现了三部法典性质的政书，分别是《法论》《财利论》和《欲乐论》，即从善行、财利和欲乐三个角度制定人类行为规范、规划实现人生三大目标。其中的《欲乐论》据称乃古印度圣神湿婆的守门人Nandi所传。而Nandi本乃一头通灵的公牛，在偷听湿婆和他妻子Pārvatī百年不止地做爱时竟然大受感动，口中情不自禁地发出仙界才有的响声。为了利乐世间众生，Nandi把这些响声记录了下来，遂成指导世人享受喜乐的《欲乐论》。大概到了4世纪，即印度历史上的笈多时代，有一位名

08 《欲经》：从世间的男女喜乐到出世的精神解放

叫筏蹉衍那的婆罗门学者，收集、整理当时几近失传的《欲乐论》，编写成了这部今天流传世界的《欲经》。

《欲经》全书共一千二百五十偈，分成七个部分，三十六章。七部分内容分别是：

一、导论，分五章。先说法、利、欲人生三大目标及实现这三大目标的方法、应该掌握的知识和本领，然后讨论市民生活规范以及妇女、朋友和中介人的类别。

二、论两性交合，共十章。具体讨论抱、吻、抓、咬、淫声、抽送、阴阳转换、口交等六十四种所谓男女性爱技巧。

三、论娶妻，分五章。先说婚礼，接着教人如何获取女人的信任，如何以外表和行为表达自己的感情，然后列出男人为赢得佳人之心和女人为赢得才子之心而必须做的事情，最后讨论婚礼的形式。

四、论妻子，分两章。第一章说贤妻的生活方式和夫君不在身边时的行为规范，第二章讨论妻妾关系，再嫁寡妇、弃妇和国王深宫内后妃、宫女的行为准则，以及夫君与妻妾相处之道。

五、论他人之妻，分六章。总说男女相处之道，先说男女之特征，解释男人赢得女人或遭女人拒绝的缘由，然后教男人如何认识并赢得其心仪女人之芳心，如何捉摸女人心态，再论中介的作用、权威人士对他人之妻的爱、宫女生活和守住自己妻子的方法。

六、论高等妓女,分六章。先说高等妓女求诸男人的种种原因,绑上令其心仪之男人的手段,值得相识的男人的种类,再教妓女如何假扮妻子角色、获取钱财、预知情变征兆、摆脱情人或与老情人破镜重圆,最后讨论生活的得与失,以及高等妓女的不同种类。

七、论吸引他人之技巧,分两章。先说个人的打扮和俘虏他人之心的手段、滋补药物;后说挠人兴致的方法、各种试验和秘方。

三

显而易见,《欲经》中说的全是世间男女之事,与出世的宗教没有关系。可是,《欲经》从一开始在西方流传就常常被人与密教混为一谈,这大概与《欲经》的第一位英译者卜尔通爵士(Sir Richard Francis Burton, 1821—1890)本人的充满丑闻的经历与作为一名疯狂的密教行者的身份有关。卜尔通是在西方文学想象中构建密教形象,或者说在整个西方大众文化中构建密教现代形象的一位重要人物。他不但是一位赫赫有名的勇敢的环球旅行家和冒险家,而且也是西方最早对密教有极大兴

08 《欲经》：从世间的男女喜乐到出世的精神解放

趣的英国作家、翻译家之一。他的传记作者将他的一生概括为"船长理查德·佛朗西斯·卜尔通爵士：曾去麦加朝圣的秘密特务，发现了《欲经》，将阿拉伯的夜晚带到了西方"（Captain Sir Richard Francis Burton: The Secret Agent Who Made the Pilgrimage to Mecca, Discovered the *Kāma Sūtra*, and Brought the Arabian Nights to the West），足见此公一生的传奇对东方神秘主义在西方的传播有过巨大贡献。卜尔通曾是英属东印度公司的船长，后受皇家地理学会支持长期在亚洲和非洲探险旅游，晚期成为外交官，出任英国驻多个地区的公使。卜尔通有超凡的语言天才，常常能轻而易举地学会其探险地土著居民的语言，与他们打成一片。这也使他于1853年作为秘密特务成功完成了近代欧洲最著名、记录最详备的一次非穆斯林欧洲人对麦加、麦地那的伪装朝圣，轰动一时。同样由于他杰出的语言天才和对情色的终生不渝的追求，卜尔通成为向西方世界同时成功引进《欲经》和《一千零一夜》（*The Book of Thousand Nights and a Night*，于西方俗称《阿拉伯的夜晚》，于中国亦称《天方夜谭》）这两部最著名的东方情色经典的第一人。卜尔通对情色的热衷在他的游记中有充分的反映，他每到一地探险最关心的内容之一就是当地的各种性风俗，并常常直接参与、试验各种在其同胞们看来非常荒唐的性行为。而他与密教的渊源则开始于19世纪40年代,当时卜尔通曾在南亚地区学习、修持密教瑜伽。19世纪70年代开始,见多识广、对包括密教性爱在内的各种东方色情秘术有充分的了解和丰富的实修经验的卜尔通开始与 Foster Fitzgerald Arbuthnot 合作翻译、出版东方的色情作品。由于当时英国法律禁止出版色情书刊,而卜尔通的译作在当时被普遍认为是色情作品,故不准公开发行。为此卜尔通专门成立了一个名称"欲论社团"(the Kama Shastra Society)的东方出版社,专门出版他们翻译的这些色情书,供读者内部订购和流通。他出版的这些书中最著名的就是《欲经》(1883)、《一千零一夜》(1885)、《释迦馁夫拶维的香园》(*The Perfumed Garden of the Shaykh Nefzawi*)(1886)和《爱神》(*Ananga Ranga*)等。据称《欲经》实际上不是卜尔通一个人的作品,号称至少通二十九种语言的他竟然只通印地语而不通梵文,有点匪夷所思。总之,《欲经》是他和 Arbuthnot 合作的结果,最早于1883年出版,先在内部流通,不料它的盗版很快就出现在巴黎和布鲁塞尔等其他欧洲城市,从此风靡世界。从1883年迄今一百二十余年中,卜尔通的《欲经》不知再版了多少次,我手头的这一本是2006年的重印本,据称与1883年版完全一致,没有任何增删。

让人把《欲经》与密教混淆的一个重要原因是,不但卜

08 《欲经》：从世间的男女喜乐到出世的精神解放

尔通本人的性爱经历臭名昭著，而且他笔下的密教也常常充满情色的内容。不管是翻译，还是自撰，卜尔通习惯于在他依靠的东方原典中添油加醋，掺进许多本来没有的东西，将他天才的想象和个人修习的体验硬塞进东方古人的著作中。十卷本的《一千零一夜》就是一个经典的例子，它实际上不是翻译，而是编译，甚或编造。这大概是早期西方的东方学家们通常要犯的一种错误。对印度古籍的翻译，卜尔通也采用同样的办法，还美其名曰给僵尸添加血肉，即给已成死书的印度梵文古籍注入新的生命和活力。卜尔通曾将梵文《五个起尸鬼的故事》（*Vetālapaň cavim-satikā*）翻译、改编成一部相当畅销的书，题为《毗柯罗摩王和吸血鬼：古印度的鬼怪故事》（*Vikram and the Vampire: or Tales of Hindu Devilry*）。卜尔通在这部书中讲述了一个原书中根本不存在的驼背恶魔的故事。这个驼子的一切行为都受贪欲和怨恨驱使，故身残心狠，无恶不作。他既是赌棍、色狼，又是残忍的小偷，不惜践踏一切正统社会的禁令，目的就是要使自己成为一名密教徒（Tantri）。他参与那些最下流的密教仪轨，与酒、女人和死尸相伴，希冀通过沉溺于欲望而最终征服七情六欲。结果驼子终于变成了密教徒，这样他就可以为所欲为，于他想干的一切恶行。他从一位背道的婆罗门那里得到灌顶，宣告抛弃他以前信仰的旧宗教的一切仪式，然后开始施行一种令人厌恶的宗教仪式。夜深人静之际，驼子与八男、八女杂处一处，选择房中一个最秘密的角落，做所谓"聚轮供养"仪轨。他们肆无忌惮地饮酒作乐，还举行如裸坐于死尸身上等许多可耻的仪式。与他一起修法的这八个女人大多数出身寒微，其中有婆罗门女性、舞女、织布工的女儿、声名狼藉的女人、洗衣女、理发师的妻子和地主的女儿等等。驼背恶魔的上师告诉他，他的这些行为无关羞耻和厌恶，要紧的是要自由地享受一切肉欲的快乐。古代的圣人认为征服激情、肉欲是达到最终至福的关键，故选择禁欲、苦行，而这位驼背恶魔则以毒攻毒，选择以沉溺于极端的肉欲享受中而使欲望消减。

卜尔通捏造的这个驼背恶魔的故事流传甚广，流毒无穷，它促成了19世纪后期维多利亚时代殖民想象中一种标准密教形象的形成，即密教就是亵渎神灵的黑色巫术，是和下等种姓女人的性爱和对一切肉欲的完全、彻底的沉溺。在这样的背景下，人们自然地将卜尔通翻译的《欲经》错当成了密教的经典，将《欲经》中秘传的诱人的性爱技术当成了密教黑色秘术的一部分，并不断将它推陈出新，演绎出各种新的版本，最终使其成为"性爱瑜伽"或者"密教性爱"的经典。《欲经》本来与印度教、耆那教和佛教等印度宗教中的密教传统均无关系，佛教

08 《欲经》：从世间的男女喜乐到出世的精神解放

中的密教传统更是要到7世纪以后才开始在印度流行，比《欲乐论》晚了一千年，比《欲经》也至少要晚三百余年，然而到了西方它们之间就难以分割清楚了。密教的性化，《欲经》难逃其咎，而性化了的密教反过来又把本为"人论"的《欲经》推到了世界级色情经典的位置上。

四

近年来，随着密教"精神性爱"，特别是藏传佛教在西方的流行，本来与佛教毫无关系的《欲经》行情看涨，不明个中情理的人甚至错以为它就是一部藏传佛典，对此误解实有澄清之必要。自卜尔通时代以来，西方的密教形象曾十分不堪，密教一直被认为是印度人意识中最恐怖、最堕落的东西，是印度最无知、最愚蠢的种姓所喜爱的巫术。可到了20世纪六七十年代，风靡美国的新时代运动却将密教提升为同时满足肉欲和精神追求的"大喜乐崇拜"，或"精神性爱"，从此密教备受推崇。在此大潮流之下，藏传佛教作为世界上硕果仅存的密乘佛教，备受后现代西方人的青睐。密教尽管源自印度，但其传统早已消失于殖民主义和现代文明的灰烬之中，故只有西藏喇嘛才是这一传统的合法继承人，只有西藏才是热衷密教性爱者向往的人间净土——香格里拉。当今西方时尚的藏传佛教热无疑与他们对密教性爱的热衷有关。

自密教开始在西方传播,西藏喇嘛就在其中扮演了一个极为特殊的角色,藏传佛教与密教一起在西方经历了一个从被妖魔化到被神话化的过程。1936年,英国女性主义小说家Elizabeth Sharpe发表了一部题为《左道密教的秘密:虚构人物的传奇》(*Secrets of the Kaula Circle: A Tale of Fictious People*, London: Luzac, 1936)的小说,其中对堕落、腐朽的密教仪轨作了生动到令人震惊的描述。这部小说的故事围绕一位年轻的法国女人Mary de la Mont如何受一位西藏密教喇嘛的诱惑、并被他那些令人耳旋目眩的密教仪轨引入堕落的深渊而展开。小说主人公对左道密教已在欧洲日趋流行这一现实忧心忡忡,故不惜说出她自己真实而充满羞辱的故事,要把密教可怕的秘密告诉和她当年一样幼稚的西方女人,劝她们不要像她一样上当受骗。当年的Mary de la Mont就因抵挡不住神秘、权力和情色魅力的诱惑,26岁时嫁给了一位据称具有超人力量的西藏喇嘛。她把她所有的一切毫无保留地献给了他,满心希望能够借助他的神力得道成佛。而喇嘛对她这位白种女人也是一见倾心,声称她的美丽令他癫狂,她是世界上最伟大的瑜伽女。于是,他对她施放魔咒,以超凡的魅力令她神魂颠倒,玩弄她于股掌之上,最终剥夺了她所有的一切,包括她的美丽、理想和

08 《欲经》：从世间的男女喜乐到出世的精神解放

金钱；而她则常常惊骇于他的丑陋、粗鲁和力量，身不由己地对他言听计从。尽管她没有得到他向她保证过的与他双修就可以得到的超人力量，但她的身体总是要软弱地、不可抵挡地投入到这位陌生神人的怀抱之中。而最终使这位法国女人堕入深渊的又是当年驼背恶魔曾经热衷的、左道密教中最秘密、最邪恶的"聚轮供养"仪轨，这个仪轨实际上是让所有邪念都得到彻底满足的最好借口：乱伦、酗酒、饕餮和所有能想象得出来的性倒错，在这里都变成了最神圣的圣礼。参与左道密教社团者信守的誓言是：女人是母亲，一切愿望均应得到满足。可是在这个社团中很少有女人能不被玷污，全身而退。举行"聚轮供养"仪轨时，女神庙外堆满了生肉、鱼和酒，男人们在Mary de la Mont面前裸露着身体，唱着、跳着，似醉如狂。然而按照仪式的规定，他们还要再喝四十二碗酒，因为劫难已经降临到这些可怜的人身上，他们能干的事情无非就是吃、喝、乐、死。赤裸的男人、女人，发出凄厉的尖叫，跳着脚，晃着头，只听得一声吆喝："让你们所有的欲望都得到满足吧"，于是一场完美的兽性的群交开始了。

Sharpe笔下的密教和喇嘛形象是如此的丑陋、吓人，但《左道密教的秘密》这部小说的出版却并没有像小说主人公所希望的那样，让那些"无知的西方少女"远离密教和喇嘛，以免重蹈法国女人Mary de la Mont的覆辙。相反,密教和喇嘛的结合越来越紧密,也越来越受西方人的喜欢。仅曾在美国新时代运动中兴风作浪的疯圣仲巴活佛一人,短暂的一生中就不知迷倒了多少个像Mary de la Mont这样的西方"无知少女",不同的是,仲巴活佛的大部分女弟子—情人们至今对她们这位备受争议的西藏喇嘛仍充满了热爱、崇敬和感激。而仲巴活佛显然不是唯一一位曾与西方女弟子"双修密法"的喇嘛,这样的事情时有所闻,间或还被当做丑闻揭诸报端。例如,与仲巴同时在西方非常活跃的喇嘛中,有一位名为卡鲁(Kalu Rinpoche, 1905—1989)的活佛,来自德格八蚌寺,属噶玛噶举派。瘦骨嶙峋的他身上从来都是一袭藏红色的法衣,一副苦行僧和瑜伽行者的形象,深得西方信众爱戴,对藏传佛教在西方的传播有巨大贡献。可就在其圆寂后没几年,他生前的弟子兼英文翻译、曾出家为藏传佛教女尼的苏格兰人June Campbell女士竟写书爆料,称她自己曾经是卡鲁活佛长期的秘密情人和性伴侣。Campbell女士那本引起巨大争议的书名为《空行母:在藏传佛教中寻找女性认同》(*Traveller in Space: In Search of Female Identity in Tibetan Buddhism*, New York, 1996);再版时改名为《空行母:性别、认同和藏传佛教》(*Traveller in Space: Gender, Identity and Tibetan Buddhism*, 2002),书中除了透露她

08 《欲经》：从世间的男女喜乐到出世的精神解放

曾遭卡鲁活佛长期的性剥削外，还从女性主义角度，对藏传佛教中处处可见的男权主义，特别是活佛转世制度作了尖锐的批判。Campbell最终因为受不了这种见不得阳光的秘密性关系而脱离了以卡鲁活佛为领袖的藏传佛教团体，成为一名宗教学者。她不认为她是卡鲁活佛的什么"双修明妃"，他们之间的这段性关系与密教修习没有任何关系，而纯粹是年已古稀的上师对才二十出头的女弟子的性剥削。Campbell觉得有义务把她这段特殊的经历写出来，除了批判佛教的男权统治以外，也希望诫示后人，不要犯她曾经犯过的错误。可是，连她自己也清楚地知道，她那些对藏传佛教和喇嘛充满激情的女同胞们根本不会把她这位苏格兰中年妇人的话当回事，《空行母》一书的出版为她自己招来骂声一片，卡鲁活佛的铁杆追随者骂她是神经不正常的骗子，而新一代的Mary de la Mont和June Campbell则层出不穷。

五

藏传佛教与密教性爱有关，看来是西方精神追求者的常识。可是翻遍总数达4 569部的藏文大藏经，再加上卷帙浩繁的其他藏文佛教典籍，却找不出一部人们期待中的密教性爱宝典，这未免令人大失所望。好在世上还有一部《欲经》，不妨挪来一用。而最终将《欲经》与藏传佛教挂钩，并把它从一部情色作品提升为密教"精神性爱"之宝典的竟是一名被西方人称为"疯圣"的现代西藏喇嘛和一位身为同性恋者的当代美国著名藏学家。

这位西藏喇嘛就是近年来在中西方都备受推崇的更敦群培（1905—1951）先生。西藏历史上曾有过许多不世出的疯圣，风华盖世，人皆称颂，行为癫狂，鬼也吃惊，与他们相比汉地济公和尚那些离经叛道的小事根本不值一提。为世人熟知的疯圣就有情歌王子六世达赖喇嘛仓央嘉措和西方密教大圣仲巴活佛等，而介乎这二者之间的大概就是更敦群培。自称"安多托钵僧"的更敦群培思想和才华都超越时代，他是哲学家、史学家、诗人、画家、游记作家和社会改革家，酒至半酣还能展示通梵文、巴利文、英文、日文等十三种语言的能力。早年他曾在塔尔寺、哲蚌寺、拉卜楞寺等著名的格鲁派寺院中学法，学富五明、辩才无碍，可恃才傲物，目无尊长，且好做惊人之语，人称疯子。后往印度、尼泊尔、斯里兰卡等地朝圣，十三年间曾将《罗摩衍那》和《薄伽梵歌》译成藏文，将法称的《释量论》、寂天的《入菩萨行》译成英文，还帮助流亡中的俄国人罗列赫将藏文史学名著《青史》译成英文。他还曾受印度共产党影响，发起成立"西藏革命党"，从事政治活动。他的其他著作中还包括公开批判宗喀巴祖师的《龙树中论奥义疏》，

08 《欲经》：从世间的男女喜乐到出世的精神解放

利用敦煌古藏文文书写成的史著《白史》和记述其在南亚诸国旅行见闻的《智游佛国漫记》等系列游记。1947年，回西藏不到两年的更敦群培被西藏地方政府指控为共产党员和苏联间谍，锒铛入狱，蹲了两年四个月的监狱。出狱后，潦倒的他越发玩世不恭，放浪形骸，成了离开烟酒就活不了的酒鬼和鸦片鬼，很快英年早逝。

这位一生经历颇具传奇色彩的喇嘛近年来被人捧成半神话般的圣人，当年铸成他人生悲剧的癫狂今日造就了他身后的辉煌。人们慷慨地将想得到的美誉都加到他的头上，其中有一顶桂冠叫做"人文主义的先驱"。莫非这是因为他呵佛骂祖、醇酒妇人，故有此殊荣？更敦群培对他不守佛道供认不讳，朋友回忆说他寓居印度时是妓院的常客，被捕入狱时，他竟然要求当局让他保有一个真人尺寸的充气娃娃，以满足他的性需求，械系狱中，还曾与一位目不识丁的南亚 Avaho 血统的女人过夜，听起来似天方夜谭。而正是这位看来极端好色的喇嘛，"在他生命中最有创造力和活力的时刻"，悉心研究包括《欲经》在内的三十余种印度情色典籍，身体力行房中秘术，其间还得到婆罗门长者的点拨和克什米尔女子"经验上赤裸的指导"，对男女间的喜乐多有心得，遂于1938年在印度摩揭陀孔雀城女友甘迪娃家中，动手写成了《欲论》（*'Dod pa'i bstan bcos*）一书。

《欲论》显然是更敦群培在筏蹉衍那《欲经》的基础上踵事增华，改写成的一部现代版《欲经》，二者之间的相承关系显而易见。不同的是，《欲经》全面关注男女之道，而《欲论》只关心前者第二部分中所说的六十四种情爱艺术。除去序跋，《欲论》共分男女之别、情欲关系、初潮青春、爱液精髓、异地之女、交颈相迎、双唇互吻、十指爱痕、轻咬欢愉、交合之法、挑情爱抚、送往迎来、春情之声、阴阳转换、行欢之姿、秘戏行为和进益技巧十六章，说的全是男女喜乐之事。它对六十四种情爱艺术的描述远比《欲经》具体、明确，更具现代感，但同样透出鲜明的人性、人本和人道精神。尽管《欲论》是一部不折不扣的情色作品，但其主题思想绝非一个"淫"字可以概括，说其为一部现代西藏的性爱启蒙书或更合适。在西方神话化了的西藏形象中，藏传佛教是一种对性爱十分友好的（sex-friendly）宗教，西藏是一个性爱自由的地方，然事实并非如此。前述Campbell女士对藏传佛教中的男性沙文主义的批判主要基于她于20世纪七八十年代与流亡喇嘛相处的经验，而这种男性沙文主义倾向在更敦群培时代的西藏无疑还要强烈得多。近代西藏是一个宗教神权专制统治的社会，僵化保守是其重要特征，说普遍信仰藏传密教的藏人享有男女平等、自由的性爱，这只能是今天的西方人才想象得出来的一个神话。作

08 《欲经》：从世间的男女喜乐到出世的精神解放

为一名转世喇嘛，更敦群培对此一定体会深刻，故不惜以离经叛道来反抗这种令人窒息的神权体制。总之，更敦群培从世俗生活的角度理解男女情爱、追求两性性爱的喜乐，并通过《欲论》的写作，用西藏人容易理解的形式，将印度文化中的这个特有的传统引入西藏，这对当时极端封闭、保守的西藏社会，对受宗教神权统治的西藏人民无疑具有积极的启蒙意义。

从更敦群培的《欲论》中，我们可以读出不少先进、开明和现代的东西，对作者鲜明的人本精神，特别是他强烈的男女平等意识留下深刻印象。他在书中指出，如果人的生命是痛苦的荒漠，那么女人、妻子对于男人的意义就如同一个可以带来愉悦的女神、一块繁衍家族血脉的良田、一个护士般的母亲、一个抚慰心灵的诗人、一个打理一切的仆人、一个毕生以欢笑保护我们的朋友。若没有这样的女人陪伴，男人的生活将是何等无聊。所以，男女理应平等，女人不应该受到男人的嘲讽和操纵，哪怕女人犯了道德错误，与他人通奸，我们也不能一味责怪女人水性杨花。有权势、有钱财的男人动辄妻妾成群，为何妻子与人通奸就十恶不赦了呢？寡妇为何就不能再婚了呢？性爱不应该是男人泄欲的手段或者独享的喜乐，性爱的大喜乐应该由男女双方共享。《欲论》面向大众，更敦群培认为性爱就是为了创造男女间的喜乐，这对于欲界一切众生都是平等的，他描述的六十四种情爱艺术说的主要是如何激起女性情欲和提升女性快感的技巧。尽管他自己的行为惊世骇俗，但他却主张建立稳定的婚姻关系，夫妻互敬互爱，男人不应该对他人之妻有所企图，反对与他人之妻通奸。这样鲜明的男女平等意识和对俗世的男女性爱喜乐的大胆追求，无疑超越了作者所处的时代。从这个意义上来看，说曾嫖妓宿娼的更敦群培是西藏"人文主义的先驱"或许不算太过。

六

身为转世喇嘛的更敦群培写作《欲论》这样一部放肆谈论男女性爱的书，在常人眼中绝对是一件十分荒唐的事情。然于疯圣自己，《欲论》绝非疯癫之作，今天我们从中也读不出任何"疯味"。实际上，更敦群培写作《欲论》时已完全放下喇嘛身段，公开声称："我对女人不感到任何羞耻，然有极大的信念。过去以来，我确实无意去守那种抑善扬恶的戒律，而最近［在印度］连残余的伪装也已停止。鱼入水时最知水的深浅，人对经历过的东西了解最深。念此我辛苦精进，写作命中注定要我来写的这部《欲论》。若被和尚嘲讽并无任何不妥，若为密教行者赞颂亦无不可。本书对年老的鲁伽邦一无所用，然对年轻的索南塔却大有益处。"这本书中"并没有泄露什么秘密，

08 《欲经》：从世间的男女喜乐到出世的精神解放

如密教的甚深修法、名相、密咒等等。那些让人羞耻的行为还是努力不让他人知道为好。因为这本书本来就不是想写给和尚、罗汉、长老和独觉者们看的，所以最好让他们看到书的标题就搁置一边，而不是去读它，然后感到愤怒和羞辱。世人性情不一，想法和概念亦各有差异。所以有人会批判它，有人会赞扬它，有人将觉得它肮脏，有人将觉得它干净"。于此更敦群培说得明明白白，他不是一位守戒的喇嘛，他写的这部《欲论》没有泄露任何密教的秘密，而是根据他对男女情爱的实际经验写成，《欲论》与佛教无关，他设想中的读者不是佛教徒，和尚们最好不要看他的书，省得徒增烦恼。世人对《欲论》一定见仁见智，和尚说坏、行者称善，然而脏也罢，净亦好，他根本就不在乎，因为他相信《欲论》对老朽毫无用处，对年轻人则好处多多。清醒如斯，谁敢说更敦群培是个疯子？

当年的更敦群培不见得是真疯，今天把他捧上天的人也不见得十分理智，说到底疯癫和理智都不过是一种游戏和伪装。《欲论》本是一部纯粹谈论俗世男女性事的情色之作，晚近却被一位十分著名的美国藏传佛教研究权威捧为"将性爱大喜乐作为精神解脱之门的一部宗教作品"，并被改编成了一部修习藏传密教性爱瑜伽的教科书，真是匪夷所思。这位美国藏学家就是不久前从弗吉尼亚大学功成身退的 Jeffrey Hopkins

（1940—2024）教授。Hopkins先生和现任哥伦比亚大学宗教系教授的Robert Thurman先生是美国最知名的两位藏传佛教研究的权威人物，两人在20世纪60年代相继从哈佛大学退学，先随新泽西的一位卡尔梅克喇嘛学藏传佛法，然后往印度随流亡藏人继续学习藏语文和研究佛教思想。其后两人又各自重返大学校园，完成学业，成为西方藏传佛教的一代名师。Hopkins入威斯康星大学麦迪逊校区研究生院，与其老师一起创建了全美第一个佛教专业的博士研究生项目。1973年毕业后受聘于弗吉尼亚大学宗教系，于此建立佛教研究项目，教授藏语文和藏传佛教，三十年间培养弟子无数，现在美国各大学中授受藏传佛教的教授中有一大半是他的弟子。Hopkins本人著作等身，大部头的专著、译著就有二十余种，其中最著名的是《观空》（*Meditation on Emptiness*, London and Boston: Wisdom Publications, 1983, 1996）和《佛教唯识学派中的空》（*Emptiness in the Mind-Only School of Buddhism*, Berkeley: University of California Press, 1999）等。和Thurman先生一样，Hopkins先生是学界和公共知识界两栖的人物，他们不但对美国的藏传佛教研究，而且亦对藏传佛教在美国和西方世界的传播有着非常大的影响。与此同时，他们对西藏和藏传佛教在西方不断地被神话化亦有不可推卸的责任。

08 《欲经》：从世间的男女喜乐到出世的精神解放

1992年，Hopkins先生完成了他从1960年代就开始着手的《欲论》的英文翻译，出版了《西藏爱的艺术：性爱、性高潮和精神治疗》(*Tibetan Arts of Love: Sex, Orgasm & Spiritual Healing*, Ithaca, NY: Snow Lion Publications, 1992）一书。（图8-3）人说翻译是再创造，此话用在Hopkins翻译的这部书上是十二分的贴切。《西藏爱的艺术》一书分成导论和译文两大部分，而导论的篇幅竟然超过了译文。如果这种结构上的比例失调让人多少觉得有点不合常理的话，那么译者对《欲论》之内容的改造和诠释则只能让人瞠目结舌了。在这个冗长的导论中，Hopkins先生不但用他自己的语言将《欲论》的全部内容重述了一遍，而且还将这一部非佛教的情色书彻底地改造成为一部地地道道的藏传佛教（密教）文本。Hopkins在导论中开门见山地说："本书的基本思想是性爱喜乐和精神觉悟的相容性（the compatibilty of sexual pleasure with spiritual insight）。在密宗佛教中，性爱六十四术被有意识地用在一种精神发展的过程中，目的是要强化具大喜乐的性高潮，随之促使一种更精致、更有力的意识层面的显现。由于这种意识能够显示具大力之实相，它对精神（觉悟之）道路有推动意义。更敦群培常常提到性爱喜乐的精神价值，所以此书中除了大量有关如何强化日常性爱的指导以外，也点明了印藏密教中修习的一种更高形

图8-3 《西藏爱的艺术》书影

08 《欲经》：从世间的男女喜乐到出世的精神解放

式的性爱。"基于这样一个基本的认识，Hopkins在"性爱喜乐和精神觉悟"一节中大谈性高潮的大喜乐和证得密宗无上瑜伽续的光明心识的关系。修学密法的人都知道，无上瑜伽续将人的意识（分别）分成粗、细、极细三大类和八十种，即因嗔而生起的三十三种分别、因贪而生起的四十种分别和因痴而生起的七种分别。行者通过各种不同的修持，如修拙火、梦、幻身、光明、中阴和迁识等瑜伽，即可获得明、明增和明得三种信解，由粗及细依次遮止这八十种心识，最终证得光明心识，入无分别界，即身成佛。Hopkins抓住《欲论》中偶尔出现的"大乐""空性"等佛教词汇大做文章，别出心裁地把《欲论》中所描述的性高潮喜乐和佛教无上密法所说的证得光明心识扯在一起，甚至说佛教密宗的自生光明心法就是更敦群培所述六十四种性爱艺术的基础，藏传佛教宁玛派所传的光明喜乐心法，或称体性本净、自性顿成、大悲周遍这宁玛三句义，即是更敦群培提出的延长性爱喜乐以探索喜乐之根本状态的理论基础。Hopkins用他丰富的藏传佛教专业知识，将明明白白与佛家密宗修法毫无关系的《欲论》强行纳入佛教密宗无上瑜伽续的框架中，然后将它改造成为一部地地道道的"性爱瑜伽"。将获取、延长、增强性高潮的喜乐与前述修持拙火、梦、幻身、光明、中阴和迁识一样，作为遮止粗重心识、得证光明心识、即身成佛的一种大乐方便。大胆、荒诞到如此程度，恐怕与更敦群培当年的癫狂有得一比！

在将《欲论》成功地改造成为那些希望同时获得肉欲满足和精神觉悟的西方后现代精神追求者期待的密教经典之后，Hopkins显然有点意犹未尽，欲罢不能。作为一名同性恋者，他觉得有义务用他掌握的一流的藏传密教知识为他所属于的那个社团提供一流的专业服务，为与他有同样性取向的人指点迷津，使他们也能走上成熟解脱的道路。于是，Hopkins教授一鼓作气，再次动手改造更敦群培的《欲论》，将原来只适用于异性恋者的六十四种情爱之术大胆地改造成为适用于男同性恋者的性爱技巧。1998年，Hopkins先生将他再次改编的《欲论》正式出版，题为《性爱、高潮和光明心识：男同性恋者的性爱六十四术，更敦群培之西藏性爱艺术的一个变种》(*Sex, Orgasm, and the Mind of Clear Light: The Sixty-four Arts of Gay Male Love, A Variation of Gedun Chopel's Tibetan Arts of Love*, Berkeley: North Atlantic Books, 1998)。（图8-4）此书也分两大部分，第一部分即是"男同性恋者性爱六十四术"，第二部分题为"沉思"，给出作者对"为何藏传佛教对性爱友善""密教心理学""理智、性高潮和同性恋憎恨"和"修持密教意味着什么"四大问题的思考结果。尽管第一部分中所描述的具体技

08 《欲经》：从世间的男女喜乐到出世的精神解放

图8-4 *Sex, Orgasm, and the Mind of Clear Light* 书影

巧与《西藏性爱艺术》中的描述有所不同，但二者的基本思想则完全一致，即性高潮能帮助性爱中的人，不管是异性恋者还是同性恋者，证得光明心识，即身成佛。

一位著名的西方学者，利用他作为藏传佛教研究权威的身份和权力，对一部来自东方的文本作明目张胆的篡改，借助他对原文作翻译和解释这一权力，把西方世界对一部同时能满足肉体和精神双重需要的东方经典的所有期待一股脑儿地掺入到他手中掌握的这个文本中，把他自己的意图和对藏传佛教的理解强加给被其热捧的西藏疯圣，最终将一部世间的情色作品改造成了一部出世的精神经典。于是，本来在西方日趋堕落、越来越黄的《欲经》，通过它的现代西藏翻版的西方翻版，终于翻身得到解放，出落为一部可登大雅之堂的世间男女喜乐和世出精神觉悟双运的精神宝典。更敦群培本意是要游戏一把，用情爱六十四术带来的世间男女情爱喜乐来嘲弄追求出世精神解脱的和尚和密教行者们，而Hopkins对《欲论》所作的如此天才的发挥却使更敦群培写作《欲论》时的这一番良苦用心顿时化作了镜花水月。疯圣地下有知，除了感叹佛力无边，他再疯再癫最后还是跳不出如来佛的手掌心外，真不知还当作何感想？

原载《书城》2009年第4期

09

寻找香格里拉
——妖魔化与神话化西藏的背后

1933年,一位名叫James Hilton的人发表了一部题为《消失的地平线》的小说,一路畅销至今,被后人称为遁世主义小说之母。(图9-1、9-2)这部小说讲的是第二次世界大战山雨欲来风满楼之时一个世外桃源的故事。

1931年5月,外国人正慌乱地从印度某城巴斯库撤离,一架英国使馆派出的飞机从该城飞往中亚的白沙瓦,结果被劫持到了一个叫香格里拉的地方。当时飞机上有四个人,一个是英国的公使,名叫Robert Conway,还有他的一名副手、一名女传教士和一位正遭通缉的美国金融骗子。当这四个人坐的飞机中途被劫持、迫降在雪山丛中时,他们发现这个名为香格里拉的地方竟是一个难得的世外桃源。

雪山丛中,有一个"蓝月谷"(Blue Moon Valley),一座巨

寻找香格里拉

图9-1　James Hilton（1900—1954）

图9-2　*Lost Horizon* 书影

大的宫殿耸立于中央,最上面住着香格里拉的主宰"高喇嘛"(High Lama),香格里拉会集世界各路精英,管家是一位文雅、世故的汉人,还有一位漂亮的满族小姐。香格里拉有中央供暖、俄亥俄的阿克伦浴缸、大图书馆、三角钢琴、羽管键琴,还有从山下肥沃的谷地运来的食物。

香格里拉的图书馆里面充满了西方文学的经典,收藏的艺术品里面有宋代的瓷器,演奏的音乐中竟有肖邦未曾来得及于世间公布的杰作,可以说世界文明的精华咸集于此。香格里拉的居民人人享受着现代、富足的生活,所有的西藏人却住在宫殿的脚下,他们都是伺候那些喇嘛及其他居民的仆人。除了西藏人以外,这里的人都长生不老。他们的"高喇嘛"已经活了250多岁。那位看上去很年轻的满族小姐实际上亦已经接近百岁了。

1919年经历了第一次世界大战的欧美年轻人成了"迷惘的一代",特别是英国的很多精英知识分子和年轻人,他们满怀着对人类社会幸福美好的向往,积极参加了第一次世界大战,但是战争粉碎了他们对世界的希望和梦想,使他们无法再走上传统的生活道路,于是开始寻找心中的香格里拉。

1929年的经济大萧条,是一场世界性的经济衰退,可能比近几年我们所面对的金融危机还要严重,是近代以来规模最大、后果最严重的经济危机。可想而知,在战争把自己的理想粉碎的时候,又遭受严重的经济危机,当时的人们是怎样一种精神状态。接下来各个国家出现疯狂的民族主义,最典型的就是德国的纳粹开始猖獗。第二次世界大战山雨欲来,百姓恐惧战争阴霾,饱受摧残的心灵需要在香格里拉这个宁静美好的伊甸园中得到抚慰。

可以看出,香格里拉是西方世界想要寻找的一个美好的伊甸园。

《消失的地平线》反映的是时代的思想,带有很深的帝国主义的烙印,在纯洁美好的乌托邦理想下掩盖了许多隐藏的暴行。香格里拉只是西方白人的伊甸园,而不是东方人的桃花源,更不是世界人民的幸福乐园。香格里拉居民的地理分布充分体现了这种平和的神权统治下彻头彻尾的种族等级体系,住得越高,地位就越高,像"高喇嘛"住在最顶层,是一个平和的神权政治的最高统治者。外族的喇嘛们生活在屹立于宏伟巍峨的雪山上的喇嘛寺,而种植粮食的大量土著居民生活在下面的山谷中,这些就是西藏人,他们除了会吃饭、微笑以及伺候他人外,就不会再做什么了。在香格里拉,他们是没有地位的,只是仆人。

西方人公开地声称:"我们认为西藏人由于他们所生活的

09 寻找香格里拉

海拔高度等原因,不如外界的民族那么敏锐,他们是非常迷人的民族,而且我们已经接纳了很多藏族人,但是我们怀疑他们其中能否有人活过百年。汉族人相对而言好一些,但是他们中很多人也只活了一般意义上的高寿而已。我们最好的选择毫无疑问是欧洲的拉丁人和北欧人,美国人也同样受欢迎。"从这些可以看出种族的划分是非常明显的,有很典型的帝国主义的气息。

总而言之,香格里拉是一座西方文明的博物馆,是18世纪欧洲人对于东方和东方传统文化的幻想。香格里拉是一个充满了帝国主义腐臭的地方,它是西方人创造的一个精神家园,而不是西藏人的精神家园。在《消失的地平线》中经常提到:东方人难以进行精神交流,西方人的精神苦闷和终极追求是东方人不能理解的。所以,这个保存了世界文化成果的香格里拉是西方文明的博物馆,东方文化只是装点。

1937年,著名导演Frank Capra将《消失的地平线》拍成电影,这部同名电影使得香格里拉的故事在西方深入人心。(图9-3)香格里拉本身的来历可能是作者灵机一动创造出来的,也可能是与藏传佛教里的香巴拉有些关系。但是现在没有证据可以说作者知道藏传佛教里有香巴拉这个传统。总之,在地图里,香格里拉是一个找不到的地方,没有办法确定。从前美国

图9-3 消失的地平线(1937年电影)

的导弹发射基地就被称为香格里拉。美国总统休假的地方，现在叫戴维营，以前也叫香格里拉。20世纪70年代开始，香格里拉大酒店遍布东亚，但在西方是没有的。这是帝国主义的流风余绪，目的在于重温帝国主义的旧梦。

非常遗憾的是，几年前中国云南的中甸宣布这个地方就是香格里拉。还有很多人出书证明这个地方就是香格里拉。其实，香格里拉就是一个莫须有的地方。如果把对香格里拉的这种认同作为发展民族经济的商业行为，无可厚非。但是从政治上讲，这是很不正确的。把云南中甸装扮、浓缩成西藏文化的一个缩影，我认为是一个不恰当的做法，这是在贱卖自己的传统文化。这是内部的东方主义，Internal Orientalism，是取悦于西方，按照西方的设想制造一个东方的形象。这种倾向在近代和当代，包括电影、书画、文学作品里，都出现过。

将香格里拉等同于西藏是西方出现的一种非常典型的倾向，香格里拉变成了后现代西方人的精神家园。这几年，西藏包括藏族文化在西方非常的吃香流行，一个根本的原因就是：西藏被西方人当成了香格里拉，被整个西方世界当成了他们所期待的一个精神家园。这也是西方社会如此持久的出现西藏热的原因。实际上，大部分西方人对现实的西藏并不了解，也不关心。他们只是关心他们心灵中的西藏，或者是他们虚拟的西藏，而这个西藏，就是香格里拉的一个变种和发展。

西方人对西藏的热爱是西方"东方主义"的一个经典例证。西方人视野中的西藏与现实、物质的西藏没有什么关系，它是一个精神化了的虚拟空间，拥有西方文明中已经失去了的、令人渴望的一切美好的东西。它是一个充满智慧、慈悲的地方，没有暴力，没有尔虞我诈；藏族是一个绿色、和平的民族，人不分贵贱、男女，一律平等，没有剥削，没有压迫。这样的一个西藏过去没有在历史上存在过，在很近的将来也不可能出现。说穿了，西藏是西方人心中一个不可或缺的"他者"，是他们观照自己的镜子，是他们用来确定自我认同的坐标，是经历了工业化之后的西方人的精神超市，寄托了他们所有的梦想和怀旧之情。在这里他们的精神可以纵横驰骋，得到无穷的享受和满足。与其说他们热爱西藏，不如说他们热爱自己。

接下来，我会和大家回顾一下，西藏是怎样被说成香格里拉的，西藏又怎么会成为西方的后现代精神超市的。这是一个美丽的神话，但是，它不能给西藏、西藏文化、西藏人民带来利益。

最近二十年间，我们可以清楚地看出西方人对西藏的热情有些泛滥，这是有很深的文化和社会背景的，而香格里拉的神话恰恰在其中起到了很大的作用。

09 寻找香格里拉

在西方的历史上，对西藏的认识一直都是这样美好的吗？当然不是。如果现在非常热爱西藏的西方人士，回顾一下他们的先辈接触、认识、理解西藏的过程，他们会很脸红的。实际上，在几十年前，他们对西藏形象的描述还是非常的不堪的。真正把西藏说成香格里拉，即精神家园，还是很晚近的事情。

西方人认识西藏的历史始于神话传说时代。成书于公元前5世纪的西方第一部历史著作，即希罗多德的《历史》中就已经出现了有关西藏的记载。其中提到印度北边有一个民族，其居住的地方有硕大的蚂蚁，擅淘金沙，它们在地下做窝，集聚金沙，可白天总有淘金者过来把它们聚集的金沙偷走。这个故事大概是西方人至今相信西藏有大量金矿的由来，尽管它没有任何的历史依据。令人诧异的是，在流传于今克什米尔拉达克地区的藏族自己的民间传说中，竟然亦有这种蚂蚁淘金的传说。

希罗多德之后，西方文献中再次出现有关西藏的记载见于1世纪地理学家托勒密的名著《地理》，其中不但提到了西藏，而且还提到了一座铜色的山。铜色山是藏族人民心中的一座圣山，它是藏传佛教大师莲花生隐居的地方。于此，历史与传说杂糅在一起，委实匪夷所思。

1世纪到13世纪之间，有关西藏的记载非常少。西方人较多地了解西藏是从《马可·波罗游记》开始的。马可·波罗也没有到过西藏（目前西藏自治区的范围，古代叫卫藏，西藏东部是安多和康区，他只到过安多那一带地区），却留下不少添油加醋的记载。他说西藏人是最擅魔术的人，西藏和克什米尔的"八哈失"是世界上最厉害的魔术师。他的书里边提到了一个故事，说每年蒙古大汗忽必烈都要去上都避暑。大家都知道，现在去上都，从北京开车过去只要五六个小时，可是当时要走上好几个月。每年去的时候，都会有一个西藏的喇嘛陪着大汗一起出发，因为天气是不可预测的，经常会遇到暴风雨，可是只要西藏喇嘛在旁边，只要他用魔法念咒，哪怕其他地方风雨大作，大汗所经过的地方一定是风和日丽的。这个故事，大家如果去翻翻我们汉文的文献记载，翻翻元代一本叫《佛祖历代通载》的佛教的书中记载的胆巴国师的故事，就可以知道他故事和《马可·波罗游记》中说的故事一模一样。在元朝有两位在大汗面前服务的来自西藏的很有名的大师，一位是八思巴大师，另外一位就是八思巴的弟子、名叫胆巴的国师，他是从旦麻地方来的。这是马可·波罗书中提到的西藏人的第一个形象。马可·波罗说的第二个形象是，他认为西藏人是世界上最不讲道德、最不讲廉耻的人，他们的男女关系混乱，游客到西藏去，藏族的母亲们就会亲自把她们的女儿送过来，游客对此不用负任何的责任,走前只要送一个小小的礼物就可以,而且姑娘收到这样的小礼物越多,她们的身价就越高,这是世界上最恶劣的风俗。他还鼓动他的家乡人到西藏去,吃这份免费的"午餐"。整体来说,这个故事影响很大,当时元朝留下的藏传佛教的西藏喇嘛的形象,跟马可·波罗的这个说法可以说是大同小异。当时藏传佛教的喇嘛在元朝的宫廷里传所谓秘密大喜乐法,就是指男女双修,所以汉族士人认为西藏人,特别是喇嘛,是妖魔,他们传的不是正法,而是妖法。从那个时候开始,可以说性化和巫化西藏和藏传佛教,变成一个不管是在中国还是西方世界都非常典型的现象。所以东西方的人常常色情化西藏,认为西藏人在两性关系上是一个非常开放的民族。跟我年纪相仿的人可能还记得,1987年,中国有一位作家叫马建,写了一部小说叫《亮出你的舌苔或空空荡荡》,这部小说的主题就是把西藏描写成一个情色的地方,每个故事都与情和色有关系,并且作者将其看成落后和愚昧的表现来描述。实际上,当时马建在20世纪80年代的中后期去西藏,而那个时候的西藏,也同样经历了"文化大革命"。在社会、两性关系上,西藏社会跟我们其他地区的社会没有多少区别,根本看不到他小说里面描写的那些东西。那些东西都来源于他从自己的文化当中所接受的有关西藏的传统说法。而这些传统可以回溯到马可·波罗时代，也可以回溯到元朝阶段。

西方人和西藏真正的接触是开始于传教士的时代，第一个到西藏的西方人是葡萄牙的耶稣会传教士，叫Antonio de Andrade，他从1624年从印度来到西藏西部，就是阿里扎布让这个地方。在西藏停了没多久，他就返回了印度。后来他写了一本很有名的书，叫《重新发现大契丹或西藏》，这本书1626年在里斯本用葡萄牙语出版，又很快被翻译成其他欧洲语言出版，影响非常大。Andrade对西藏形象的描述跟其他人比，相当的正面。他说西藏人是很有学问、很有礼貌的人。一个非常有意思的事是，他明明是第一个到西藏的欧洲人，他却说自己是重新发现了西藏，这也是在中西文化交流史上一件非常有意思的事。为什么叫重新发现了西藏？因为去西藏的目的是传教，传天主教的教法，可是到了西藏以后却发现，西藏早已经是一个"天主教"的王国，他认为西藏的喇嘛就是他们天主教的牧师，西藏人穿的衣服，那种大红的袍子，西藏宗教的那些仪轨，如灌顶洗礼等，都跟天主教非常的相似，所以他一方面非常高兴地宣布重新发现了"天主教的王国"，另外一方面也觉得非常失落。为什么说失落呢？因为他到西藏去本来是要传教的，但他发现西藏不需要他传什么教了，都已经在那里了。后来很多天主教徒都非常痛苦，他们说这是魔鬼的一个恶作剧。可这也给新教攻击天主教提供了一个非常好的武器，说天主教本来就是坏东西，西藏的喇嘛教和天主教本来都是坏的东西，是一丘之貉。

从传教士时代，我们讲到18世纪启蒙时代。大家知道西方的启蒙时代，可以称为一个浪漫化东方的时代。在启蒙时代，东方有一个非常积极的形象。当时特别是像伏尔泰那样的法国启蒙思想家，对中国的文化都非常赞赏，他们甚至认为欧洲已经走向没落，欧洲唯一的希望就是把康熙大帝变成他们的皇帝。中国是那么好的地方，统治中国的这些领袖人物全是哲学家。而德国的那些启蒙思想家对印度的佛教、佛学、思想也非常热衷。就是在这样一个浪漫东方的时代，西藏的形象，还是非常不堪，一直被认为是典型的东方国家的一个非常专制、愚昧、落后和非理性的地方，受到很多启蒙思想家的批判。大家习惯于把东西方分成两块。将文明、民主、理智、个人作为西方的象征。东方就是非理性、愚昧和专制的代名词。西藏更是东方专制的典型代表。大家如果有机会去读这些著作，就会知道像写《社会契约论》的卢梭、文学家巴尔扎克都以非常负面的形象描写过西藏。而德国的哲学家们也同样如此，康德有一段话非常有代表性，他说世界上有那么多好玩的事情可以做，他就搞不明白为什么西藏人整天什么事都不做，一个人坐在黑洞洞的房子里面，面对墙壁，两眼发呆，这到底有何意义。黑格尔还专门写了文章，对活佛转世制度、对达赖喇嘛转世制度表示非常不理解，并对它作了非常理性的批判，他认为达赖喇嘛既是人，又是神，神人合一，这是非常矛盾的，是不可能出现的东西。所以一直到20世纪80年代，西方大部分人还是把活佛转世制度当成一种骗人的把戏。它欺骗了老百姓，是政治的一种伎俩。很有意思，现在，即到了20世纪90年代以后，大部分西方人都相信活佛转世制度是真的，可是这时候一些在西方生活的活佛，反而主动站出来说活佛转世制度应该搬到博物馆去了。就像现在"西藏流亡政府"的"总理"桑东活佛，我曾听他在波恩大学所作的大会报告时说，至少70%的活佛都是假的。他自己就是一个假活佛，因为他小时候被选上活佛以后，读书不用功，他师傅就告诉他，"我们选错了，你这个活佛不是真的"。那个时候他就相信，他自己不是真的活佛。而且他没有跟他的上师们、先辈们有任何的精神联系。他当时这样讲，下面的人听得都发呆，一片嘘声。西方人认为怎么可能，活佛转世应该是个很真的东西。

到了殖民时代，西藏形象当然就更不堪了，因为西方要向东方殖民，侵略东方，要是东方很好，是一个有文化、有知识、美好的国家，他们就没有理由进行殖民侵略了，所以那个时候，在西方人的描写中，西藏和其他的东方地区一样，是一个非常不好的地方。我举一个例子，当时有一位来自加拿大的女医师，也是位传教士，她在西藏住了十一年，她后来写了一本书，叫《与西藏人在寺庙里和帐篷中》，说她在西藏生活了十一年，从来没有遇见过一位喇嘛，与他哪怕可以谈谈任何最基本的人生、哲学的东西。所有的喇嘛都近乎白痴般无知，更不要说老百姓了。所以西藏受到殖民侵略实在是在劫难逃。这些传教士对佛教肆意诋毁的同时，西方的这些佛学家、英国的维多利亚时代的东方学家也都对西藏非常的不屑，认为藏传佛教是偏离原始、正宗佛教最远的、最堕落的一个分支，根本就不配叫作佛教，而只能被称作"喇嘛教"。

刚才讲了西方怎么妖魔化西藏的过程，接下来我来讲讲西方人又怎么神话化西藏的过程。在前面说了，如果现在的西方人，一个热爱西藏文化的人，回过头去看看他们以前，一直到殖民时代所有有关西藏史的描述，我想他一定会脸红。但在西方还有另外的一个传统，即神话化西藏的传统，这就是最后他们把西藏和香格里拉画上等号的一个重要的原因。神话化西藏开始也比较早，是一个比较弱的趋势，刚说的希罗多德《历史》所载淘金蚂蚁的故事，让西方人相信，西藏遍地是黄金，很多政治团体就认为，中国把西藏作为领土的一部分，一个重要的原因,就是西藏遍地是黄金,出于经济的原因,不能让西藏脱离中国领土。这当然是胡扯。第一个到西藏耶稣会的传教士Andrade,他在书里也提到一个故事,让西方人,特别是康德非常的钦佩,他说西藏有一个习俗,用死人的头盖骨做成花鬘、酒杯等等,儿子可以把父亲的头盖做成一个酒杯,这不是一种野蛮,而是一种哲学。西藏人每天可以从容地与死亡对峙,用这种方式来超越死亡,这是一种西方人永远也达不到的境界。这个故事在西方有很大影响,让我想起了同样的故事也发生在我们汉族文化里,在元朝的时候,当时有一位西夏的喇嘛叫杨琏真珈,他把宋朝的皇帝的陵墓都挖掘出来,把宋朝皇帝宋理宗的头给砍下来做成一个酒杯,这是让汉人痛恨杨琏真珈三四百年的主要的原因。这让汉人觉得西藏的喇嘛伤天害理,皇帝的头盖都变成喝酒的酒杯了。可在西方、在康德的眼里就是一种哲学,西藏人可以那么从容地面对死亡,非常了不起。

在很早以前,很多西方人,包括西方的哲学家,像康德这样,认为西方的一些古老的智慧、古老的哲学概念在西方已经失传了,这些东西只有在西藏尚存,所以他们认为远古文明时代,甚至希腊罗马时代或更早的时代,西藏和西方已经有了联系,而在西方经历现代化的过程当中,他们那些古老的文明智慧都失去了。只有在西藏，没有经历现代文化污染的地方还保留了原始的智慧。把西藏变为寻找终极智慧的一个地方，这个因素在各个层面上都有。最近流传很多的就是，希特勒、纳粹对西藏都很有兴趣，派了一个以歇斐博士为首的考察团到西藏。实际上，这个使团不是希特勒派的，而是希姆莱派的，到西藏来考察，想要找到日耳曼人人种的来源。实际上这是夸大，他们并不是要找日耳曼人的起源，而是要找在西藏保留的各种各样的物种，只有在东方还有的物种。歇斐博士回去后也写了很多著作来讲述这些故事。我也在德国慕尼黑的国家图书馆看到了当时希特勒和热振活佛之间的通信，热振还曾送给希特勒一条小狗。整个故事被炒作得很厉害，有很多并不是事实。当时在西藏寻根的人很多很多，不光是寻找精神上的根，也有寻找种族的根的。现在被称为世界藏学之父的乔玛，是一个匈牙利人，他到西藏是为了寻找匈牙利人的根。匈牙利人以前叫马扎尔人，这些人的来源他一直不清楚，很多人认为他们是匈奴人的后人。所以他想从语言上来寻找根源。他先到了俄国，没找到；再到蒙古，也没找到；最后找到拉达克，在那里碰到一位英国殖民军的军官，军官说："你不用去找了，你就留在这里，我给你钱，你来研究西藏。"这样研究西藏所产生的价值更重要，军官要乔玛写西藏的文法，编藏英字典。把西藏文化搞清楚了对英帝国主义有用。所以现代藏学的产生，是西方的民族主义和帝国主义结合的产物。乔玛寻根是为了民族主义，而英国的军官资助，是出于帝国主义侵略的目的。

当然真正把西藏在西方炒得比较热的不是乔玛。乔玛写的那些书，在当时的西方人看来无疑就是说西藏人都是傻子，他花了几十页讲西藏人怎么穿衣服、怎么骑马，都是一些毫无用处的知识。真正使西藏喇嘛在西方有轰动效应的是19世纪后期出现的灵智学会。这个灵智学会又叫通灵学会，创始人是一个半仙式的俄国妇女Madam Blavasky，即布拉法斯基夫人（1832—1891）。（图9-4）她自小热衷于神神鬼鬼的东西，17岁时嫁给了一位总督，但不到两个月就分道扬镳，从此浪迹天涯，寻求灵智。她最初的兴趣和职业是灵媒，她曾到埃及学灵媒法术，未能如愿通灵。随后到了印度，最后到了西藏，自称在扎什伦布寺附近随喇嘛学了七年密法，终于找到了开启灵智的钥匙。随后，她在喇嘛的指引下来到纽约，创立了灵智学会，很快风行一时。

实际上，这个灵智学会是在当时反对进化论、反对现代化的背景下产生的一个所谓的科学的宗教。现代科学证明基督教的不少说法有漏洞，特别是达尔文的进化论所说的，人根本不是上帝创造的，人是猴子变来的。这使西方基督教信仰面临

图9-4 Madam Blavatsky

严峻的挑战。布拉法斯基夫人站出来说尽管天主教、基督教不灵了,但不等于说人类就不需要宗教了。就是说,人不一定是神创造的,但神的智慧是永存的。她要找回已经丢失的神的智慧,建立起一种科学的宗教,来对抗科学、对抗达尔文进化论。

当时她写了很多书,给自己制造了很多光环,其中一个光环就是,说她有与西藏喇嘛心灵感应的功能,她的所有的著作都是喇嘛通过心灵感应向她传达的,喇嘛还教她如何向他人传法。布拉法斯基夫人的书至今充斥于美国的大小书店之中,她的名著《西藏密法》中夹杂了一些藏文字,一看就不像是一位跟随喇嘛学了七年密法的人写出来的东西,因为没有一个藏文字是正确的。书中内容其实是东西精神学、神灵学的大杂烩,与藏传佛法实在不搭界。可这位19世纪最有影响力的女性的崇拜者却遍布世界,通灵学会发展神速,全世界都有其信徒、会员。其中会聚了很多鼎鼎大名的人物,像日本的铃木大拙、法国的大卫·妮尔(Alexandra David-Neel, 1868—1969)、意大利最著名的西藏学家图齐、瑞士的心理学家荣格、英国最著名的佛学家孔兹等等,都曾是布拉法斯基夫人的信徒。我以前听王尧先生讲,他看到我写的文章后,说于道泉先生以前可能就是布拉法斯基夫人的信徒,他是中国的藏学之父,在国外待了很多年，回到中国以后他非常相信鬼神，从"大跃进"后来到"文化大革命"，如果哪里有人上吊后来没有死成，他就会跑去问他"你见到什么了"。到了"文化大革命"时人家批斗他，说"你为什么相信鬼神，你见到过鬼还是没见到？"我想这与他相信布拉法斯基夫人是很有关系的。孔兹坚信布拉法斯基夫人是宗喀巴的转世。后来西方有人研究说布拉法斯基夫人是19世纪西方最有影响力的女性。

将西藏的神话化推进到一个新高度的是《西藏死亡书》的出版。可能连我们很多藏胞都不知道什么叫《西藏死亡书》。我记得我们国内很有名的藏学家降边嘉措先生以前到德国见到我就问："《西藏死亡书》是什么东西？"因为他在德国访问时很多人问他，后来我告诉他，《西藏死亡书》就是 *Bardo*，他恍然大悟，原来是那个东西。可是在西方，这可以说是人人皆知。在西方阅读最多的来自东方的圣典，就是这个《西藏死亡书》。其作者亦是布拉法斯基夫人的粉丝——一位生性怪僻的美国人伊文思-温慈。这个人曾在斯坦福大学学人类学，对东方的神秘智慧特别着迷。他曾追随布拉法斯基夫人的足迹作寻求智慧之旅，最后他也到了印度、西藏，一个偶然的机会使他从一个英国军官的手里拿到一卷书，并和一位喇嘛合作，把藏传佛教宁玛派所传的一本密法仪轨翻译成英文，题名为《西藏死亡书》。从此这部《西藏死亡书》变成了西方人所知的最著名的东方精神经典之一。

关于《西藏死亡书》还有一个很有意思的插曲。大家都知道，西方的20世纪六七十年代，也是一个很疯狂的时代，也就是我接下来要讲的嬉皮时代。美国嬉皮时代流行迷幻药，有三位哈佛的教授，不务正业，制作化学毒品LSD，还鼓励他们的朋友、学生、信徒一起试用这种毒品，令他们集体灵魂出窍，作迷幻之旅。其中的灵魂人物Timothy Leary被当时的美国总统尼克松称为"活着的最危险的人"。在西方的性革命时代，Timothy Leary几次被抓，美国的中央情报局还派美女去把他骗回来、抓起来。这三位教授最终都被哈佛开除了，但他们在美国嬉皮士中的影响历久不衰。其中，他们做的一件疯狂的事情就是，把《西藏死亡书》改写成如何使用毒品的指南，说《西藏死亡书》中所描写的那个死后世界就跟吃了迷幻药所看到的景象一模一样，所以吃迷幻药的人同样可以克服、超越死亡。当时《西藏死亡书》又变得非常有名。Timothy Leary这个人确实魅力非凡，我看过一部关于他的纪录片，讲的是他面对死亡时十分地从容。临终时，他叫人把他的头颅锯下来，妥善保管，待几百年之后将它复活。他自信聪明非凡，值得后人好好地研究。

刚才说的是嬉皮时代,接下来我们讲新时代运动(New Age Movement)。这个New Age Movement可以说到现在还是方兴未艾,在西方还是一个精神运动,从20世纪70年代开始一直到现在,也很难说清楚New Age Movement到底是一种什么样的运动,大致地说,它是不同的精神运动、生活方式和消费品的一个大杂烩,是从欧美玄学传统和60年代的文化反动中滋生出的一种异端宗教、东方哲学和神秘心理现象的混合体。在表面的杂乱无章之下,贯穿新时代运动的主题是"对个人的颂扬和对现代性的圣化",即对个人自我与生俱来的神圣性的根本信仰和对诸如自由、平等、真实、自我负责、自我依赖、自我决定等西方现代性的几个最基本的价值观念的肯定。晚近的新时代运动还进而对物质的繁荣、理财的成功和资本主义也加以神圣化。与1960年代文化反动运动对物质享乐主义的否定形成强烈对比,新时代人转而肯定物质享乐主义,寻求精神性和物质繁荣、宗教超越和资本主义商业成功之间的和谐结合,视物质财富的富裕为精神觉悟的一种功能。在西方,新时代运动可以说是一个很大的文化或者思想运动,可是在我们中国,对这个运动研究得很少,知道的不是很多。

这个运动对西藏神话的诞生有非常大的意义。可以说,新时代运动是对东方宗教传统或者思想传统的引进,不光是藏传佛教。比如说豆腐，豆腐在美国的食品超市里到处都有，品种可能比我们国内都多，豆腐也就是在新时代运动中引进的东方的一种生活方式。比如像"无为"这个概念，也是新时代人的一种标志性的生活哲学；还有像东方神秘主义，在我们这个年代很多人都知道以前出过"走向未来丛书"，其中有一本叫做《现代物理学与东方神秘主义》，这是当时美国加州一个搞现代物理学的人写的一本书。这是让我们现在东方人很高兴的一件事，书中提出现在西方任何先进的科学我们都古已有之，比他们都厉害。另外一个就是藏传佛教，它变成了在新时代运动当中一个非常耀眼的因素。

实际上新时代人不受任何一种固定的宗教传统的束缚，他们根据个人自己的兴趣，或者个人自己的爱好，在精神超市里找到各种各样他所喜爱的宗教因素，然后组成自己的一种信仰系统。

与此同时，密教从20世纪60年代开始，就变成了美国文化反动、性解放和性革命的一种精神上、政治上表明合法性的工具。所以，1964年，Omar Garrison出版了十分畅销的《密教：性爱瑜伽》一书，鼓吹密教性技巧是取得长时间性高潮和最大性快乐的最可靠的手段。这也把藏传佛教和密教联系起来了。大家知道，密教应该是最初从印度传到西藏的，可是密教传统在印度本土已经不存在了，只在西藏还有所保留。有人认为，藏传佛教在世界上影响最大的分支就是密教，但是密教后来在西方被变成了一个性的宗教。我记得有一次有记者采访达赖喇嘛，问他为什么密教现在在西方那么流行，达赖喇嘛说这可能是因为藏传佛教有密教双修等方便法门，这就说明可能与这个因素有关系，而这与藏传佛教本身没有关系，是西方人把它想象出来的。

按照西方的传统，特别是新教的传统，几个世纪以来，基督教视性爱为罪恶，而密教则将两性的结合看成打开人生新境界的道路，故密教成为打击基督教的伪善和假正经的有力工具，是对西方世界的十分及时和必要的治疗。直接、激进的密教十分受20世纪60年代人的青睐，它给以暴力、毒品和滥交为标志的1960年代经验赋予精神上的和政治上的意义，为其合法化提供了帮助。

这是一个很长的过程，但其中有藏族喇嘛起的作用，其中一个喇嘛就是西藏的疯圣仲巴活佛。仲巴活佛在东方不是很有名，在西方可以说是鼎鼎大名，这个人已经死了二十多年了，可是在西方的影响还是非常大。有的人称他是20世纪最富创意、最理想的密教上师，也有人说他这个人就是个疯子，他的癫狂达到了极致。他实际上是噶举派的,从康区去的一个小活佛,1959年离开西藏以后很快就到了英国,在伦敦剑桥读书,变成了剑桥社交圈的名流,开始教人修法。但是因为后来他和一个不到18岁的英国少女结婚的丑闻,他又被迫去了美国,在美国很快建立了一个有世界影响力的香巴拉中心,开始传法。当时很多的西方名流都成为他的弟子。这个人的一切行为和我们所想象的喇嘛都是两回事,他是世界各地顶级饭店总统包房的常客,出入坐奔驰,女弟子排着队跟他双修,他到后来变成酒鬼,上课的时候基本上都得让弟子抬上去才能讲课,而且他主持的法会经常到最后变成一个群交的Party。可是这个人绝顶聪明,现在他的很多著作在西方是学藏传佛教的经典。他认为,他的疯狂是游戏,是善巧方便、当头棒喝,能够领弟子们走出精神的物质享乐主义的误区。所以他自己写了一本书,到现在是西方的精神经典,叫《解剖精神的物质享乐主义》,他将弟子们对精神性和宗教的过分执着称为"精神的物质享乐主义"。可是他的弟子们没有被真正地领出这个误区,做到一边疯狂地享受财富的增长和感官的满足所带来的物质性的喜乐,一边寻找空山寂谷,关注心灵解放和精神超越。虽然他已经圆寂二十多年了,可是现在美国每个大城市都有香巴拉中心。

跟这个有关的,也是必须得提到的,也是把藏传佛教和性拉上关系的一部书,叫《欲经》。这部书本身不是一部色情著作,至多可以被称为情色著作。大家知道,在印度留下来的文本不多,所以它是研究印度古典人文历史的一部很重要的著作,据说是公元前7世纪流传下来的,真正成书是在4世纪。它讲的是人怎么相处,特别是男人和女人怎么相处。它说,人生有法、利、欲和解脱四大目标。法指善行、美德,利指财利、饶益,即物质财富,欲指人生爱欲、欲乐的满足,而解脱则指脱离轮回,实现永远的解脱。四者中间,法、利、欲乃世间之物,而解脱则是出世的东西,属宗教范畴。于法、利、欲这人生三大目标中,德行最高,财利次之,欲乐最低,但三者缺一不可,都应该努力去追求。德行是人生的最高境界,但也是穷人无法消受得起的奢侈品。而贫穷绝不是美德,它不但令人难以享受人生的喜乐,而且也令伦理、美德无法实现,所以只要无损于法,人就可以唯利是图。同样,只要无损财利,人就可以恣意享受男欢女爱。青少年当力求获得知识和财利,以保障日后生活无忧;青壮年当专心享受欲乐,方不虚耗此暇满人身;老之将至才追求道德完美,以实现人生终极的解脱。虽然这跟共产主义相差很远,但也绝对不是后人想象的那样,是色情的、专门教男女行房事的书,里面只有一章讲的是男女六十四种情爱之术,但是这部书整个的是教男人怎么和女人相处，是充满了对女性尊重的一本书。

这部书在20世纪30年代，被西藏非常有名的另一个疯僧更敦群培改写成了《欲论》。大家知道，更敦群培现在非常有名，国内国外都有很多写他的书，有一本书说他是20世纪西藏"人文主义的先驱"，地位非常高。这个人可以说是个天才，但是他的疯狂也让人非常吃惊。他是哲学家、史学家、诗人、画家、游记作家和社会改革家，他也为西方很多藏学家提供过服务，酒至半酣还能演示通梵文、巴利文、英文、日文等十三种语言的能力。同时这个人也是个疯狂的酒鬼、鸦片鬼、色情狂。我在国外看过一部关于他生平的纪录片，他在印度时的朋友说他几乎每天都要去逛妓院。可是他也写了很多非常有意义的著作，其中的一本就是《欲论》，可以说这本书是现代西藏的性启蒙书。它跟《欲经》不一样，《欲经》只有一部分是讲男女关系的，可是它几乎都是讲男女房事的，但这部书同样不是一部色情的书，更不是我们所说的那样一部很下作的色情的书，而确实有很多人文主义的精神。特别是作为一个喇嘛，他能够把世俗人生的喜乐告诉藏人，这是很前卫的事情。大家可能受到西藏情色化形象的影响，以为西藏人在男女关系上很开放，这完全是一种妖魔化的形象，西藏社会本身就是一种男权社会，是一种神权政治的社会，男女根本就没有平等可言。特别是在男女关系上面,女性根本就没有享受到平等。更敦群培写作《欲论》,我想这是他为了表示了对女性的尊重,真正把人性、人本调到一个很高的位置上。可是,更敦群培在书里面讲得明明白白,这部书和藏传佛教没有关系。更敦群培本人可以说是一位反潮流的佛学大师,他自称根本就不喜欢他所信仰的,或者说是他生来应该信仰的藏传佛教,认为这些都是胡扯。他要用非佛教的东西,来启蒙西藏人。可是非常有意思的是,他的这部《欲论》在20世纪90年代的西方,被美国最有名的藏学家之一Jeffrey Hopkins翻译成了英文,改写成了《西藏性爱的艺术》。Hopkins先后出了两本书,第一部讲的是西藏爱的艺术:性爱、性高潮和精神治疗,内容是异性恋之间,怎么利用更敦群培的这部书,来提高自己性爱的艺术,达到精神解脱、精神治疗的功效。又因为他自己是同性恋,他过了几年又写了一部《同性恋者的性爱六十四术》,把更敦群培那部书作了改写,改写成同性恋者的性爱指南。当然这是他的自由,他可以这样做。可是,这是个非常不道德的行为。他本人是一位藏传佛教的专家,他有这么一种权威的身份,然而他完全无视更敦群培声明的这部书是和藏传佛教毫无关系的,他花了很多的笔墨,说这部书是藏传佛教的一部经典,是让人既享受人间的喜乐,又能达到精神解脱的一部宝典。在西方这部书又变得非常畅销，影响很大。这样一部著作传达给世人的意思是，藏传佛教就是让人既享受到现世的快乐，又可以得到精神解脱的一种宗教。这把神话化西藏提到了新的高度。

当然，关于神话化西藏的例子很多。大家知道好莱坞和西藏现在已经变成了非常有关系的地方。"3·14"事件以后、汶川大地震以后，Sharon Stone说了一些让我们听着很不爽的话，但实际上在好莱坞真正代表支持"藏独"、支持达赖喇嘛的人不是Sharon Stone，而是两位男星。一位是Richard Gere，大家可能知道这个人，最早演的电影有一部叫*Pretty Woman*（《漂亮女人》），后来还演了一部跟中国有关系的，叫《红角落》(*Red Corner*)。可以说，他这个人是一个在西方有很多女性粉丝的大明星。一边风花雪月，阅尽人间春色，一边自称是达赖喇嘛的密友，每天要打坐、念佛。他出了很多书，也是在纽约"Tibet House"的创始人之一。有一年好像奥斯卡发奖的时候，他就在台上讲，希望邓小平先生也在看这个奥斯卡颁奖会和应当怎么改变西藏政策诸如此类的话。另外一位是功夫明星，叫Steve Seagul，可能看电影喜欢功夫的人知道这个人，穿一身唐装，完全以功夫片、而且是很低俗的功夫片出名的。这个人在达赖喇嘛在西方还没有很红的时候，就开始支持达赖喇嘛。现在据说他变成让达赖喇嘛很头痛的事情，因为到哪里他都会出现，自称达赖喇嘛的朋友，他的形象又那么差，经常会起到很多相反的效果。所以，西藏可以说变成好莱坞的一个时髦，表示自己是一种很另类的、超越美国自身文化传统的一个标志。其实另外还有一个人，叫Uma Thurman，也是一个大明星。她自己故事不多，可是她爸爸是一位传奇性的人物，是哥伦比亚大学的宗喀巴讲座教授，叫Robert Thurman。这个人娶的太太就是刚才提到的那位Timothy Leary、把《西藏死亡书》改编成吃迷幻药的指南书的那个人的前妻。Thurman这个人也是为西藏神话在西方流行起了很大作用的一个人，在1997年好像还被评为美国最有影响力的25位人物之一。这个人早年是哈佛的学生，因为第二次世界大战的时候家里有人死亡，很年轻的时候有只眼睛被搞瞎了，大学里面谈恋爱又发生波折，所以他后来就开始厌世，追求新的另类的精神解脱。他在自己的文化里找不到，后来有一次他去新泽西看到一位蒙古喇嘛，一见到就两腿发软，开始拜倒在喇嘛脚下皈依了佛门。后来蒙古喇嘛又把他带到了达兰萨拉，他跟着达赖喇嘛正式出家，就这样做了一年半的喇嘛，后来还俗了，又回到哈佛大学，念完书，开始是在Amhest做教授，后来到哥伦比亚大学，被称为哥伦比亚大学宗喀巴讲座教授，在全世界传播藏传佛教。作为一位学者，他写了很多书，其中漏洞百出，经常基本年代都很成问题。可是作为一位宗教宣传家，他非常的有影响，非常的有力量。他把藏传佛教，特别是格鲁派吹到世界上最高的一个精神境界。他作了一个比喻，说藏传佛教是心灵的科学，心灵的宇宙学，喇嘛是心灵的宇航员，他们探索心灵所达到的高度，远远超越了西方现代科学所能达到的高度。所以西藏的喇嘛，是现在最杰出的科学家。他写了很多很多的书，那里用所有赞美的词汇，赞美西藏的喇嘛。他也曾经把《西藏生死书》重新翻译成英文，实际上《西藏生死书》和格鲁派没什么关系，是宁玛派的著作。可是他把《西藏生死书》也改造成为一部心灵科学的解脱生死最好的指南书。就是这位先生，我以前在美国上课的时候就和我的学生讲，作为一个学者他并不合格，而且他所描写的西藏是有问题的。后来他到我生活的那个城市来讲座，我让我的学生去听他的课，回来以后问他们怎么样，他们都说他wonderful，都被他吸引住了。他是一个非常有演讲口才、有个人魅力的人。

所以，在我前面举的所有例子的互相作用下，整个西藏和藏传佛教被神话化了。西藏变成了一个理想当中的香格里拉，藏传佛教变成使西方人既能够满足于个人世俗的喜乐，又能达到最终精神解脱的世界上绝无仅有的一种精神指南。我的结论就是，西方妖魔化和神话化西藏的历史反映的是西方人的一部心灵史，是西方社会和文化的一部变迁史。妖魔化也好，神话化也好，他们所说的西藏与现实的西藏没有多少关系，当今西方人对西藏的热爱，不是对一个真实西藏的热爱，而是他们对所虚构的、想象的西藏的热爱。他们对西藏的这些先入为主的观念，严重地妨碍了他们与一个现实的西藏的交往。说西藏人没有现代人的七情六欲，说西藏人从来就是一个精神的民族，说西藏是一个绿色和平的标本，听起来挺好听，但无助于显示西藏的进步。这些形象，实际上都是他们人为地创造出来的。昨天我们还在讨论西藏环境什么时候开始变得特别严酷，没有树木，结论是至少在17世纪以后西藏就很少看见树木了。根本不是像西方所宣传的那样，中国共产党的大卡车，每天都在将在西藏砍下来的大树搬运出来，所以把西藏变成现在这个样子了。他们从20世纪六七十年代开始塑造出了一个绿色的西藏的形象，事实上绿色的西藏根本是不存在的，西方有学者研究西藏是怎么变绿的，环保这个概念其实在过去的西藏是很少有的。

显而易见，只有除去西方人强加给西藏的这些虚幻的东西，西藏才能回到现实中来。今天我们中国人也对西藏显示了超乎寻常的热情。希望大家不仅仅把西藏当作寄托自己梦想的地方，而是真正地关心这片高原洁地。我们关心的是一个现实的西藏，不要把西藏当作香格里拉，不要把西藏当成一个精神家园，把自己的梦想都寄托在那里，而是要真正地关心、帮助西藏。

谢谢大家！

原载《文景》2006年第10期

10

说跨文化误读

初次到美术学院,感觉非常荣幸。来之前以为是一个很小范围的交流,没想到居然有那么多的人来捧场,有点诚惶诚恐。今天我讲的题目是"跨文化的误读",重点讲一下我们汉人是如何误读藏传密教的。大家或许知道,1987年初,《人民文学》上发表了一篇小说,题目叫《亮出你的舌苔或空空荡荡》,是马建写的关于西藏的一部小说,引起了很多的争议。今天我就从这部小说讲起,来看我们汉文化是如何整个地误读藏传密教的。

讲到跨文化的误读,我想每个人其实都有一些经历,我们看一种异文化,如果对这个文化的背景不是很了解,就可能会产生很多的误解。记得20世纪70年代末、80年代初,我们的宣传老是讲苏联"老大哥"的生活是多么的艰苦,多么的不好,他们连白面包都吃不起,只能吃黑面包,平常也没有鱼可以吃，只有到了星期五才能吃到鱼。大概到了1980年代中期，大学里流传了一位在苏联工作了很多年的外交官写的内参，说苏联人吃黑面包根本不是因为穷，吃白面包的才是穷人。现在大家都知道了，黑面包是一种健康的标志。中国人喜欢吃的那种甜丝丝的白面包，西方人是不吃的，它不健康，有钱人都吃黑面包，因为它纤维比较粗，有益于健康。再说平日不吃鱼，根本不是没有鱼吃，而是因为星期五在苏联是宗教节日，规定大家要吃鱼，平常鱼多的是，不存在只有周五才能吃到鱼的问题。反倒是我们在那个时代既没有白面包，也没有鱼吃。当时说苏联人吃不到白面包、只有周五才能吃到鱼，本来是为了宣传，但由于犯了跨文化误读的错误就变得很有讽刺意义。

一个人新到某地，对当地的情况、习俗不了解，往往会产生种种可笑的误解。也是20世纪70年代末、80年代初，当时来中国留学的西方人不是很多，他们中间就有很多人对中国的事情产生了很多可笑的误解。记得当时有位留学生跟我们中国学生有一些交流，有一次他对我们说："你们中国人真够开放的。"我说："怎么开放了？"他说："中国人怎么同性恋那么多，而且那么公开，那么不受限制？"我觉得他的话可笑得不得了，我们当时还真不懂同性恋是咋回事呢，怎见得中国同性恋那么多？他说："你看街上男孩子跟男孩子拉着手，女孩子跟女孩子勾肩搭背的人多多啊！"原来他把在街上手拉手走路的同性朋友全当成同性恋了，匪夷所思。七八十年代男孩子、女孩子喜欢在街上拉着手牵着走的人确实很多，但这和同性恋又有什么关系？然而，在西方这样亲密的举动一般只有在同性恋人中间才会发生，所以这位刚到中国的老外就把中国人朋友之间的友爱当成同性恋了，这也是一种跨文化的误读和误解。

这样的事情今天依然经常发生，东方人去西方也常常会碰到这样的事情，闹出笑话。譬如说德国人有一种文化，叫天体文化（FKK，直译"自由身体文化"），有不少地方，男男女女都会聚集到那里去，裸体晒太阳，裸体游泳等等。对这种文化不了解的人，以为这帮人在一起干什么下流的勾当，或者认为这些人都是没有道德的，这也是一种跨文化的误解。多年前我在德国时读到《法兰克福汇报》上的讨论，说现在的德国需要"新鲜的肉"，为什么需要"新鲜的肉"呢？原来像德国慕尼黑的英国公园一类的地方，以前每年4月份开始，德国人，从爷爷、奶奶开始到儿子、女儿，带着孙子、孙女都会到那里去，天体休闲、野餐等等。可现在这样的人越来越少了，德国的天体文化看来要消失了。为什么从事天体文化的人会越来越少呢？其中一个重要的原因就是亚洲的游客逐渐增多，他们一到那里眼睛就瞪得老大，还疯狂地照相，让那些喜欢天体的人感觉很不舒服，就不去了。所以有人出来呼吁要保持传统，需要"新鲜的肉"。这不光对继承德国的传统文化有益，而且对德国的旅游事业也是一件有益的事情。在此奉劝亚洲的游客们，以后到类似的地方，千万别再大惊小怪的，因此而让一种那么有传统的文化消失，实在是一件很罪过的事情。

以上我举的这些例子都是一些很小的事情，无关紧要，是一些有趣而无害的误解或者误读。但是，很多不同文化间的误解并不都是这样只可笑、而没有多大害处的，或者说只是无意间因为对他者文化完全不了解而引起的。不少误读和误解或有更深、更复杂的背景，甚至有些并不是真正的不了解，而是有意的误解。在这种表面看来非常幼稚的误解背后，有着根深蒂固的文化和社会背景。很多时候要揭露这种文化间的误读，或者要澄清这种误读，以便对一种他文化有一个正确的理解，常常是一件十分困难的事情。我自己在国外生活了十六年，经常被人误解，也常常误解他人，对这种跨文化的误读深有感触。我也一直在寻求一种正确地阅读、正确地理解与自己的文化背景不同的人和事情的方法。不管是作学术研究，还是在日常生活当中，我都非常注意这个问题。

关于跨文化的误解和理解，或者说跨文化的对话，目前关心的人很多，也出现了各种各样的理论、很多很有意思的说法。

10 说跨文化误读

然而，我觉得对我启发最大的，也是说得最简单、明白的，是一位意大利学者兼畅销书作家、文化名人艾柯（Umberto Eco 1932—2016）先生的话。可能大家听说过这个名字，他写过一部很有名的小说叫《玫瑰的名字》（*The Name of the Rose*）。（图10-1）艾柯先生是意大利波罗那大学（Bologna）的教授，是一位研究符号学的学者，他对文化的诠释和跨文化的理解有很多自己的想法，也写了不少相关的文章。其中有一篇让我很受启发的文章，实际上是他作的一个报告，题目就叫做："从马可·波罗到莱布尼兹——跨文化误解的故事"（From Marco Polo to Leibniz: Stories of Intercultural Misunderstandings）。它是艾柯先生1996年在哥伦比亚大学意大利高等研究院作的报告。大家如果想看这篇文章的话，可以在网上找到。我在人大上课的时候总是希望学生们去把这篇文章找来看看，这实在是一篇非常有启发的好文章。

艾柯先生的主要观点是说，我们人类总是带着一些"背景书"（Background Books）来游历和探索这个世界的，这并不是说我们必须随身携带着这些书籍，而是说我们总是带着来自我们自己的文化传统的、先入为主的世界观，去探索这个世界。我们出去看这个世界的时候，并不是脑子里面一片空白，而是早已经充满了各种各样的背景书籍，充满了从自己的文化传统

图10-1 《玫瑰的名字》意大利语第1版封面

中吸收进来的东西（我们的脑袋就像计算机一样，使用以前就早已经被格式化好了，有你自己对这个世界的很多看法——沈按），所以我们总是带着这些看法去看这个世界。非常有意思的是，往往我们出游的时候，就已经知道我们将要发现的是什么，我们将要看到的是什么，因为我们自己文化中的那些背景书早已经告诉我们，什么是我们应该发现的。不仅如此，这些背景书的影响是如此之大，以致无论旅行者实际上所发现的、见到的是什么，一切都必须借助它们才能够得到解释。

你到一个地方，你看到一样东西，很多时候，你看到的都是你自己想知道的，或者已经知道了的东西。而且，所看到的这些东西，只能用自己脑子里原有的背景知识来给它们作解释。艾柯先生在他的报告中列举了不少很有意思的例子，其中有一个说的是马可·波罗的故事。今天世人依然在争论马可·波罗到底有没有到过中国，原因之一是他的游记里面有很多不可信的故事。譬如，马可·波罗在他的游记中提到了一种叫独角兽（unicorn）的动物，大家知道，在这个世界上根本就没有独角兽这样一种动物。可因为整个欧洲的传统都告诉这个没有多少文化、年仅17岁的意大利商人马可·波罗，在东方有一种欧洲没有的动物，叫独角兽，它是白色的，很温顺。马可·波罗到东方后显然就一直在用心寻找这种独角兽，他在中国没有找见，最后终于在爪哇找到了。这是一种口鼻之间长角的动物，他觉得这种动物一定就是欧洲人所说的独角兽。但马可·波罗毕竟是一个幼稚和诚实的人，他必须把真相告诉他的同胞们，这个真相就是他看到的独角兽和欧洲具有上千年传统的说法不一样，独角兽实际上不是白的，而是黑的，它们的皮像水牛，它们的蹄子大得像大象的蹄子一样，它们的角居然也不是白的，而是黑的，它们的舌头很尖，头看起来与野猪的头差不多。其实马可·波罗看到的不是独角兽，而是犀牛。

马可·波罗犯类似的错误不止一次，例如《马可·波罗游记》中多次提到了一个"约翰长老的王国"，这又是一个本来子虚乌有、但被西方人演绎得有鼻子有眼的故事。艾柯先生在报告中也提到了这个故事，但没有多谈（他后来专门写了一本小说，名*Baudolino*，专门讲这个故事），在此我不妨多说几句。大家或许以前没有听说过这个"约翰长老"的故事，这个故事用现在的话说是十分的不靠谱，可它在东西交流史上却有很重要的意义。12世纪后半叶，有一封异乎寻常的东方来信流传到了西方，信是一名叫做"约翰长老"（Priest John）的东方的国王写给西方的教宗的，说是在遥远的东方，在穆斯林占领区之外，亦在十字军试图从异教徒手中夺取的那些国家之外，有一个十分繁荣的基督教王国，他的国王叫做"约翰长老"。他是国王中的国王，不论是财富，还是权势，他都超过世界上任何一位国王。世界上有七十二个君主向他进贡。他是一位虔诚的基督徒，保护和供养所有在他仁慈统治下生活的真正的基督徒。"约翰长老的王国"地域辽阔，往东穿越三个印度，直至沙漠，迫近东方的边境，往西则到达 Babylonia Deserta，以巴别塔（the tower of Babel）为界。（图10-2）王国境内充满了珍禽异兽和奇石异宝，整年每周两次天上降下神赐的吗哪，王国内的臣民不需要劳作，每人可以享受五百年的长寿。每到一百岁，只要喝从一棵树根中涌出的泉水三次，就可以返老还童。生活在"约翰长老的王国"内的子民从不撒谎，从不通奸，邪恶的人从来就不会得势。

这封信大概是某位好事、又喜欢作伪的文人的恶作剧，但却对欧洲中世纪的历史产生了极为深远的影响，甚至对日后西方基督教世界向东方扩张也有相当重要的意义。在随后的几个世纪里，这封信被一次次地翻译成各种不同的文字，被一次次地给予新的解释。总而言之，在东方有一个名为"约翰长老的王国"的强大的基督教王国这个消息在欧洲传播得非常的广泛，当穆斯林势力在中东崛起，造成对西方世界威胁的时候，这样的消息对西方人非常有吸引力，他们期待"约翰长老"很快就会从东方向西推进，与西方人一起合击穆斯林势力。从那

图10-2 老彼得·勃鲁盖尔所绘《巴别塔》(1563年)

时开始,欧洲人也一直在寻找"约翰长老",等待"约翰长老"早日到来。当成吉思汗的蒙古势力崛起的时候,他们天真地以为成吉思汗就是"约翰长老",蒙古军西征迫近欧洲时,他们以为他们等待已久的"约翰长老"终于到来了。十多年前,我在德国读过一本德文书,书名叫做《蒙古西征》,而副标题是《欧洲中世纪思想史》。这本书讲的是欧洲人如何期待、认识蒙古西征的历史,他们所设想和理解的蒙古西征,和实际发生的蒙古西征完全不一样,所以属于欧洲中世纪观念史(思想史)的一部分。欧洲人对"约翰长老"的寻找经历了好几个世纪,包括达赖喇嘛在内的人都曾经被认为是"约翰长老"。最终这个地理的想象变成了一项政治的工程,东方有"约翰长老的王国"这样一个基督教国家的存在,寻找"约翰长老"这样一位潜在的同盟,成了西方基督教世界向东方扩张的借口。"约翰长老的王国"变得无处不在,当葡萄牙的航海家准备向非洲探险、扩张时,他们就把"约翰长老的王国"转移到了埃塞俄比亚。

马可·波罗来到东方后,他显然也像寻找独角兽一样,一直在用心地寻找着"约翰长老的王国"。功夫不负有心人,马可·波罗一路从甘肃、青海到蒙古一带,经常遭遇"约翰长老"的痕迹,见到"约翰长老"的部属,所以在他的游记中有许多有关"约翰长老"的描述。当然,他所见到的"约翰长老"的部属,与传说中的"约翰长老"毫无关系。它们是蒙古克烈部落,这个部落的首领名叫王罕,听起来倒是有点像约翰,而且这个克烈部落确实是基督徒,信奉聂思托里教,是景教徒。只是王罕并没有传说中的"约翰长老"那么强大,他早已被成吉思汗的黄金家族击败了。

总之,如果我们拿马可·波罗的经验来理解艾柯先生的"背景书"理论的话,这两个故事实在都是不可多得的好例。尽管马可·波罗不是一个有学问的人,但在他来中国以前也已经知道他所要找的和将要见到的东西了。结果,他找到了、见到了所有他想找、想见的东西,即使那些东西实际上根本就不存在。而那些他没有想到,或者说欧洲的传统没有期望他要找到、见到的东西,他当然可以视而不见,或者熟视无睹。2005年夏天,我在上海参加一个学术会议时碰到了英国大英图书馆中文部馆员吴芳思(Francise Wood)女士。吴女士是世界上最主张马可·波罗没有到过中国的西方知名学者之一,她写过一本书,题目就叫《马可·波罗到过中国吗?》(*Did Marco Polo Come to China?*),她曾经和已故南开大学历史系教授、中国最著名的马可·波罗研究专家杨志玖先生多次展开过激烈的争论。她提出了许多可以证明马可·波罗没有到过中国的理由,其中有:《马可·波罗游记》中从来没有提到过中国的长城,从来没有提到过中国人用筷子,从来没有提到过中国人喝茶,也从来没有提到过中国女人裹小脚等等,但是他竟然提到了"约翰长老的王国",也就是说,他提到了中国没有的东西,却没有提到中国最普通、最显眼的东西。我对吴女士说:读了艾柯先生的文章后,一点都不觉得她书中所说的那些问题是问题了,因为欧洲人没有期待马可·波罗告诉他们中国有长城、中国人喝茶、用筷子、裹小脚等等,所以马可·波罗没觉得这些是什么大不了的事情、一定要写下来。相反,欧洲的传统告诉他,东方有独角兽,有"约翰长老的王国",所以他一定要找到它们,把它们写下来。再说,马可·波罗本来就说得很明白,他在游记中所记录下来的东西不及他在东方见闻的万分之一,遗忘那四条并不奇怪。

当然,专门研究马可·波罗及其游记的学者可以从其他角度来解释马可·波罗为何忽略了长城、茶叶、筷子和小脚等中国的国货。《美国国家地理》有一位叫 Michael Yamashita 的先生,曾经沿着马可·波罗当年的路线重走了一遍,拍了一部很有意思的纪录片。当他到达嘉峪关,见到马可·波罗当年所能够见到的古长城时,不禁感叹:The Great Wall wasn't great! 大家现在当然觉得长城很雄伟,但我们今天所见到的长城,大部分是明代重修的长城，而马可·波罗那个时代能见到的古长城根本就不雄伟。这几年间我几次到过嘉峪关，要不是经人点明，我一定对那段若隐若现的秦古长城视而不见，根本不会觉得它有多great! 它与我们想象中的世界奇观相差太远。《马可·波罗游记》中没有提到长城实在一点也不奇怪。当然，我不敢说上述这些就完全可以证明马可·波罗一定到过中国了，尽管我自己确实相信他到过中国，待会儿我会讲一个具体的例子来说明我为什么相信马可·波罗到过中国。

说到这里，我想起多年前曾经被热炒、引起了很多争议的另一本书，叫做《光明之城》(*City of Light*)，很多人相信它是一部比《马可·波罗游记》更早的欧洲人写的东方游记。我没有认真地关心过相关的争论，对这本书的来龙去脉也没有多少了解，只是有一个偶然的机会我读到了《光明之城》的汉文译本。大概是出于对东方主义的本能的警觉，还没读上几页我就觉得这一定是一部今人的伪作，因为它反映出的是当今最典型的东方主义背景中的中国形象。《光明之城》中对中国的描述在两个方面着墨最多，一个是中国的古典哲学，另一个是中国古代的色情业。一位比马可·波罗更早来到中国的欧洲人竟然可以经常性地大段地引述中国古代经典文本，非常专业地和中国士人讨论中国的哲学思想，如此深入、细致地了解中国的风月场所,这未免有点太匪夷所思了吧!我们还是更应该相信那位没有多少文化的、幼稚、诚实的马可·波罗。

让我们再回到艾柯先生的"背景书"理论,"背景书"给我们认识这个世界带来了很多障碍和限制,由于我们总是带着"背景书"来看这个世界,所以我们常常只是寻找可以证明我们已经知道了的东西的证据,而不愿意发现对我们来说是全新的东西。在此我不妨再举一个我亲身经历的例子:1996年夏天,我帮助美国的一位朋友到我的家乡去拍摄一部纪录片中的一个小部分。这部纪录片后来变得非常有名,据说在中国很多城市的地摊上都能买到,它的主题是《中国:一个世纪的革命》(*China: A Century of Revolution*),其中第三部分叫做《红旗下的蛋》(*Born under the Red Flag*),讲"文化大革命"以后到20世纪90年代中期中国社会的变化。在我家乡的小村庄里,我的那位美国朋友开始对我的几位乡亲、邻居们作访谈,但很快我就发现这样的访谈很难顺利进行下去。我觉得我的老乡们都很淳朴,他们讲的都是真话,可是我的那位美国朋友根本就听不进去,不断向我抱怨说他们是共产党员,不说真话。实际上,那位美国朋友根本就不是要来听真话的,而是想要从我的老乡们那里证实她已经知道的关于中国农村的知识,用我老乡们的嘴把她想要听到的话说出来。譬如,她问我的一个邻居;

"你们这个镇经济搞得不好是不是因为你们这个镇的干部贪污腐败啊?"我的邻居回答说:"不是。还有许多其他更重要的原因,譬如离城市远、老百姓思想不开放等等。"但她听不进去,非要老乡承认我们镇的领导干部贪污腐败。我的邻居急了,反问道:"你看我们隔壁镇的经济远比我们搞得好,难道他们的干部就不腐败了吗?腐败并不是中国唯一的问题,我们这个镇没有搞好不见得最主要的原因就是腐败,而有许多其他具体的原因。"我终于发现要让她相信这一点确实很难,她来到我的家乡以前中"背景书"的毒已经太深。从这个例子可以看出,今天西方媒体要做到公正、客观是一件非常困难的事情。外国记者到中国来往往都已经带着一脑门的官司,他们感兴趣的都是他们自己国内的受众期待从他们那里听到的东西,而不见得一定是在中国真实发生的故事。

2007年夏天,我带了65位美国学生去丝绸之路考察。他们都是刚到中国来的美国高年级大学本科生,出发前我就跟他们讲,到中国来最好用自己的眼睛去看中国,最好不要受脑袋中装的"背景书"的影响。出去一个多星期的时候,我问他们:"你们至今看到的东西跟你们原来脑子里的中国形象有什么不同吗?"他们的回答五花八门,都非常有意思。有一位女孩子说,来中国以前觉得中国到处都是间谍、特务,可是到今天怎么还没有人来赤化她？另一位学生说，他来中国以前觉得中国现在好得不得了，全部跟纽约、洛杉矶差不多，中国马上要比西方更加强大，是西方的一个威胁。可走了这些地方却发现中国很多地方的生活还不如美国的18世纪，很多地方还是非常落后的，跟原来他在美国知道的东西不一样。我鼓励他们尽快去除他们带着的那些"背景书"，千万不要老是寻找可以证明自己已经知道的东西的证据，而要真正了解、理解新的东西。

说了那么多，还没有说到今天我要谈的正题。

今天我想讲的是汉族文化如何整个地误解了藏传密教。大家知道，现在藏传密教在全世界都非常的流行，活佛非常吃香，活佛数量之多，也史无前例。在西藏历史上，活佛其实并不是很多，并不是每一位穿喇嘛服装的人就是活佛。在汉族传统文化当中，对藏传佛教、对活佛一直有一种误解，这种误解延续到当代。而马建的那部叫做《亮出你的舌苔或空空荡荡》的小说对这种误解也该负有责任。前面说过，1987年初，《人民文学》一、二两期合刊发表了这部小说，它以纪实的手法，描述作者游历西藏的一些见闻，里面的内容涉及天葬、一妻多夫、灌顶、男女双修等与藏传密教相关的东西，激起了在京藏胞的强烈抗议。政府当即以它丑化、侮辱藏胞，破坏民族团结为理由，下令收回所有已经发出的刊物，禁止它继续发行、流通，责令《人民文学》编辑部公开检查，给予主编刘心武停职检查的处分。刘心武后来不写小说，开始研究《红楼梦》，或许跟这个有关系，如果现在还在当主编，他就没有时间研究《红楼梦》了。

当时我已经开始研究藏族历史，突然有一天从中央人民广播电台的早点新闻联播中听到了这件事，大为震惊，赶紧到图书馆趁它还没被收回以前找来一看。看过以后，觉得这部小说非常不好，或许是因为自己学藏学的缘故，我很能感受到藏胞为什么愤怒。可是正因为这部小说受到了政府的批判，它却赢得了许多的读者。当时中国有一个很奇怪的现象，只要一受到政府批判，作家就开始吃香起来。记得当时有一幅漫画，作家反趴在椅子上，露出屁股，说你打吧，你一打我就吃香了。当时的实际情形就是如此。很多小说你不批它的话，大家不会去看，但如果政府一批判，大家立刻就有兴趣。马建的这部小说可能是"文化大革命"以后第一部禁书，这反而使它很有影响，所以现在还有很多年轻人在网上下载这部书，有人说这是他生平看过的第一部禁书，或者说第一部性启蒙书。可以说，直到现在，这部小说对我们汉人理解藏族和藏族文化依然还有很大的影响。

不用多说，一部文学作品在普通读者中的影响力从来就是那些正儿八经的学术著作或者宣传品所没有办法企及的。不光在中国是这样，西方也是一样。20世纪50年代，在英国的爱尔兰，一位从来没有到过西藏、甚至很少走出他居住的村庄的怪人，突然写了《第三只眼睛》《星期二》和《强巴医生》三部系列小说，自称是一个藏人的转世，本来是一位转世活佛，后来经历了战争，去了日本，又回到西藏，后来当了医生，再后来到了英国。当时西方几位大牌的藏学家看了这几部小说以后，都义愤填膺，骂这位作家无耻地作伪，其中包括那位因出版《西藏七年》而大名鼎鼎的奥地利人Heinrich Harrer，他公开批评此人说假话，还要跟他用藏语公开对质。这位爱尔兰作家当然不可能会说藏语，可是他的这三部小说一直到现在都对西方普通读者了解西藏和西藏文化有很大的影响。很多西方人，包括那些和我一起在波恩大学攻读西藏学博士学位的德国、法国同学都说他们对西藏最初的了解就是通过阅读这三部小说得来的。这些书对西方神话西藏的形成起了推波助澜的作用。从这个例子可以看出，文学作品对大众的影响力到底有多大了。

那么，马建这部小说到底写了一些什么东西呢？这部小说由五个故事组成：第一个故事题目叫《女人蓝》，讲一位17岁的藏族少女米玛的悲惨故事。米玛年幼时曾遭继父蹂躏,少女时跟一位汉族电话兵偷情,然后又嫁给了当地的两位藏族兄弟,最后死于难产,死后被天葬。第二个故事叫《多木拉湖的微笑》,讲的是一位外出读书的藏族学生,回到海拔五千米以上的高原,却找不到"逐水草而徙"的家的故事。其主旨本来是表达处于城市与草原两种文明之间的藏族青年所面临的两难处境,而作者却多次有意无意地点出这位青年与他日趋成熟的妹妹之间难以隐藏的性张力,还带出了仙女与山神的性爱传说。第三个故事《光臀八齿小蠱》说的是一位极度变态的男人与他的母亲、女儿之间三代乱伦,并导致他女儿沦落街头、任人蹂躏的悲惨故事。第四个故事《金塔》讲述的是一位青年工匠与他的尼泊尔籍的师父、师母间的故事,造金塔是故事的经,多角的性爱是故事的纬,它的结局可谓惊心动魄。第五个故事《灌顶》说的是年仅15岁的女活佛在接受金刚杵灌顶时当众与她的上师双修,然后被放在冰河中打坐,终因心性受到干扰,失却平日修拙火瑜伽的功力而被活活冻死的故事。

所有这些故事给人的印象是:第一,西藏确实和我们生活的地方完全不一样,充满了异域情调;第二,性好像充满了西藏的每一寸土地,西藏好像到处都在发生那些不伦的、最后要导致毁灭的性行为。这些东西无疑都是作者想象出来的,没有多少真实性,根本就没有真实地反映20世纪80年代西藏的实际情况。我不是研究文学的,看过之后并没有多去注意这部小说和小说的作者。后来,我在国外学习了很多年,知道西方人过去曾经如何地误解西藏,而现在他们又把西藏说得像香格里拉一样美好,所以我经常考虑为何西方人会把西藏误解成这样?而回过头来,我也开始在想:我们汉人又是怎么理解西藏和西藏文化的呢?或者说,我们又是怎样误解西藏的呢?于是又想到了这一部有争议的小说,开始从学术的角度来研究这部小说了。

这部小说的作者马建,现在是生活在西方的一位"流亡作家",很坚持他的激烈立场,写了不少小说,其中有一本的标题叫做《你拉狗屎》,给人的感觉是他对这个世界上任何体制性的东西都充满了怨恨。马建后来说过,他离开中国以后碰到很多西藏人,他们都没有把他的小说当成一种对他们的侮辱或者误解,所以他的小说受到批判不过是一场历史的误会。我想这恐怕不见得是事实,也许他碰到的西藏人没有对他说真话。即使今天,一位受汉文化影响较深的现代的西藏人,如果读到这部小说,肯定还会感到不舒服,甚至痛恨。这不是一场历史的误会,它确实是对西藏文化的严重误解和误导。相反,把当时的马建当成一位前卫的作家,或者说一位"异己分子"倒有点像是历史的误会。他对西藏文化的那些观念事实上一点也不前卫,相反非常落后。下面让我们来试着对这部小说作一些学术的分析。

首先,我们不妨用艾柯先生的"背景书"理论来考察马建的这部小说。一个显而易见的事实是,马建20世纪80年代去西藏的时候,他小说里写的那些故事,绝大部分都是他不可能看到的东西。他的小说采用写实的手法,以致后来的诺贝尔文学奖得主高行健当年曾称赞它"是一部伟大的现实主义作品"。可他当时去西藏的时候,他在同样经历了"文化大革命"后的西藏,实际上是不可能看到那些他所着力描述的事情的,很多时候他是巧妙地利用时间的倒错,把发生在14世纪或者更早时候的事情,写得好像他亲眼目睹似的。而那些他根本不可能看到的东西,是从哪里来的呢?无疑,它们就来自马建脑袋里的"背景书"中。汉族传统文化里面,有一些情色化西藏的东西。

其次,我们从东方主义理论对西方有关东方的作品的批评中可以得到很多启发。晚近欧美学者用东方主义理论对西方的文学作品、游记进行批评,他们的方法值得我们借鉴。大家或许读过萨义德的《东方主义》这本书,知道整个西方人对东方的了解都有很深刻的殖民主义和帝国主义的背景。西方对东方的描述和认识远非客观、正确,像西方的游记作品对异质文化的表述从来就不是不加选择的，作者总是有意无意地侧重于描述某些现象，而忽视另外一些现象，而且这种描述每每与被表现之文化本身对这些现象的解释大异其趣。在这种选择中起关键性作用的并非作者眼前的异质文化，而是他们背后自身社会在特定时代的政治、文化格局，以及作者个人在这个格局中所处的地位。选择对哪些现象作描述，是作者自己的选择，对这些现象如何作解释，也与被描述的那个文化无关，而与其自己的文化有关。

晚近一二十年间，中国学者对批判西方的东方主义十分热衷，有时甚至到了矫枉过正的地步。实际上，东方主义作为一种思想方式和文化现象，并不是西方人的专利，东方人同样会犯类似的错误。曾经有一些研究中国少数民族的西方人类学家，在研究中国20世纪80年代出现的所谓"寻根文学"和其他文学、艺术现象时，提出了一个"内部的东方主义"的概念。那个时代的中国作家和艺术家都特别热衷于描述少数民族妇女，说他们自然、率性、能歌善舞，很多人热衷于到少数民族地区去采风，对苗族、傣族地区特别有兴趣，对泼水节也特别喜欢，时时传达出少数民族在很多方面比我们汉族要开放，不像我们这样受封建思想约束太厉害等等信息。这样的现象实际上都是因为那些作家、艺术家对我们汉族自己的文化不满意，非常想打破新中国成立以来相当严酷的性禁忌和性压抑，所以采取了从边缘向中心突围的迂回战术，把他们自己向往的这些东西设计到少数民族的身上，用少数民族的能歌善舞和纯真、天然来反衬我们汉人生活的无聊和虚伪。他们描写的少数民族风情，有很多并不真的是事实，而是他们的设计，是他们自己所希望的东西的投影。就像西方人看东方人，一会儿好，一会儿坏，这跟东方本身没什么关系，而跟他们需要一个什么样的东方形象很有关系。马建的这部小说，可以说是"内部的东方主义"的一个经典例子，马建有意把西藏"东方化"，他描述的实际上是一个他所希望的西藏形象，而不是一个真实的西藏。与马建同时代，云南有一批画家专画少数民族风情，其中有位画家叫袁运生，他曾画过一幅泼水节的画，其中有女性裸体的形象。这幅画后来挂在了北京首都机场，此事变成了一个很大的文化和政治事件，很多人反对，说首都机场是我们国家的门户，怎么能挂一幅裸体画呢？这一类的画从那时到今天，一直非常流行，它们在海内外的成功或都与"内部的东方主义"有密切的关系。

那么，接下来我们要问的是：马建的"背景书"又是什么呢？请听我慢慢道来！据说马建曾是一位佛教居士，他对汉族传统文化中对藏传密教的理解/误解应该有所了解，因为汉文化对藏传佛教的色情化已经是由来已久的事情了,最早要追溯到元朝宫廷中流传的"秘密大喜乐法"。按照元代留下来的记载,从印度和西藏来的喇嘛给元朝的末代皇帝传授的这种"秘密大喜乐法",也叫"双修法",或者叫"多修法",皇帝常常在宫廷中集中一伙人,其中包括他的兄弟和大臣,广采天下良家妇女,或者三四人,或者更多,与皇帝及其宠臣们一起在宫中修这个"秘密大喜乐法",这听起来就像是一伙人集体淫乱。据说当时皇帝和大臣们都乐此不疲,宫廷常常派人出去采集漂亮的妇女,特别是所谓"擅男事者",其中高丽女子最受欢迎。

这个故事传播很广,近代荷兰汉学大家高罗佩(Robert van Gulik)先生写作他的名著《中国古代房内考》时也把这一段在《元史》中出现的记载转录了进去,使这段丑闻在海外也声名远扬了。(图10-3、10-4)有意思的是,这位杰出的汉学家在翻译这段有关"秘密大喜乐法"的记载时还犯了个有趣的错误,他把原来是一位蒙古王子的名字的"八郎",意译为"八名男子",再把他们与后文提到的"十六天魔舞"中的"十六天魔"(女子)配对,形成一个男人配两个女人的修法。大汉学家也会犯这样的小错误,很好笑,或许也是"背景书"在从中作怪,这当然是题外的话。

元朝留下这个"秘密大喜乐法"的故事,后来就成了整个

寻找香格里拉

图10-3 高罗佩著《中国古代房内考》　　图10-4.1 《修喜佛图》-1

图10-4.2 《修喜佛图》-2　　　　　　　图10-4.3 《修喜佛图》-3

汉文化传统将藏传佛教色情化、性化的一个主要来源。中国后世流行的古典小说里面，凡讲到房中术，倒卖春药什么的，总会与胡僧或西藏喇嘛搭上关系。西藏喇嘛的形象，从元朝开始就被色情化了。这严重地影响到我们对藏传佛教的正确理解，大家一定会问藏传佛教是不是就等于修"秘密大喜乐法"这样的东西？当然不是！现在离元朝已经六百多年，我们对藏传佛教的理解和研究也比前人进步了不知多少，但我们至今没法确定这个"秘密大喜乐法"到底是修哪门子的法。可是，这个故事对情色化西藏的影响已经是非常非常的深远，要把它从我们汉人的传统文化中彻底抹去看来是很难了。

那么，藏传密教到底是怎么回事呢？我不否认藏传密教里面确实有男女双修一类的修法，但是藏传佛教是不是就等于男女双修呢？当然不是。20世纪90年代初，西方出现了一部很有名的书，是研究藏传佛教社会的，书名叫做《文明的萨满》，作者提出西藏文化有两个非常突出和不同的方面，一个是高度的文明，藏传佛教从佛教哲学这个角度来看，一点不比我们汉传佛教差，我们可以骄傲地说汉传佛教有玄奘这样的大师，可在藏传佛教里比玄奘不差，甚至比玄奘更高明的喇嘛多的是，譬如宗喀巴大师等。藏传佛教中的因明学、中观哲学等，其成就远远超过汉传佛教。藏译佛经质量也远远比汉译佛经高，汉译佛经经常是不知所云，而藏译佛经非常准确、规则。昨天我参加了北京论坛的一组关于语言的小组讨论会，来自斯坦福大学的Paul Harrison教授讲，就是鸠摩罗什翻译的《金刚经》里面也有很多的错误，而在汉译佛经中鸠摩罗什的翻译基本上是顶级的了，他的翻译还有很多错，就不用说其他的译文了。与汉译佛经相比，藏译佛经要准确得多，而且数量也更大。所以从这个角度来讲，藏传佛教的文明程度一点都不比汉传佛教差。然而，除了文明这一面外，藏传佛教还有另外一面，就是"萨满"的一面，也就是汉传佛教中没有的密教这一面。而密教当然不是什么野蛮、落后的东西，而是西藏文明给世界人文精神作出的独一无二的贡献。密教来源于印度，但它在印度基本失传，只有藏传佛教保存和发展了密教传统。也有人以为，密教和中国的道教有关系，但这样的说法还缺乏足够的证据。密教也曾经在汉传佛教中有所传播，还从汉地传到了日本，但都是一些非常基本的、属于初级阶段的修法。真正像西藏密修的无上瑜伽派的东西，在西夏和元朝以前的汉地和其他地方根本没有。

那么，什么是密教呢？难道密教就是像房中术一类的淫戏吗？当然不是。藏传佛教与汉传佛教都属于大乘佛教，其差别只是一个是显教，一个更重密教而已。那么，显教和密教的差别又在哪里呢?要把它说清楚,三言两语绝对是不行的。简单说来,显教就是要求修佛的人戒除贪、嗔、痴,消除烦恼,最后成佛。显教道,就像是去人欲,存天理,因为人的生死、烦恼都来源于贪、嗔、痴所谓"三毒",即欲望,以及无明,即愚蠢。戒除了欲望和无明,你就可以脱离轮回,涅槃成佛了。而密教,并不让人着意地去戒除贪、嗔、痴等烦恼,因为人的这种烦恼或者欲望不是随便能够戒除得了的,所以修佛的人应当采取更积极的、以毒攻毒的办法,将贪、嗔、痴化为道用,使它们成为成佛的道路。

佛教的发展从小乘到大乘再到金刚乘,即密教,成佛的途径有了巨大的变化。小乘的修行非常艰难,别说成佛,就是要修成罗汉,也必须在寺庙里面修上七世才能成功。到了大乘就没有那么困难了,你自己修不成不要紧,菩萨会来救你,佛也会来救你。只要你念观音的名字,有苦有难的时候,观音就会来救你。观音有千手千眼,无所不见、无所不能,是救苦救难、大慈大悲的大菩萨;汉传佛教徒口中时时刻刻都在念:南无阿弥陀佛,到你死的时候,阿弥陀佛就会派观音菩萨来带你到他的西方极乐世界中去。到了密教,则更容易了,贪、嗔、痴并不是什么坏东西,你不必要把它们都戒掉,你只要想办法把它们都转变成修法的道路,它们就会变成修法的方便。你有欲望，不必压抑住，你把欲望实现了，同时也就超越了这个欲望，你就成佛了。所以，包括男女双修在内的密教修法，在显乘是严格禁止的，到了密乘不但不需要禁掉，而且变成一种修佛的境界，一条更方便、更快捷的成佛道路。这就是密宗和显宗的主要区别。

那么，为什么要有显宗和密宗？为什么有的人修小乘，有的人修大乘，有的人要修密乘呢？这只因为如来设教，随机应变而已。什么叫随机应变呢？别以为随机应变就是投机取巧、机会主义。汉文中的很多词汇都是从佛教中来的，只是后人忘了它本来的出处，不知它本来的意义了。随机应变的"机"是"化机"的意思，指的是你我等可以被佛教应化的对象，随机应变说的是佛和菩萨可以随应"化机"的根器而作变化。如果你很笨，佛就化身应变成教授来教你；如果你是一个老农民，佛就应变成生产队长来管你；如果你是病人，佛就化身为医生来救你；等等。所有的化机都可能成佛，所以佛、菩萨要化现成各种不同的人物来拯救你，用不同的方法来把你引上成佛的道路。我们知道达赖喇嘛是观音菩萨的转世，班禅喇嘛是阿弥陀佛的化身，在我们中间或许还有其他很多的佛和菩萨，他们随机应变，在用各种方式拯救我们，只是我们大家不知道而已。由于每个化机的根器、智力不同，所以佛用各种不同的教法来教你，有的人受小乘法，有的人受大乘法，还有的人修密乘法，殊途而同归。密教和显教没有高低之分，只是随机不同而已。总而言之，藏传佛教里面的这些密教的修法，并不是像汉人所想象的那样，是借着宗教之名，行淫欲之实。

十分遗憾的是，元朝宫廷中所修的"秘密大喜乐法"作为一种密教修法的宗教意义从来就没有被人注意过，从元代开始，汉族士人就把它当成"房中术""淫戏"的代名词。元代西藏喇嘛的名声一定很坏，所以连马可·波罗说起西藏人来也与汉人一个腔调。就色情化西藏而言，中西文化异曲同工。现在西方到处可以碰到藏传佛教徒，记得多年前曾有记者问达赖喇嘛：为什么那么多西方人信藏传佛教？达赖喇嘛略带调侃地说：也许是因为他们听说过我们的宗教中有男女双修这样的事情。真希望这只是一句调侃的话而已，但西方文化传统中确实存在像汉文化中情色化藏传佛教一样的误解，这个误解追根溯源要回到马可·波罗这里。虽然，马可·波罗肯定没有到过西藏，最多到了甘、青等藏族地区，他对西藏的描述更多是道听途说来的，可他居然说西藏人是世界上最不讲道德的人，性行为非常随意，家中有客人来，母亲一定会把女儿送给客人享用，年轻女子与越多的男人睡觉就越光荣，越容易嫁出去，所以马可·波罗忍不住要鼓励他家乡的青年男子们都到西藏去，白享这样的福分。这样的故事一直流传到现在，不久前我还在网上看到几乎一模一样的故事，说得有鼻子有眼睛，说是到羌族朋友的家里做客，朋友妈妈也把自己的女儿献出来，交给他这位客人云云，我想这多半是好事者的性幻想。

元朝士人之所以不遗余力地渲染藏传佛教的色情成分，其中或还有一层难言的苦衷。元朝汉人处于外族统治之下，刚开始非常的痛苦，有很多南宋的遗民，又写诗，又填词，抒发心中的苦闷。过了一段时间，他们慢慢开始接受蒙古入主中原这个事实，努力说服自己，蒙古人确实得了天命，元朝得了正朔，所以他们想方设法要把蒙古人的野蛮统治，改化为汉人的儒家统治。可是，他们的努力非常不成功，要让蒙古人接受汉文化不是一件很容易的事。但蒙古皇帝却非常喜欢喇嘛，让喇嘛当了帝师，每省都要建帝师庙，祭拜西藏喇嘛，其地位甚至超过了圣人孔老夫子，这怎么能让汉族士人们忍受得下去呢？更有甚者，元朝还出了个江南释教总督、河西僧人杨琏真珈，他怙势跋扈，居然把南宋皇家的祖坟都给挖了出来，还把南宋皇帝的头割下来，做成一个藏传佛教的法器，就是可以用来喝酒的酒杯，如此伤天害理，是可忍，孰不可忍？

正因为如此，汉族士人对西藏喇嘛非常痛恨，然痛恨又该怎么办呢？最好把他们妖魔化。如何妖魔化呢？一个最容易的办法就是把他们色情化。按照汉人的写史传统，历朝的末代皇帝之所以成为亡国之君，都是因为荒淫无耻。元朝宫廷中的"秘密大喜乐法"正好又给亡国之君的荒淫提供了一个史无前例的、有滋有味的新佐料。这个荒淫可不是一般的荒淫，而是西藏喇嘛鼓捣的妖术。事实上，尽管藏传佛教在元朝传播很广，但汉人对藏传佛教的了解非常有限。唯有元朝宫廷中的这段秘史，却为后世士人津津乐道。明朝江南才子唐伯虎写过一部色情小说，名曰《僧尼孽海》，其中有一回就叫《西天僧、西蕃僧》，他把《元史》中的那段故事添油加醋了一番，并把它搬到了江南士人特别痛恨的杨琏真珈头上，把他描写成了一个十恶不赦的淫棍。然而，唐伯虎虽然想要告诉读者西藏喇嘛是如何荒淫的，可他对此是十足的外行，最后竟然拿汉人的房中经典《素女经》中的"龙飞、虎行、猿搏、蝉附、龟腾、凤翔、兔吮、鱼游、龙交等号为采补抽添之九势"来附会西藏喇嘛修的"秘密大喜乐法"。这正好又应验了艾柯先生的说法，对一种他文化的东西，只有借助"背景书"才能给以解释。为了说明藏传佛教的荒淫，必须借助汉人的房中经典，而实际上他对藏传佛教一无所知。总而言之，藏传佛教自元朝开始就被汉族士人妖魔化、色情化了。当然，藏传佛教并没有因此而在汉地失传，相反从明到清，很多皇帝都非常热衷于学、修藏传佛教，明清来汉地传法的西藏喇嘛比元代还要多，包括"双修法"在内的密教修法也开始在汉地民间流传。与此同时，对密教的这种色情化的描述和批评史不绝书，愈演愈烈。这些就是马建写作《亮出你的舌苔或空空荡荡》时的"背景书"。马建不见得全部读过上面提到的这些书，但汉人对藏传佛教的这些偏见一定给他留下过深刻的印象。而他的小说又使汉族文化对藏传佛教的色情化达到了一个前无古人的新高度。

让我们再回到马建的这部小说上来。这部小说之所以吸引人的眼球，一个很重要的原因是它的题目非常玄妙，让人难以捉摸。据说马建本意是让编辑在这两个题目当中选定一个，或者叫"亮出你的舌苔"，或者叫"空空荡荡"，结果编辑把它们原封不动地保留了下来，形成了很奇异的效果。至今"亮出你的舌苔或空空荡荡"变成了现代汉语中一个很特殊的词汇，当代写家想要表达一种若有若无、难以名状的感觉时，干脆就叫它"亮出你的舌苔或空空荡荡"。实际上，要是我们从后现代的角度来解读这个题目的话，倒是蛮可以读出一些积极的意味来的。大家知道，西方人把西藏看成香格里拉，一切美好的东西都在西藏，慈悲、智慧、男女平等、绿色和平、宽容、非暴力等等。按照西藏的风俗，西藏人见到他所尊敬的或比较有地位的人都会伸出舌头,以表示敬意,所以"亮出你的舌苔"表现的是西藏老百姓的善良和谦恭的美德。而"空空荡荡"则更是大乘佛教最重要的一个概念,所谓"空即是色,色即是空"。美国最著名的藏传佛教研究专家Jeffrey Hopkins先生曾出版过一部研究藏传佛教的名著,就叫做 *Meditation on Emptiness*,译为《观空》,很形象地总结了藏传佛教的特点。所以"空空荡荡"可以作为西藏人智慧的一个象征。如果马建当年就是在这个意义上给他的小说取名"亮出你的舌苔或空空荡荡"的话,那他可真的是非常前卫,很了不起。

遗憾的是,马建后来自己给的解释与此完全不一样。他说他写"亮出你的舌苔或空空荡荡"表达的是那种病人张着嘴巴看病,傻不棱登、麻木不仁的样子,丝毫没有任何智慧和善良的意思在内。从这一点看,马建当时对西藏和藏传佛教的理解,和从20世纪五六十年代开始一直到1980年代中国大众传媒对西藏的宣传和批判几乎同一口径,都觉得西藏是一个非常落后的地方,藏传佛教是愚弄和欺骗人民的鸦片和被政治利用了的工具。他小说中透出的西藏观念没有任何先进的东西,更谈不上前卫。将藏传佛教政治化,或者把藏传佛教当做骗人的把戏,在汉族的文化传统中有很多"背景书"可以借鉴,在此也不妨多谈几句。

从藏传佛教传入内地开始，绝大部分汉族士人就根本不相信这是一种可与汉传佛教媲美的严肃的宗教，而宁肯相信它是蛊惑皇帝的妖术。但是，偏偏又有那么多的君主，其中不乏贤明有为的君主，如元朝的忽必烈、明朝的永乐、清朝的乾隆等等，他们都喜好藏传佛教。于是，他们就不得不找出另外的理由，从此就有了政治利用说，竭力宣扬皇帝们尊崇藏传佛教只是政治利用的权宜之计。因为西藏非常难制伏，藏人刀架在脖子上都不会屈服，但只要喇嘛说上几句话，他们就言听计从了。对付蒙古人也是如此，所以国家必须重用这些国师、喇嘛，让他们去制服这些野蛮的西藏人和蒙古人，这样政府就不用大动干戈了，可省下很多的军费开支。朝廷为喇嘛们多花点钱，给他们很高的地位，其实好处多多，只有傻瓜才真的以为皇帝是真心喜欢他们的宗教。

把这层意思说得最直言不讳的是清朝的乾隆皇帝，他晚年发布了一篇著名的《喇嘛说》，公开声明他优待喇嘛、黄教，纯粹是为了利用他们来制服蒙古人。可事实并非如此，乾隆皇帝显然是一位非常虔诚的藏传佛教徒。乾隆皇帝非常与众不同，他一直想做一位普世的君主，而不像元朝的皇帝坚持只要做蒙古人的大汗。因此，乾隆想尽办法要做大清帝国境内所有民族的文化英雄。大家知道，乾隆曾六次南巡，每到一个地方,他都会题词、写诗,表明他这个满族的皇帝对汉文化同样运用自如,是一位很有文采的圣武皇帝。而在西藏喇嘛面前,他又是一位虔诚的藏传佛教徒,经常和喇嘛们在一起披览、翻译藏传佛经,还被认为是文殊菩萨的转世,是智慧的化身。但是,即使像乾隆皇帝这样有为的君王,他的言论、行为也不是可以随心所欲的,而是要受到很多限制的。这种限制不是来自军事的或者经济的束缚,而是一种"话语"的束缚。

当下的中国人老是提"话语权",事事处处都要和别人争夺"话语权"。实际上,"话语"和"说话"并不是一回事,所谓"话语"(discourse)指的是一系列表示说法(anouncement)的符号组成的一个整体,一种说法不只是由很多符号组成的一个整体,而且是能够使这些符号与对象、主体和其他说法组成特殊的、可以重复出现的关系的一个抽象物。一种"话语"组成一系列这样的主体、客体和其他说法的关系。例如,种族、人权、女性、恐怖主义等都是当今世界最有影响力的几个"话语"。你连说话的权力都没有,当然就创造不出一种"话语"来,但不是你有说话的权力就一定能形成一种有利于你的"话语"。而一种"话语"一旦形成,就会成为一股非常巨大的社会力量,影响和左右你的思想和行为。乾隆要做普世的君王,他就必须既是汉族文化传统中的"圣武皇帝",又是藏传佛教徒眼中的"文殊菩萨"。而不管是当"圣武皇帝",还是做"文殊菩萨",它们各自作为一种"话语",分别都有一系列不同的说法、规范和各种主客体间的联系。这两种"话语"之间免不了有矛盾冲突,你的言语、行为符合一种"话语",很可能就和另一种"话语"相悖,这就是"话语"对乾隆皇帝的束缚。你既然是汉族的圣武皇帝,你就应该以孔孟之道来治理天下,岂可去信仰这野蛮、荒诞的藏传佛教?这就是乾隆皇帝不得不违心地宣称他花那么多时间去读藏经、修藏法,只是为了更好地统治这些藏人和蒙古人的最重要的原因。

此外,把藏传佛教当成骗人的把戏,也是古已有之的事情。古今中外一直存在一种"巫化"藏传佛教的倾向。我刚才提到过"文明的萨满"这个说法,但藏传佛教的这个特征并不是说喇嘛就是"萨满"、藏传佛教就是"巫术"。可是,在我们汉族文化传统里面,藏传佛教一直难逃被巫化的命运。过去,藏传佛教被称为"喇嘛教",与西方人所称的lamaism一样,充满了贬义。美国密歇根大学教授Donald Lopez Jr.先生在他的大作《香格里拉的囚徒》一书中,专门有一章,讨论lamaism这个词。他说一直到20世纪80年代,喇嘛教这个词都是一个非常贬义的词,被认为是离原始佛教最远、最荒诞无稽的东西,而这一误读的始作俑者就是我们汉人,汉文文献中最早出现喇嘛教一词是清朝初年。这个说法不够确切，我找到的"喇嘛教"这三个字最早的出处比他所说的清代还要早一百年，是明朝万历年间宰相张居正在他写的《番经厂碑》中第一个使用"喇嘛教"这个词汇的。但张居正并没有把它当成一个很贬义的词来用，他只说番经来自乌斯藏，即今喇嘛教，是被达摩视为曲支旁窦者，他的意思只是说来自乌斯藏的喇嘛教是佛教的一个分支，作为宰相的张居正当时撰写这个《番经厂碑》，本身是支持藏传佛教的一个表现，但这并不表明喇嘛教在汉族文化传统中就不是一个贬义词。

"巫化"藏传佛教的一个重要特征就是神通化喇嘛和藏传佛教，将喇嘛说成个个神通广大的神僧。这个传统也是从元朝开始的，其中最有名的故事，就是喇嘛引进的摩诃葛剌神，即大黑天神。蒙古人普遍信仰大黑天神，甚至把大黑天神视为国家的护法神。元代文献中有许多关于大黑天神大显神通的故事，例如蒙古人与南宋的战争中，几次都是因为大黑天神显灵，降下穿黑衣的天兵天将才打败南宋军队的，攻打襄阳、常州和杭州的战役无不如此。所以元朝建了很多的摩诃葛剌庙，到处可以见到摩诃葛剌像。

西藏喇嘛有神通大概是元朝妇孺皆知的事情，所以马可·波罗在他的游记中也告诉读者世界上最厉害的魔术师就是来自西藏的"八哈失"(意为法师)。前面我提到我相信马可·波罗确实到过中国,现在我告诉你们为什么。在《马可·波罗游记》里面提到一件事情,就是蒙古皇帝每年夏天都要到上都去避暑,一路上总有喇嘛给他诵经、念咒,所以哪怕周围其他地方有暴风骤雨,凡大汗经过的地方一定是风和日丽、阳光灿烂。近十年前,我在写作一篇有关元代番僧形象的文章时,在《佛祖历代通载》所收录的《丹巴国师传》中见到了几乎和马可·波罗所说一模一样的故事,当我要把这段记载翻译成英文时,发现二者的用词也几乎完全一致。尽管丹巴国师的这个故事发生在马可·波罗离开中国一二十年之后,但显然他不是第一位为蒙古大汗护驾的西藏喇嘛。马可·波罗要是没到过中国,他又从哪里如此准确地听到了这样的故事呢?

神化喇嘛的故事,在明清两代汉人笔记中时有出现。例如明人笔记中曾经提到活佛转世的故事,说西藏的国王死的时候会告诉他的父母,某年某月某日他会在某地转生,会像释迦牟尼一样从肋下出生,生下三天就能说话,五六个月就暴长成人,可以登台说法,往世来生无所不晓,只是这个新王的面貌不似旧王,人称之为活佛。国王有魔力,只要一施咒,别人就动弹不得,所以人人对他非常敬畏。还有人记载,某位居住在北京的西藏国师,告诉弟子他会在某月某日圆寂,到时竟然没有死，他的弟子觉得很难为情，只好把他打死，以保持他的神僧形象。这样的故事太多，这里就不再多讲了。需要提请大家注意的是，汉人对这类故事津津乐道，主要是为了巫化喇嘛，并没有把它们当成喇嘛修法所取得的成就，而多半是把它们当做方技和骗人的把戏来理解的。被这些神通故事一渲染，藏传佛教就变成了与萨满教差不多的东西了。当然也有很多人就是对喇嘛的神通也极不买账，譬如明成祖请五世噶玛巴活佛、大宝法王到南京为他的父母做超荐大法会，也为他篡夺帝位讨个说法。整个法会，灵异迭现，被后人称为"南京奇迹"，不少著名的文人作诗、作画，以纪其盛。可当时就有一位翰林院的言官对此大不以为然，当众调侃，说大宝法王既然神通广大，那么应该通汉话，为何还要用翻译呢？现在国家到处都有灾难，风不调雨不顺，如果法王真有神通的话，他为什么不能帮帮国家的忙呢？甚至还有人大不敬地说：藏传佛教最神圣的六字真言"唵嘛呢叭吗吽"本意就是"俺把你来哄"，闻者居然纷纷点头称是。可见，把藏传佛教当骗人把戏者大有人在。

前面说了那么多，无非是要说明马建的这部小说《亮出你的舌苔或空空荡荡》实在是有很多"背景书"做底子的。当然，马建的小说决不是对上述"背景书"的简单重复，而是在20世纪80年代中国社会、政治之特殊背景中推陈出新的一部

"新背景书"。显然，马建在离开北京去西藏以前，就知道他想要见到的和将要见到的是什么了。他希望见到的西藏是一个跟北京完全不同的异域，所以他的这部小说刻意要描写的就是西藏的异域情调。他曾经在一次访谈中说，他当时在北京感到非常郁闷，受到很多的限制，让他无法忍受，所以他要去西藏，去寻求一种跟内地完全不一样的新东西。他的小说刻意描写的也正是他认为与内地不一样的新东西。可是，正是他小说里面的这种"异域情调"，不但伤害了深受汉文化熏陶的在京藏胞，而且也深刻反映出了作者自己的思想观念受他所处那个时代的政治、社会和文化格局的限制。他一直把西藏当成一个异域来描写，却忘了西藏1959年以来就变成祖国大家庭的一员，同样经历过"文化大革命"，藏胞受到汉族文化和生活方式的影响很深，而且在极左思潮影响下佛教的修习受到严重冲击，他怎么可能见到他所期待见到的那些"异域情调"呢？他小说中描写的这些东西，只可能是根据他头脑中储存的"背景书"而作的文学创造。

应该说，20世纪80年代对一部描述西藏之异域风情的小说的期待是非常迫切和明显的，当时大报小报经常出现介绍西藏的洗澡节一类的报道，说男男女女一起光着身子去拉萨河洗澡什么的，让人觉得西藏人确实和我们不一样（顺便说说，或许是因为想见识洗澡节的游客越来越多,每年去拉萨河洗澡的人越来越少了,西藏也需要"新鲜的肉",才能将这个传统保持下去)。也有介绍天葬、一妻多夫制等西藏风俗的报道,但这些报道基本上都是一种很正面、也很表面的介绍,表述的主题是藏族同胞如何自然、率性,而不像马建那么直截了当地把性作为西藏的第一主题来描述,有意无意地把泛滥和不伦的性行为描写成西藏社会的一个典型特征。应该说,马建选择性作为这部小说的主题,并不是他在西藏实实在在地看到了那么多的性,而是为了以此来冲击他试图摆脱的在北京的那种生活。当时有一批作家,搞寻根文学,寻根竟然寻到西藏,甚至寻到南美去了。当时像我这样的门外汉对此真有点摸不着头脑,现在才明白过来:这多少与1980年代中国文人企图打破几十年来严酷的性禁忌的强烈渴望有关。当时很多文艺工作者都跃跃欲试地要用笔墨和胆量做试验,看自己能走多远,而马建无疑是他们中间走得最远的一位典型代表。

马建无疑确实走得有点太远了,在对性的描写上,《亮出你的舌苔或空空荡荡》太不同凡响了,恐怕是中国当代文学史上绝无仅有的,以前从来没有看到过这么大胆、这么惊心动魄的性描写,怪不得到现在还有年轻读者把它当成性启蒙书来读。大概是作者为了追求前卫和突破,所以他对性的描写,每个故事的展开，都非常的戏剧化，给读者以极强的感染力。可他忘了，这样的突破会引起政治问题。作者把西藏的性当做一种异域情调来描写，但是这"异域"本来就是我们的一部分，藏胞就生活在你我之间。很多生活在北京的藏胞，接受的是和我们一样的教育，思想观念和我们没有多少差别。生活在元代的西藏人，看到马可·波罗对自己生活习俗的歪曲，或许可以不问不管；而今天生活在我们中间的藏胞，是跟你我一样的文化人，他们怎么能容忍将他们的故乡描写成一片泛性的热土呢？

如前所述，马建选择性作为描述的主题与他自己在北京的文化背景有关，同样，他对他所描述的这些现象的解释也与西藏文化本身的背景大异其趣，而与马建自己的文化有关。他对西藏之宗教和生活现象的解释，都不是从藏族文化自身的语境当中去理解的，他将他所描述的现象，即具体的民俗，从西藏民族文化的传统和体系中肢解出来，从汉文化的系统和价值出发进行阐释和创造，对西藏民族文化造成了巨大的损害。像天葬、一妻多夫、密教修习等藏族的风俗习惯，在藏族自身的社会文化语境中，自有其形成的条件、特殊的社会、文化意义和合理性。只有把他们搬离出原有的社会文化语境，把它们移植到汉文化的社会和文化语境中，它们才变成了落后、不伦和腐朽的东西。举例来说，在马建的笔下，"密教的性"（Tantric sex）成了一种色情表演、一场酷刑，他把一种秘密、严肃的宗教行为放在一种世俗的公共场域加以嘲讽，可以说这是一件非常不厚道的事情。因为在甚深广大的藏传密教体系中，"双修"是智慧和慈悲双运，是成佛的捷径，是一种伟大的方便！

马建的小说中对性的具体描述可以称得上是前卫，可隐藏在其背后的性观念却非常的传统。他笔下描述的所有的性爱，都不是正常、健康的性爱，相反都是十分变态、违犯道德的性爱，最终也都导致毁灭。这样的性观念显然与作者描述的西藏文化相差甚远，却与马建企图突破的自己的文化非常接近。马建本来是因为受不了北京的沉闷而去西藏旅行的，然而，他把北京的观念带到了拉萨。在他的笔下，藏族同胞似乎尚未完全脱离野蛮时代，藏族信奉的宗教也不过是喇嘛的精神专制，藏胞的迷信则凸现出他们的麻木和愚蠢。马建对藏胞的乱伦和混乱的性关系的着力描述，最能反映出他对西藏社会的看法。我们这一代人深受恩格斯《家庭、私有制和国家的起源》的影响，对社会进化理论深信不疑，相信家庭就是衡量文明进步的尺度。马建小说中对乱伦和兄弟共妻等等混乱的家庭关系的描述，很容易让我们想到中国历史教科书里面对少数民族那种"烝母报嫂"习俗的描写和说明，用这一种与汉文化最相抵触的社会现象来说明西藏的愚昧和落后是一种非常有效的手段。

马建这部小说最后引起了严重的政治危机,这恐怕是作者和编者未曾料想到的。有人将这部小说的发表归结为编者的开明,对此我不以为然。在当时那个年代大概不至于有人勇敢到为了发表这样一篇小说而拿自己的政治前途开玩笑。有可能的是,从作者到编者都太专注于这部小说对打破20世纪80年代过于沉闷的两性文化可能具有的冲击意义,而完全忽略了它可能对藏族同胞造成精神伤害而具有潜在的政治风险。更能说明问题的是,这部小说中所表现出来的对西藏社会、文化,特别是对藏传佛教的批评态度,与当时大众传媒对西藏旧制度和藏传佛教的批判没有任何的抵触。马建用小说的手段,批判西藏落后的文化和宗教现象,看起来并没有什么特别的不妥当,所以没有想到会引发如此严重的政治危机。被他们忽略、然而最终给他们带来麻烦的一个事实是,西藏实际上已经不是和北京完全不同的"异域"了,"他者"早已经生活在我们中间。小说中那些对于西藏社会和宗教文化远非客观和真实的描写,对于深受汉族政治、文化浸淫的藏胞而言,岂止是"一种侮辱"。尽管与当时汉族知识分子习惯于将中国的贫穷落后归咎于中国古老的文化传统一样,当时的藏族知识分子对其民族信仰的藏传佛教传统亦多持激烈的批判态度,但他们无法容忍他们的汉族"老大哥"继续将他们的故乡想象成一个十分原始、落后的"异域",并对他们已经有了巨大改变的社会和宗教传统作如此"情色化""巫化"的描述。我们相信马建创作这部小说的目的决不是要侮辱、伤害西藏同胞,然而它的发表对西藏民族文化和民族自尊的伤害却确实是前所未有的。虽然政府对西藏原有的制度和宗教传统依旧持严厉的批判态度,但它决不能容忍一部文学作品损害民族的团结和国家的统一。对马建和他的小说的批判决不是"一场历史的误会"。

谢谢大家!

本文是2007年秋于中央美术学院所做同名讲座的演讲稿,原收入李少文主编:《不止于艺——中央美院"艺文课堂"名家讲演录》,北京:北京大学出版社,2010年

11

谁是达赖喇嘛?

一

于当今的西方世界,达赖喇嘛可以说是一位家喻户晓、妇孺皆知的人物。他不是明星,但胜似明星。尽管如今的达赖喇嘛常常要谦虚地告诉他的崇拜者:"我只是一位简单的僧人"(I am a simple monk),但谁都知道这位僧人可不简单。他云游四方,八面风光,为世人指点迷津,为世界指引未来。西方人对一位东方人如此顶礼膜拜的历史最近的大概也要追溯到启蒙时代浪漫化中国的法国人对康熙皇帝的崇拜了。自殖民时代以来,西方人从来都是东方人的主人和导师,不管是物质还是精神,西方人都要高东方人一等。唯有这一回,一位来自东方的佛教僧人——达赖喇嘛,却成了智慧和慈悲的化身,是他们追求精神解脱的导师,是他们心目中最崇敬的智者和圣人。

11 谁是达赖喇嘛？

大家知道，达赖喇嘛本来是来自西藏，确切地说是来自青海安多地区的一位转世活佛。他到底是人还是神？或者说他既是人，又是神？世上没有人能够说得清楚。古往今来，能同时拥有神和人两种身份的人本来没有几个，而达赖喇嘛或是其中最著名的一个。当年德国大哲学家黑格尔先生曾对此大惑不解：达赖喇嘛既然是人，何以又是神？神人怎能和合成一体？这里面一定有不可告人的名堂！可是，黑格尔先生的后人们今天似乎都相信神和人是可以合而为一的，他们真心地将达赖喇嘛等西藏活佛奉为神明，对他们顶礼膜拜。有敢冒天下之大不韪，放言说70%的西藏活佛不见得真的就是活佛，甚至主张要将活佛转世制度放进博物馆的，反倒是几位在西方鼎鼎大名，但觉得自己并不真的就是活佛的大活佛。

1996年夏天，时任"西藏流亡政府""总理"的桑东活佛在德国波恩大学中亚语言文化研究所作报告时，告诉听众们说他小时候不努力学佛念经，他的老师就告诉他说他们一定是找错了灵童。从那时起，桑东活佛就自觉他不是真的活佛，一生中也从来没有和他的先辈有任何精神的联系。他还说像他这样的活佛很多，恐怕有活佛总数的70%之多。他的这段话让当时在座的听众惊诧莫名，面面相觑。而公开主张将西藏活佛转世制度搬到博物馆中去的则是来自康区的大活佛扎雅罗丹喜饶先生，他既是波恩大学中亚语言文化研究所的教师，是研究藏传佛教艺术的专家，又在德国拥有自己的私庙和众多的信徒，是一位在欧洲很有影响的活佛。或许是从现身的遭遇出发，扎雅活佛认为活佛转世制度早已经完成了它的历史使命，现在该是进入博物馆的时候了。像扎雅活佛这样不但远离本土好几十年，而且早已还俗、娶妻生子的大活佛，真不知道以后他还会不会再转世，也不知道他该在哪里转世。

实际上，就是达赖喇嘛本人对他既是人又是神的转世活佛的身份也并不是自始至终都那么肯定和乐于接受的。据说达赖喇嘛在20世纪70年代初曾多次对人说过：转世的活佛小时候非常可爱，长大了就反而令人失望。就像婴儿的牙齿一样，刚长出来时非常可爱，可长大后它们就烂了。到了1977年，绝望中的达赖喇嘛曾通过德国《明星》（*Stern*）周刊的记者向世界宣布说：他将是这世界上最后一位达赖喇嘛了，他不想再次转世为人，重新回到这个让人痛苦的世界了，他想来世转生为一棵小草、一块小石头等等。此言一出，世界哗然。达赖喇嘛的信徒们无法相信这位活佛真的就要扔下他们不管了。没有了达赖喇嘛，他们在这个污浊的世界将无依无怙，受苦受难，难有解脱痛苦、超越烦恼之日。他们将在六道中无穷无尽地轮回，受尽生、老、病、死之苦难，并在冷、热、号叫、寂寞等地狱

11　谁是达赖喇嘛？

中受尽折磨和煎熬。

其实，说达赖喇嘛是活佛，并不是说他真的是活着的佛。佛不生不灭，哪有什么活着的佛和死了的佛？称西藏的转世喇嘛为活佛，英译作living Buddha，本来只是明代开始汉人送给他们的一个不很恰当的俗称。据传明朝武宗皇帝听人说起："乌斯藏僧有能知三生者，国人称之为活佛"，于是难抑心中的好奇，特派以太监刘允为首的巨大使团前往乌斯藏迎请。不料活佛竟然不给皇上面子，躲起来避而不见。明廷耗尽了天下之财，也未能请到这位活佛。而这位人称活佛的僧人实际上是第八世噶玛巴活佛米久多吉。《明史》中还提到了另一位西藏的活佛，说"时有僧锁南坚错者，能知已往未来事，称活佛。顺义王俺答亦崇信之。万历七年……俺答亦劝此僧通中国，乃自甘州遗书张居正，自称释迦摩尼比丘，求通贡。……由是，中国亦知有活佛。此僧有异术能服人，诸番莫不从其教，即大宝法王及阐化诸王，亦皆俯首称弟子。自是西方止知奉此僧，诸番王徒拥虚位"。这位名锁南坚错的活佛，实际上就是第三世达赖喇嘛，也是西藏历史上第一位拥有达赖喇嘛这个名称的人，赐给他这个名称的人就是那位蒙古王爷顺义王俺答汗。（图11-1）三世达赖曾受俺答汗劝说而求通贡明廷之事也非虚传，他给张居正的求贡信今见于张居正先生的文集之中。而当时的张

图 11-1 三世达赖喇嘛画像

大人竟然以大臣无外交为理由拒绝了他的请求。显然,《明史》中的这段记载中有夸大不实之辞,当时的达赖喇嘛绝非西藏的宗教领袖,"大宝法王及阐化诸王亦皆俯首称弟子"一说也属子虚乌有。相反,正是因为以大宝法王为首的噶玛噶举派长期打压新兴的格鲁派,锁南坚错才不得不向外发展,力图在蒙古人中间扩大影响,以获取后者对格鲁派的物质和军事支持。后来,五世达赖喇嘛挫败噶玛噶举派的强势,终于在西藏建立起了格鲁派相对独尊的地位,也正是借助了和硕特部蒙古王子固始汗的军事支持。(图11-2)

二

实际上,西藏人自己对转世的喇嘛、上师并无活佛这样的称呼,他们对活佛的官方称呼是sPrul sku,音近"朱古",意为"化身"。佛有"法身""报身"和"化身"三身,"法身"是根本,住于法界,常人见不到。"报身"是受用,住于佛国净土,如阿弥陀佛,住在西方极乐世界,有情若有缘来世投生净土,才有机会见到他们。而"化身"是应现,他们就住在我们这个世界中,像释迦牟尼佛,他们是有情可以直接亲近的化身佛。活佛转世的本意就是从化身佛的概念发展出来的,尽管西藏的转世活佛绝大部分实际上都不是佛的转世,而是观音菩萨的转

图11-2 五世达赖喇嘛同顺治帝会面

11 谁是达赖喇嘛?

世。今天,西藏人,包括信仰藏传佛教的汉人习惯于称呼转世活佛为 Rin po che,即港台音译成"宁波车"者。而所谓 Rin po che 者,本意为"大宝",不过是信众对转世喇嘛们的尊称。通常被认为是西藏历史上第一位转世活佛的三世噶玛噶举派上师让琼多结早在 14 世纪就被人称为 Rin po che,所以他的转世、五世噶玛噶举派上师被大明永乐皇帝封为"大宝法王",他曾在南京广显神通,声名赫赫,他在中原的势头远过于同时代的格鲁派创始人宗喀巴大师。

我们知道,大乘佛教有别于小乘佛教的最大特色就是菩萨崇拜,它在佛陀之外引进了可以随机应化的菩萨这一理想型的概念。菩萨大慈大悲、大愿大力,为了救苦救难、普度众生,他们不但拥有千手千眼,能见一切苦厄、能救一切苦难,而且还主动放弃涅槃成佛的机会,心甘情愿地留在这个极不清静的世界上。只要轮回不空,他们绝不涅槃。这些菩萨对于引导有情众生走上成佛解脱之路的功德远远超过早已经涅槃了的佛陀释迦牟尼,所以对观音菩萨的信仰和崇拜成了东亚大乘佛教的一大特色。然在西藏,信众对观音菩萨的崇拜较汉传佛教信众尤甚百倍。传说阿弥陀佛曾劝释迦牟尼佛不要那么快就涅槃,而应该先去调伏西藏这片尚未得披佛光的蛮荒之地。然而,释迦牟尼佛觉得他在人间的使命已经完成,调伏西藏的事业只能留待后人了。不得已阿弥陀佛只好派遣他的心子观音菩萨前往西藏,并将西藏作为观音菩萨的"化土"。于是观音菩萨携两位度母前往雪域,先造藏人,后传佛法,先化身为转轮王,建立世间王法,再化现为转世活佛,引领藏人走上成熟解脱之道。

自古及今,观音菩萨在西藏的化身难以计数,而达赖喇嘛只不过是其中之一。然而,今天这个世界上还在轮回中受苦受难的有情众生比佛陀释迦牟尼在世时又多出了何止千百倍,他们需要更多的菩萨来照应、来拯救。这大概就是当今世界西藏的"宁波车"到处受人欢迎、受人景仰的主要原因。而作为大慈大悲的观音菩萨转世的达赖喇嘛情何以堪,竟然在20世纪70年代就要扔下这么多等待拯救的有情众生不管、自个成佛了呢?

世间万有、诸法皆空,色即是空、空即是色。世间八风,本来一味,菩萨又何必如此在意呢?诸法无常,缘起果熟,世界瞬息万变,孰个真能知已往未来三世之事?经过了20世纪六七十年代那一段艰难困苦的历程,到了80年代,达赖喇嘛突然时来运转,不但他自己的人生从此变得精彩起来,而且传承藏传佛教的千秋大业竟然在西方世界拥有了一个越来越广阔的舞台。当年阿弥陀佛嘱托其心子观音菩萨担起重任,将西

11 谁是达赖喇嘛？

藏作为自己的化土，本来是因为西藏是世界上最蛮荒、最没有人气的地方，是一个连释迦牟尼佛都已经有心而无力调伏的地方。而今天从这个蛮荒的地方走出来的观音菩萨转世——达赖喇嘛将要调伏的，或者如有的西方学者所说的那样，他要"精神殖民"（spiritually colonize）的将是整个世界。

随着西方，特别是美国新时代运动的蓬勃发展，藏传佛教成为可供西方人作另类选择的一种非常受欢迎的外来神坛（alternative altar），几十年间，在西方水涨船高，势不可挡。而西藏随之被神话化为世界上硕果仅存的世外桃源——香格里拉，成为世界上所有追求精神解脱者向往的最后一块净土。在这种社会文化背景之下，达赖喇嘛成了可供西方人作另类选择的一个非常有影响力的精神领袖，他所代表的藏传佛教成了西方精神超市中的抢手货。西方信众中大概并没有多少人知道达赖喇嘛的实际身份不是活着的佛陀，而是数量多到不可计数的观音菩萨于世间的转世之一，达赖喇嘛的"化土"本不应该是西方，而是西藏，他们不遗余力地抬举他、追捧他，并希望通过他的引导而走上成熟解脱的道路。于是，达赖喇嘛终于成为一名世界级的精神大师和国际社交界的一位特殊明星，从此他不再是西藏的达赖喇嘛，而是世界的达赖喇嘛。

三

　　大概外面的世界越精彩，个人的烦恼、痛苦就越难以名状，也越难以消解。于是，人生就越发无奈，需要菩萨救度的人也就越来越多。以撰述畅销世界的《西藏生死书》而一夜成名的索甲活佛曾在书中对佛家的六道轮回作过非常有趣、也十分后现代的解释。他将美国的加州和澳洲的某些地区划为天道，那是一个没有痛苦、只有永不改变的美和极尽享受之能事的世界，而天神就是那些高大、金发的冲浪人；而阿修罗（非人）界则经常出现在尔虞我诈的华尔街和华盛顿或者伦敦政府的走廊内；而饿鬼则是那些虽然富可敌国，却永不知餍足，渴望吞并一家又一家大公司，且永不休止地在法庭上表现其贪欲的人。不管是天界，还是阿修罗和饿鬼道都比我们普通人生活的这个尘世（人道）离佛国（道）净土远得多，所以那些住在加州、澳洲、华盛顿、伦敦的天神、阿修罗和饿鬼们一定比生活在西藏的有情（藏胞）更加期待和需要达赖喇嘛和索甲这样的大活佛来拯救，希望活佛们能用佛陀、菩萨的神力将他们引上成熟解脱的道路。知道了这一点，活佛们真的是浴火重生，再也不可能放下西方世界的天神、阿修罗和饿鬼们不管，而径自化为一棵小草、一颗石子了。

11 谁是达赖喇嘛？

记得多年前西方媒体曾经报道中国前国家主席江泽民先生在接见美国前总统克林顿的时候提出了这样一个问题，大意是说他曾经访问过欧美的很多地方，发现这些地方有很多受过非常好的教育的西方人都非常热衷于信仰藏传佛教，为什么？江主席的这个问题或许是想向克林顿总统表达这样一层意思：阁下所治国家中那么多受过那么好教育的子民何以会如此热衷于信仰藏传佛教呢？这背后恐怕有其他什么别的动机和目的吧？不知道能言善辩的克林顿总统当时是如何应对的。但有一点江主席当时或许未曾注意到：信仰藏传佛教的西方人事实上从一开始就是一些受过非常良好的教育，即使在西方国家也应该都算是非常先进、非常前卫、非常复杂、非常精致（sophisticated）的一类人，蓝领的工人阶级或者住在贫民窟的穷人首先要关心的是饱暖，反而没有那么强烈的、精致的精神追求，也无法真正领会藏传佛教的甚深精义。

实际上，从19世纪西方最有影响力的女性、灵智学派的创始人、被人称为宗喀巴大师转世的俄国半仙布拉法斯基夫人，到世界最著名的大旅行家之一法国女杰大卫·妮尔，再到今天美国哥伦比亚大学的宗喀巴讲座教授Robert Thurman先生、好莱坞最风花雪月的大明星Richard Gere先生等藏传佛教在西方最有名的代言人，又有哪一位不是超越时代、不世出的先进人物呢？按照索甲活佛的说法，在普通人眼里是人间天堂的加州或澳洲实际上比我们生活的这些依然贫穷和落后的地方离佛界净土更远，而高大、金发的冲浪手，华尔街股市的操盘手，乃至华盛顿、伦敦的政治家不是天神，就是阿修罗（非人）、饿鬼，也比世界上那些依然饥寒交迫、穷困无助的芸芸众生离佛陀更远，也更需要得到菩萨的救度和保佑。无怪乎，当今的西方世界竟然比达赖喇嘛的本土更需要达赖喇嘛，而作为观音菩萨化身的达赖喇嘛也终于将整个西方世界当成了他新的"化土"。

我们知道，菩萨的一大功能就是能够"随机应变"，这个"机"当然不是指"机会"，而是指"化机"，指的是你我等在世间苦苦等待菩萨调伏、拯救的有情众生。"随机应变"的意思就是说，菩萨能够根据他需要调伏、拯救的化机们的具体情形，作出随应的变化，以最合适、方便的姿态化现人间。既然西方有如此众多的化机等待拯救，作为观音菩萨转世的达赖喇嘛当然不应该再坚持非要成为最后一位达赖喇嘛了。于是，他最终改变了想法，发愿轮回不空，继续化现人间，重新回到这个曾经令他不想归来、如今又不忍离去的世界，以无尽的慈悲和智慧来拯救失去了依怙的三界有情和芸芸众生。日前曾有报道说，达赖喇嘛告诉世人他的转世也有可能是一位金发碧眼的西方人，看来这一回达赖喇嘛又要"随机应变"，完成一次史无前例的大转身，以最适合、最方便调伏世人的样子重新回到这个世界了。

四

显而易见，当年黑格尔先生对活佛转世制度提出的尖锐的质疑和批评是因为他对大乘佛教的菩萨随机应变的思想毫无所知，所以没法理解人与神之间是可以建立精神联系的。尽管肉身分明是不同的人，其精神却可以一成不变，传承自同一个人（菩萨）。实际上，尽管目前西藏出现的活佛越来越多，各有各的传承，且分属于不同的教派，但他们中的大部分是同一位菩萨，即大慈大悲、救苦救难的观音菩萨的转世。历史上的噶玛噶举派黑帽系活佛和格鲁派黄教的达赖喇嘛曾经为了争夺对卫藏地区的霸权地位而长时间地处于敌对状态，甚至有过非常激烈和残酷的暴力冲突，但他们本来却都是观音菩萨的转世，"本是同根生，相煎何太急"。幸运的是，今天的达赖喇嘛和大宝法王再也不需要为争夺他们在西藏的政教地位而反目成仇了。

很多年前，达赖喇嘛曾经通过CNN告诉世人，他和他的先辈们一直保持着神秘的精神联系，当他打坐入定达到深处时，他就可以自如地和他的先辈对话，而这些先辈中常和他对话的是第一、第五和第十三世达赖喇嘛。对西藏政教历史稍有了解的人都知道，达赖喇嘛提到的这三位先辈都曾是雄才大略、很有作为、在西藏历史上写下了宏伟篇章的人物。算起来现在的达赖喇嘛已经是第十四世了，如果从佛陀在世年代算起，曾经来到这个世界救苦救难的、属于这一支观音菩萨转世系统的活佛已有近六十位了，真不知道现世的达赖喇嘛是不是都可以和他们建立起精神的联系？达赖喇嘛中还有一位不爱江山爱美人的情歌王子，即第六世达赖喇嘛仓央嘉措，生前放浪形骸，最后不知所终，他的情歌至今受人喜爱和传唱，但他的苦难身世至今令人扼腕，真希望现世达赖喇嘛也能够与这位浪漫而不幸的先辈对对话，传达世人对他不尽的爱戴和缅怀之情！

1959年，十四世达赖喇嘛离开西藏，流亡印度，迄今已经五十余年。今天的达赖喇嘛无疑是西方人眼中唯一可以和西藏认同的象征，可他与生活在中华人民共和国境内的六百多万藏胞失去政治和宗教的联系也已经五十余年了。西方人习惯于称达赖喇嘛为西藏的政治和宗教领袖，这种说法于当下而言当然没有多大的实际意义。即使就历史上的达赖喇嘛而言，说他是西藏的政治和宗教领袖也未免言过其实。自吐蕃王国最后一位赞普朗达磨灭佛、吐蕃王国随之解体以后，西藏再也没有成为

11 谁是达赖喇嘛?

一个统一的政治实体。饱受割据、分裂之苦的西藏百姓或曾期待再次出现像吐蕃第一位赞普松赞干布这样能够统一和统治整个西藏的转轮圣王,但这个愿望从来就是水中月、镜中花,没有真正实现过。松赞干布曾被后人列入达赖喇嘛这一转世系列中,人们或曾希望达赖喇嘛能够成为可与松赞干布媲美的转轮圣王,可即使是西藏历史上最有政治影响力的两位达赖,即第五世和第十三世达赖喇嘛,他们也绝对算不上是能够号令整个西藏的政治领袖。更何况更多的达赖喇嘛不但没有成为有政治影响力的转轮王,甚至自己还成了残酷的政治和教派斗争的牺牲品,例如前面提到过的六世达赖喇嘛仓央嘉措。

从宗教的角度看,藏传佛教有宁玛、萨迦、噶举和格鲁四大教派,还有其他为数众多的小教派,像夏鲁、觉囊、断派等等。通常每个教派各有各的宗教领袖,各种教法和修习也都有各自的传承系统。格鲁派作为藏传佛教四大教派中最后形成的一个教派,其进入西藏政治历史的舞台从15世纪初才开始,而五世达赖喇嘛确立格鲁派在西藏政教体系中的霸权地位是17世纪中期的事情。在此以前,萨迦派和噶举派是西藏最有政治和宗教影响力的两大教派。可以说,历史上的达赖喇嘛从来就不是藏传佛教各教派公认的、独一无二的宗教领袖,即使在格鲁派教内,除了达赖喇嘛,还有班禅喇嘛,他们至少也是同样等级的宗教领袖。按照格鲁派自己的传统，班禅喇嘛是阿弥陀佛的转世，是真正意义上的活佛，至少在宗教上的地位要高于为其心子观音菩萨转世的达赖喇嘛。

当代西方人称达赖喇嘛是西藏的宗教领袖，但即使在西方，达赖喇嘛也只是在20世纪80年代末才渐渐成为一名世界级的精神导师和当今佛教世界最有影响力的代言人物。在此以前，许多其他教派的大师在西方拥有比达赖喇嘛多得多的信众，像宁玛派的敦珠法王、噶举派的仲巴活佛和十六世噶玛噶举派黑帽系活佛等大师，他们在海外藏传佛教信众中的影响力都不逊于达赖喇嘛，仲巴活佛创立的"香巴拉中心"成了遍布世界的一个巨大网络。总之，说达赖喇嘛是举世公认的西藏宗教领袖有点言过其实，与历史和现实都有很大的差距。

五

值得一提的是，达赖喇嘛确实曾经有一次被人抬高到了"天下释教"领袖的地位，但那个"天下"只是清王朝的"天下"，而不是我们今天所说的这个世界。中国人曾经愚蠢地以为世界就是我们中国人的天下，直到西方的"坚船利炮"使中国差点成了别人的天下。明清交替之际，五世达赖喇嘛曾经远途跋涉，亲往清廷朝觐。清朝的顺治皇帝赐给五世达赖喇嘛这

11　谁是达赖喇嘛？

样的一个封号,称:"西天大善自在佛所领天下释教普通瓦赤喇怛喇达赖喇嘛"[1]。入主中原不久的清朝皇帝显然是为了笼络主动来朝的五世达赖喇嘛,并借助他的宗教影响力来加强清朝对蒙古和西藏的统治,所以慷慨地赐给五世达赖"领天下释教"的特权,并扶植达赖喇嘛成为卫藏(即西藏中部)地区的政教领袖。以达赖和班禅喇嘛为领袖的格鲁派在西藏的政治和宗教领域的霸权地位,是借助蒙古固始汗的军事实力和清政府的积极支持而建立起来的。

尽管如此,格鲁派的这种强势地位远远没有达到使其头领成为西藏政教合一的领袖的程度,他们不但处处受清政府的钳制,以致连达赖和班禅喇嘛灵童的遴选都要通过清朝皇帝"金瓶掣签"来决定,而且也受到了藏传佛教其他各教派的强烈反抗和抵制。虽然五世达赖喇嘛曾经非常强势地迫使像觉囊派等小教派的一些寺院改宗格鲁派,但最终无法建立起格鲁派的统

---

[1] 此所谓"普通"即是"圣识一切""一切智"的意思,是达赖喇嘛最初的尊号,与藏文 Thams cad mkhyen pa 对应;而所谓"瓦赤喇怛喇"是梵文 Vajra dhara 的音译,译言"持金刚"。"一切智"和"持金刚"都是佛的众多尊号中的一个。"达赖"是蒙古文词汇 Dalai 的音译,意为"大海",与藏文 rgya mtsho 对应,所以从第二位达赖喇嘛开始,每一位达赖喇嘛的名字中都有 rgya mtsho(音译"嘉措")两字。"达赖"这一称号是蒙古亲王俺答汗封给第三世达赖喇嘛索南嘉措的尊号,后为历辈达赖喇嘛沿用。

一天下。西藏近代有提倡宗教圆融的所谓"不分派运动"(rismed，或音译为"利美运动")，由宁玛、噶举、萨迦等各派许多著名的上师联合发起和推动，先在汉藏边境的安多、西康地区开展，而后在整个西藏蔚然成风，成为一个影响深远的思想文化运动，推出了一批非常有影响力的"不分派"大师，成为十分有影响力的藏传佛教领袖人物。(图11-3) 说到底，"不分派运动"并不真的是所有教派团结起来、圆融无二，而是一场所有其他教派联合起来抵抗格鲁派一派强势的运动。由此可见，说格鲁派的领袖人物之一——达赖喇嘛是西藏政教合一的领袖实在是很牵强的。

达赖喇嘛拥有较重要的政治地位始于人称"伟大的五世"的五世达赖喇嘛阿旺嘉措，和他一样曾经掌握过重大政治权力的另一位达赖喇嘛是十三世达赖喇嘛土登嘉措。除了这两位达赖喇嘛以外，他们中间其他历辈达赖喇嘛能够有幸活到足以执掌政教大权年龄者就很少，说他们是西藏的政教领袖当然名不副实。今天的十四世达赖喇嘛经历了一个与他所有前辈所处的时代完全不同的历史时代，因此有着一个和他前辈完全不同的人生轨迹。藏传佛教宁玛派的祖师莲花生大师曾经预言：铁翼行空之日，就是佛法西传之时。清朝皇帝没有能够使五世达赖喇嘛成为名副其实的天下释教领袖，而藏传佛教西渐欧美、风

11　谁是达赖喇嘛?

图11-3　利美运动创始人蒋扬钦哲旺波(1820—1892)画像

靡世界这个新潮流,却使十四世达赖喇嘛成为世界佛教最著名的领袖人物。达赖喇嘛的活动舞台扩展到了整个世界,而唯有物质的、现实的西藏却不再是他涉足的地方,现在的达赖喇嘛不过是一个"虚拟的西藏"(virtual Tibet)或者说一个"精神的西藏"(spiritual Tibet)的政治和宗教的领袖。曾有西方学者一针见血地指出,达赖喇嘛和他在西方的支持者们一起,将过去的西藏描绘成了一个人人向往的后现代的乌托邦——香格里拉,而他们自己作茧自缚,成了"香格里拉的囚徒",从此很难再回到这个依然充满苦难的现实世界中来。

六

1996年夏日的一天,我正在德国法兰克福机场候机回国,饶有兴趣地听坐在我对面的两位中年汉族知识妇女热烈地交流她们短期留德学习、工作的体会。突然,其中一位提到了不久前访问过德国的达赖喇嘛,并声情并茂地说:"你看达赖喇嘛那个笑有多恶心!"另一位马上应声附和,同气相求。在行人川流不息的法兰克福机场候机厅内,突然听到有知识的同胞们说出这等政治和感情色彩都十分强烈的话,一时让我十分的惊讶和错愕。已经在德国生活了六年多的我非常清楚达赖喇嘛的这种招牌式的微笑在德国人心目中的形象和意义,它无疑是世界

11 谁是达赖喇嘛?

上最有魅力、最为慈悲的一种笑容,世上不知有多少人就是被他这种笑容吸引,乃至倾倒的!可同样的微笑在那两位来自中国的知识妇女眼中竟然是那么的"恶心"!可见得同样的一个人、同样的一个笑容,在不同的人眼里可以得出完全不同的、互相对立的形象。

显然,达赖喇嘛的笑容被放进了两种完全不同的语境中审视,对它的解读自然也就南辕北辙了。在西方人眼里,达赖喇嘛是智慧与慈悲的化身,是引领西方人最终实现香格里拉梦想的精神导师,所以他的笑容是如此的真诚、灿烂和迷人。然而,在那两位中国妇女的眼里,达赖喇嘛是一个处心积虑要分裂祖国的"藏独"分子,他在西方世界四处奔波的目的无非是要寻求西方人对他实现分裂祖国之狼子野心的支持,他的笑容不可能是真诚的,那是为了讨好西方人而硬挤出来的媚笑,所以"恶心"和讨厌。就像对他的微笑会出现这两种截然不同的看法一样,对达赖喇嘛的任何举动世人都会有两种截然不同的解释。不管达赖喇嘛到底是怎样的一个人物,他的一切行为都已经与国际社会、国际政治紧密相连,现世达赖喇嘛从来就不是、今后就更不可能是"一位简单的僧人"。对一位像达赖喇嘛这样的现世的政治人物的评价,很难不受现实政治利益和社会文化环境的影响,要对他作出一个客观的历史评价,也许只有留待后世的历史学家了。

而今天作为历史学家和宗教学者应该做的或许只能是对历史的研究，即对达赖喇嘛的先辈，对达赖喇嘛这一活佛转世系列，对达赖喇嘛制度形成、发展的历史进行研究。这样的研究或将帮助我们了解和理解历史上的达赖喇嘛们的身份、地位和他们在西藏政教历史中担当的角色，以便弄清现世达赖喇嘛作为一位政治和宗教人物的历史和宗教背景。达赖喇嘛虽然鼎鼎大名，但对他这位具有人神双重身份的特殊人物的来历、对达赖喇嘛的先辈们的历史真正有所了解的人恐怕凤毛麟角。世上有几个人能够说得清楚达赖喇嘛究竟是何许人也？他何德何能才成了达赖喇嘛，并一辈又一辈的转世，最终成为万人崇拜、供养的大活佛？达赖喇嘛大概还会继续转世下去，世界多变，后事难料，我们还是先来追根溯源，看一看以前的达赖喇嘛都是些何等样的人物，他们何以能够成为观音菩萨的转世，并传承出这么一支伟大的活佛转世系列。

原载《天涯》2010年第3期

12

也谈东方主义和"西藏问题"

一

去年曾在《天涯》上读到汪晖先生的大作《东方主义、民族区域自治与尊严政治》,日前又蒙汪晖先生以他修改中的长文《东西之间的"西藏问题":东方主义、民族区域自治与尊严政治》见示,读罢颇受震撼,受益良多。汪晖先生并非专业的藏学研究者,却写出了专业藏学家难以企及的专业之作,从中我不仅读出了作者的学养和学识,也读出了作者的理性和良知。当今世界由专业西藏学家写成的讨论"西藏问题"的著作不多,我所知的仅有美国Case Western Reserve大学人类学教授Melvyn Goldstein先生十年前出版的那本小书《雪山狮子与龙:中国西藏和达赖喇嘛》(*The Snow Lion and the Drogon: China Tibet and the Dalai Lama*, Berkley: University of California Press,

1999）。《雪山狮子与龙》无疑早已过时，而汪晖先生的这篇文章更可为东西方人理性地观察和考虑"西藏问题"给予帮助和启示，让西方人听到中国知识分子理智和有建设性的声音，并为"西藏问题"的最终解决提供了一个新的思路和契机。

我以为汪晖先生大作最精彩的部分是他对当前东西视角下的西藏和"西藏问题"，特别是对西藏目前面临的社会和宗教问题所作的深入观察和分析。他在文中指出："（在'3·14事件'之后）中国的媒体在对抗西方舆论的同时没有将焦点集中于西藏社会的深刻危机，整个社会没有以此为契机，深刻地反思当代中国社会的发展逻辑与西藏危机的关系。因此，随着西藏危机转化为抢夺奥运火炬的争端，'西藏问题'被搁置一边。"事实正是如此。"3.14事件"后，从媒体到大众更乐于把责任推给达赖喇嘛和海外反华势力的捣乱，却很少有人认真地考虑"西藏问题"究竟是不是仅仅是一个外在的问题，还是以内在的、深刻的社会和宗教危机为背景的。要有效对抗西方舆论的误导，我们更应该拿出应对西藏现实所面临的诸重大问题的报告和分析。汪晖先生从"世俗化过程中的宗教扩张""市场化、全球化与语言危机""日常生活方式的巨变""社会流动、移民权利和民族区域的社会危机"和"'承认政治'与多民族社会的平等问题"等几个方面，分析了隐藏在表面与外部煽动的分裂活动相关的"西藏问题"背后的更为严重和深刻的社会和宗教背景。他的观察和分析鞭辟入里、发人深省。"西藏问题"与抢夺奥运火炬不同,它远非东西方之间一时的意气之争。西方媒体在"西藏问题"上一边倒的舆论导向由来已久,回击西方媒体之不公正的最好的方法就是还他们一个政通人和的西藏。而要做到这一点,我们首先必须清醒地了解西藏内部潜在的社会和宗教危机,找到化解这些危机的方法和途径。

汪晖先生大作所讨论的问题中,有些是我关心已久的问题,如东方主义和"西藏问题",有些则是我近年才特别注意的问题,如中国的民族认同和民族区域自治问题。仔细阅读汪晖先生大作对我来说是一个学习、回顾和思考的过程,受他的启发我开始整理自己对这些问题原有的一些看法,尝试进行更深一步的思考,并希望能够参加这场由汪晖先生开始的、非常有意义的讨论。这里先将我对东方主义和"西藏问题"的理解和思考写出来,作为对汪晖先生大作中相关讨论的一点回应和补充。

二

"西藏问题"本来应该是一个中国的内政问题,但目前的

"西藏问题"无疑是中国政府和百姓经常面临的一个十分棘手的国际问题。这其中有着极为复杂的国际政治、社会和文化背景,而西方社会的东方主义倾向无疑是造成今天这个局面的一个不可忽略的重要因素。汪晖先生将对"东方主义"的批判引入到他对位处东西方之间的"西藏问题"的观察和分析之中,这是一个十分有建设性的举措。我觉得讨论东方主义对"西藏问题"的影响至少有以下两个方面的意义:第一,它可以让国人明白到底为什么西藏和"西藏问题"会成为一个让西方人如此动情、执着的问题。显而易见,大部分国人对个中缘由不甚了了,他们对此不是大感不解,就是认定受过那么好教育的西方人对如此"落后的"西藏,特别是西藏的"喇嘛教"有那么大的兴趣一定是包藏祸心,其中一定有政治阴谋。事实上,如果没有"东方主义"这个劳什子,如果今天的西方人不把西藏当成"香格里拉"一个后现代的世外桃源、不把西藏当成他们生活中一个非常重要的"他者",世界上大概没有任何一位政治家能有如此之大的能耐,可以发动一个如此具有国际性的"自由西藏"(Free Tibet)运动。

今天的达赖喇嘛俨然是一个世界级的精神领袖,可是,在20世纪80年代以前并没有很多西方人对他很感兴趣,以致他曾经非常绝望地宣布自己将是世上最后一位达赖喇嘛,他不想再

12 也谈东方主义和"西藏问题"

回到这个让他充满绝望的世界上来了。与他相比,我们的伟大领袖毛主席显然更有charisma,受到了更多西方人的追捧,他的粉丝中甚至也包括达赖喇嘛本人。达赖喇嘛和西藏备受西方青睐不过是最近二三十年发生的事情。当今的"新疆问题"对于中国来说一定不比"西藏问题"次要,但世界上很多人不知道有维吾尔这样一个民族存在,如果今天有西方人对新疆问题格外关心,则很有必要了解他是否有不可告人的政治动机。而"西藏问题"不一样,不管西方人对现实的西藏有多少的了解,西藏都是他们心中的最爱。"西藏问题"牵涉了当今世界上所有最重要的"话语",如人权、博爱、和平、环保、非暴力、文化传统的延续、男女平等、宗教自由、民族、文化自决等等。对于西方人来说,"西藏问题"是一个立场问题,事关政治正确与不正确。对于西藏的立场和态度表明你是否是一个先进和开明的现代人,它不需要任何的讨论,也来不得半点的含糊。因此,我宁愿相信参与"自由西藏"运动的大多数西方人并没有要颠覆中国、损害中国的政治企图,尽管他们对于"西藏问题"的立场是十二分的坚定。与其说西方人关心的是西藏,倒不如说他们是在关心和表明他们自己。认识到这一点,对于我们理解国际关系中的"西藏问题"很有好处。也只有认识到这一点,我们才能不动辄把所有对西藏感兴趣、有好感的人全部当做自己的对手，甚至敌人，把所有与西藏相关的活动都看成政治阴谋。只有这样，我们才不会草木皆兵，四面楚歌。

第二，揭露东方主义与"西藏问题"的关系可以使人明白，西方民众受东方主义影响而对西藏表现出的这种超理性的热情业已成为理性地解决"西藏问题"的巨大障碍。正是这种不理智的热情，不但使得中西双方在"西藏问题"上的理性对话成为几乎不可能的事情，而且也使"西藏问题"的焦点彻底地偏离了方向。只有充分认识到这一点，中西双方才能理性地审视"西藏问题"的来龙去脉，冷静地就"西藏问题"进行建设性的对话，并寻求最终解决"西藏问题"的有效途径。

当西方人将过去的西藏想象成一个和平、自由、精神、博爱、智慧、慈悲、环保、男女平等、没有阶级、不分贵贱、非暴力、非物质的人间净土，并把这个后现代的乌托邦的重建作为解决"西藏问题"的前提和关键时，"西藏问题"就已经偏离了本来的焦点，"西藏问题"的解决就遭遇了难以逾越的障碍。因为我们要解决的不再是现实的西藏所面临的问题和危机，而是要完成一个不可能完成的使命，实现一个建立乌托邦的理想。东方主义的害处就是将西藏彻底的精神化，完全不把西藏当做一个物质的存在。而在现实政治中，他们又要求将精神化为物质，将一个莫须有的乌托邦转变成西藏的现实。南辕

12 也谈东方主义和"西藏问题"

北辙,莫此为甚。不说历史上未曾有过这样的一个西藏存在,未来的世界也一定不可能出现这样的一个西藏。可是,达赖喇嘛非常积极地参与这些西方受众十分熟悉和喜欢的"话语"的建设,到处声称他最关心的不是西藏是否能够独立,而是西藏传统文化能否延续,他所设计的未来西藏的图景正好是西方人想象中的精神乌托邦的再现,难怪他在西方世界如此地受欢迎。

显而易见,只有让西方人认识到东方主义的危害,跳出"香格里拉情结","西藏问题"才有获得解决的希望。可是,要早已成为"香格里拉的囚徒"的西方人幡然醒悟并不是一件容易的事情。美国官方一再表明他们的西藏政策并非要求西藏独立,而是要让中国政府和达赖喇嘛回到谈判桌上,讨论怎样找到一个双方可以接受的解决方案。但是,如果双方要讨论的预设前提就是如何建立一个香格里拉,那么这种谈判就注定不会达成理想的结果。与其说美国人是在寻求"西藏问题"的解决方法,不如说他们是在给中国政府出难题。西方人把西藏理想化为一个乌托邦的同时,还把中国妖魔化为一个与其对立的"异托邦"(heterotopia),一切好东西全由西藏和西藏人包揽,而一切坏东西则都由中国(一个汉人的国家)和中国人(汉人)买单。现今的西方人在很多时候、很多方面对中国和中国人表示出的不友好、甚至敌意，都与这种两极的想象有关。东方主义对于我们的危害，不仅仅在于在"西藏问题"上令我们十分的难堪，而且还整个地损害了中国、中国人和中国文化的国际形象。

三

从汪晖先生的大作中不难看出，他曾经花了很大的力气来弄清东方主义与"西藏问题"的关联。通过从历史和思想两个层面入手而作的非常细致的研究，他最终对西方的东方主义给"西藏问题"带来的影响有了相当深刻的领会。毋庸置疑，他的这项研究，不管是从学术还是从政治的角度来看，都是相当了不起的成就。由于专攻藏学，近一二十年来，我对东方主义和西方后殖民时代的文化批评一直相当关心，并深感我们东方人对西方之东方主义的批判往往不是太过激愤，情绪多于理性，就是流于皮毛，挠不到痒处。只有西方人对自己先人的批判才真正一矢中的、入木三分。从以前阅读 Donald Lopez, Jr. 编写的《佛之主事们：殖民主义下的佛教研究》到去年夏天阅读 Hugh B. Urban 的专著《密教：宗教研究中的性、秘密、政治和权力》，都让我确信西方人对自己文化的批判和清算远比我们东方人做得深刻和尖锐得多。上述两部著作分别对西方佛

12 也谈东方主义和"西藏问题"

教研究中的东方主义和殖民主义倾向作了深刻的揭露和彻底的清算,将西方引进和研究密教与东方主义的关联解读得一清二楚。国人中很少有真正学贯中西的大家,对西方文化的了解很难达到像西方人自己一样深刻的程度,所以,我们对西方的批评尽管壮怀激烈,却很难一针见血。汪晖受瑞士学者Martin Brauen先生策划的题为《作为梦幻世界的西藏:西方与中国的幻影》(*Dreamworld Tibet: Western and Chinese Phantoms*)的展览的启发〔后来Brauen先生出版了专著,即题为《作为梦幻世界的西藏:西方幻影》(*Traumwelt Tibet: Westliche Trug-bilder*, Zurich: Haupt, 2000;英文版 *Dreamworld Tibet: Western Illusions*, Bangkok: Orchid Press, 2004)〕,将东方主义作为研究西方视野中的"西藏问题"的切入点,用心观察和研究了西方视野中的西藏和西藏文化,其成就令人钦佩。

不可否认的是,西方学者对东方主义与"神话西藏"的揭露和批判也早已走在我们的前头。20世纪90年代初,我到西方留学,很快就非常吃惊地发现:那些对西藏所知不多的西方人表现出了比我这位专业的西藏学家对西藏更多的热情。这曾让我大惑不解,弄明白其中的玄秘花费了我很长的时间。1996年春天,我在波恩大学的两位同学Thierry Dodin和Heinz Raether在波恩组织了一个名为"Mythos Tibet"(神话西藏)的国际学术讨论会，许多世界知名的西藏学家参加了这次会议，其中包括美国最著名的藏传佛教权威 Jeffrey Hopkins 和 Robert Thurman 两位先生。令人跌破眼镜的是，这些西方的藏学权威们，其中还包括几位在西方生活的知名西藏活佛和学者，纷纷一改常态，对他们平日高唱赞美诗的西藏和西藏文化发起了猛烈的批判。原来五世达赖喇嘛是个十分尚武、有强烈复仇情绪的武僧，西藏格鲁派寺院中充满了尔虞我诈，那些转世活佛不见得真的都是菩萨转世，西藏人并不是像他们平日所宣传的那样和平、智慧、慈悲、环保，这些形象都是西方人在不同的时候和不同的背景下幻想、设计和创造出来的。借用萨义德的话说，由于东方主义，西藏"在过去和现在都不是一个思想或者行动的自由主题"。"神话西藏"原本就是西方人自己的设计和幻想，和西藏毫无关系。现在到了该解构和清算那些由传教士、启蒙思想家、神智信仰者、遁世主义小说家、新时代人、嬉皮士和藏学家们联手创造出来的这个"神话西藏"的时候了。这些报告听来真是振聋发聩，于我无异醍醐灌顶，让我终于搞明白今日西方人对西藏的这份热情究竟缘何而来。会议次年，"神话西藏"学术讨论会的论文集——《神话西藏：感知、投影和幻想》（*Mythos Tibet: Wahrnehmungen, Projektionen, Phantasien*, Koeln: DuMont, 1997；后来它在美国的 Wisdom 出版社也出了英文

12 也谈东方主义和"西藏问题"

版，改名为 *Imaging Tibet: Realities, Projections, and Fantasies*, Boston, 2001）在科隆出版，它是西方学者集体清算西方"西藏热"中的东方主义倾向的第一部很有影响力的著作。

当然，对东方主义和"神话西藏"作了最彻底的揭露和最无情的批判的著作是 Donald Lopez, Jr. 先生的《香格里拉的囚徒们：藏传佛教与西方》。（图 12-1）Lopez 是美国密歇根大学的藏学和佛学教授，是目前美国一位非常有影响力的佛教学者和文化批评家。他和前面提到的瑞士学者 Brauen 先生是同一时代的西藏学家，他们都经历过从对西藏和西藏文化的狂热崇拜到开始解构"神话西藏"的过程。Lopez 此前主编的《佛之主事者：殖民主义下的佛教研究》就对西方佛教研究中的东方主义倾向作了十分彻底的清算，其中他自己的文章《拜倒在喇嘛脚下的外国人》就是对他自己这一代人之西藏情结的解剖和批判。他大概也是最早从批判东方主义的角度来观察"西藏问题"的西方学者，早在 1994 年他就发表过一篇题为《新时代东方主义：西藏的例子》（"New Age Orientalism: The Case of Tibet", *Tibetan Review*, XXIX, 5, pp.16–20）的文章。

Lopez 在《香格里拉的囚徒们》一书中，选择了西藏的七个最有代表性的文化符号（cultural icons）作为他考察、分析和解构"神话西藏"的切入点，这些文化符号有些是从西藏带到

图12-1 《香格里拉的囚徒们》封面

西方的,而有些则是西方对西藏的设计,它们是:1.名称——喇嘛教;2.书——《西藏生死书》;3.幻象——让巴的小说《第三只眼睛》;4.咒语——六字真言;5.艺术——唐卡;6.学科——美国的藏传佛教研究;7.囚牢——达赖喇嘛和香巴拉的囚徒。通过这七个文化符号在西方被引进、设计、塑造、表述和误解的经历,Lopez用极为引人入胜的笔法,外加众多匪夷所思的故事,带领读者穿越了一座文化迷宫,回顾了欧洲、美国和西藏之间十分具有戏剧性的互动关系,揭露了西藏如何在西方浪漫主义、文化盗用、学术误导和东方主义、殖民主义的大合唱中,终于失去其历史、地理、时间、宗教和现实的根基,最终沦为一个精神的、虚幻的、非人间的香格里拉的过程。Lopez不但揭露了西方传教士、旅行家、神智信仰者、小说家、嬉皮士、藏学和佛学家们如何和达赖喇嘛及其支持者联手,创造出了一个"神话西藏"——香格里拉的全过程,而且还十分尖锐地指出了香格里拉化西藏对于推动现实的"西藏事业"(Tibet Cause)所具有的十分严重的危害性。

在Lopez看来,这种想象出来的、神话般的西藏形象尽管十分迷人但严重地掩盖了西藏政治、历史和宗教的极为复杂的现实意义。随着一个精神的、虚拟的西藏的形成,一个现实的、物质的西藏便在人们的视野中消失。将西藏神话化为香格里拉对于达赖喇嘛和流亡藏人的朋友们来说无异于作茧自缚，他们在不知不觉中已沦为"香格里拉的囚徒"。为了赢得西方信众对他夺回西藏领土的支持，达赖喇嘛不得不投其所好，将普世的慈悲、爱、非暴力和环保当做藏传佛教的核心来宣传，而就像打坐、观空和慈悲离不开用"人油做的、以人头发为灯芯的供灯来做供养仪轨"一样，和平和暴力原本是藏传佛教修习之不可分割的两面。达赖喇嘛为西方提供了一个"天使般的藏传佛教"，而西方人则为他设计了一个"主题公园式"的西藏。为了"解放他的祖国"，达赖喇嘛必须允许藏传佛教从它的本土漂移出去。达赖喇嘛及其支持者目前向世界表述西藏的这种方式或终将走向实现"一个西藏自治国之事业"的反面。

四

Lopez先生的《香格里拉的囚徒们》很快成为轰动一时的名作，赢得了一片喝彩声。其影响远不止于西藏学界，它对整个西方后殖民时代文化批评都有相当大的刺激。Lopez对西方人在构建"神话西藏"中表现出的东方主义倾向的批判无疑句句中的，入木三分，读来令人感觉痛快淋漓。可是，他对"神话西藏"的解构和对那些直接参与了创造"神话西藏"运动的干将们的批评，也引起了很多人的不安和愤怒，其中尤以受到

12 也谈东方主义和"西藏问题"

Lopez激烈批判的哥伦比亚大学宗教系宗喀巴讲座教授Robert Thurman的反应最为激烈。这位当时名列全美最有影响力的二十五位大人物之一的Thurman先生忍无可忍地站出来,痛斥Lopez"责难受害者"(blame the victims),指责他为虎作伥,已经和Tom Grunfeld和Melvyn C. Goldstein两位先生一起站到了中国辩护者的队伍之中。

Thurman把Lopez和他们两人相提并论显然不妥。Grunfeld和Goldstein敢为中国说话,故较受国人重视,然在西方学界则备受侧目。他们在20世纪90年代初就"西藏问题"发表了不少较为客观的言论,企图在黑白之间寻求一种中间的灰色地带,显示出正直学者的良心和勇气。然而,或许是因为北京对他们两人的过分友善使他们在西方学界的地位变得颇为尴尬,其影响力不大。而Lopez与他们完全不同,尽管他对解构西方"神话西藏"的贡献比前两位先生影响大得多,但他毫无要为中国辩护的意图,他显然更着意于打倒在他之前的那些藏学权威。要说美国藏学研究的领军和代表人物毫无疑问首推Robert Thurman和Jeffrey Hopkins。这两位鼎鼎大名的藏学教授在20世纪60年代先后皈依藏传佛教,并与达赖喇嘛结下了很深的交情,成为达赖喇嘛和流亡藏人在美国的代言人。他们不遗余力地在西方制造西藏,特别是藏传佛教的神话,Thurman无疑是当代西方最杰出的藏传佛教宣传家，他把西藏喇嘛吹捧为心灵科学的宇航员，声称藏传佛教在心灵科学上的成就已远远超出了西方太空研究所取得的成就。而Hopkins则更是走火入魔，曾经将本来与藏传佛教毫不相关的、由疯僧更敦群培撰写的《欲论》改写成藏传佛教的性爱和精神宝典，声称修习藏传佛教可以让人同时获取肉体的喜乐和精神的解脱。由于Lopez和Hopkins有师生之谊，故笔下留情，但他对Thurman则极尽讽刺、挖苦之能事，难怪Thurman如此大人物也不得不亲自披挂上阵，用非常政治化的语言、上纲上线地把Lopez痛批了一顿。

以Lopez为代表的西方藏学家解构"神话西藏"的努力，无疑对20世纪90年代末西方世界持续升温的"西藏热"有一定的降温作用，对那些狂热的西藏发烧友们也多少有点醒脑的功效，当他们继续执著地把"神话西藏"当做自己的精神寄托时，间或也不得不扪心自问一句："我们还是香格里拉的囚徒吗？"但需要指出的是，这样的效果实际上只能说是解构"神话西藏"的副产品，Lopez等西方学界的新权威们不遗余力地抓住西藏这个特例，猛烈地批判东方主义，解构其先辈构建的"神话西藏"，其最直接的目的无非是要打倒其先辈的学术权威，从而树立起他们自己的权威身份。在这个过程中，"东方"或者"东方主义"不过是他们用来达到这个目的的工具，它们

12 也谈东方主义和"西藏问题"

早已内化成为西方文化的一部分,和东方无关。与我们东方人批判东方主义与东西之间的政治、文化和学术等多方面的冲突有直接的利害关系不同,对他们来说,这更多的是一场西方内部的知识、思想和学术的游戏,与东方和东方人的痛痒无关。他们对东方主义的激烈批判并不表明他们能够改变、甚至摒弃其先辈的东方主义态度,从而更客观、更正确地对待和理解东方。相反,他们在很多方面比他们所批判的前辈走得更远,在与东方交往和互动这一层面上,他们往往与东方更加隔膜、更加乖剌不入。换言之,他们比其先辈更加"东方主义"。在解构东方主义影响下的西方东方学术研究的同时,他们并没有提出一套更好的理解和研究东方的方法,而往往将脏水和婴孩一起泼掉,在解构东方主义的同时差不多把东方也一起给解构掉了。正如Thurman所指出的那样,Lopez声称破解"神话西藏"是为了加强"西藏事业",可他的书中"没有任何东西可以使任何人以任何方式喜欢西藏"。

对于这一点,Lopez们或者真的没有自觉,抑或非常不愿意承认。据Lopez自述,有一次他应邀参加国家公共广播电台组织的针对《香格里拉的囚徒们》的辩论。当发现受邀来和他当面辩论的竟然是流亡藏人的代表时,他感到非常诧异,甚至委屈。因为,在政治上Lopez从来就站在达赖喇嘛及流亡藏人一边，一直关心着"一个西藏自治国之事业"的实现，所以他原本以为会有一位反对"藏独"的中国人站出来和他交锋。Lopez似乎没有意识到自己对西方"神话西藏"的解构实在已经走得太远，已经同时把西藏和西藏文化也给无情地解构掉了，而这显然伤害了正在西方积极寻求支持的流亡藏人们，故引起了他们及像Thurman这样的支持者的强烈的不解、不安和不满。Lopez归根到底最关心的还是他自己的利益，而且没有意识到他的利益不见得总和他热情支持的达赖喇嘛和流亡藏人的利益完全一致。总而言之，Lopez等人对东方主义和"神话西藏"的批判于西方的东方学界可以说是一场具有颠覆意义的革命，但他们的出发点并不是要为解决东西之间的"西藏问题"提供帮助，尽管其研究结果对我们理解东西之间"西藏问题"的复杂性有许多令人茅塞顿开的启发。

五

除了《香格里拉的囚徒们》之外，与批判东方主义和"西藏问题"有关联的西方著作还有不少。如果有人对西方文学作品中的西藏形象有兴趣，则Peter Bishop先生写于20世纪80年代末的《香格里拉的神圣神话：西藏、游记和西方的圣地创造》(*The Sacred Myth of Shangri-la: Tibet, Travel Writing and the*

Western Creation of Sacred Landscape, Adarsh Books, 2000，这是修订版，初版于20世纪90年代初）是一本从理论到实证都很出色、非常值得一读的好书。作者对西方大众传媒和文化批评理论的运用和建树甚至超过后出的包括Lopez的作品在内的大部分相关著作，他对西方人如何塑造"圣地"（sacred geography）的描述和批判给人以很多的启迪，对后人破解香格里拉的神话有开创性的意义。Bishop先生后来还写过一本叫做《权力之梦：藏传佛教和西方的想象》（*Dreams of Power: Tibetan Buddhism and the Western Imagination*, Athlone Press, 1993）的书，对荣格等西方思想家对西藏佛教的误读作了颇为深刻的批判，它们无疑也给Lopez等学者后来所作的类似研究以很深的启发。美国加利福尼亚大学伯克利校区新闻学院院长Orville Schell先生的《虚拟的西藏：从喜马拉雅到好莱坞寻找香格里拉》（*Vitual Tibet: Searching for Shangri-la from the Himalayas to Hollywood*, NewYork: Metropolitan Books, 2000）一书，对美国通俗文化，特别是好莱坞电影中所见的西藏形象的塑造及其背景和影响作了非常直观的揭露和批判，揭示当代西方人心目中的西藏实际上只是一种"虚拟的现实"（virtual reality）。

最近，又有Dibyesh Anand先生的著作《地缘政治的异国情调：西方想象中的西藏》（*Geopolical Exotica: Tibet in Western*

Imagination, University of Minnesota Press, 2008）问世，它首次从国际关系研究的角度检讨西方对西藏和西藏人的异国情调化了的表述和与中国有关的西藏地位问题的争议。它集中探讨了西藏在西方20世纪电影、小说、游记和回忆录等大众文化媒介中所表现出来的特殊的文化形象，揭露了所谓"异域西藏"（Exotica Tibet）和"西藏特性"（Tibetanness）被人为地建构起来的过程，以及这些建构对那些被表述者们的影响。Anand先生对目前主流国际关系理论和实践的狭隘的做派提出了挑战，批评这个学科的基本定位依然主要立足于西方。他通过对传统国际关系理论所能提供的词汇的仔细检讨来分析与中国有关的西藏地位，讨论了包括帝国主义、历史、海外散居、表述和认同等在内的与西藏有关、但迄今在国际关系研究领域内尚未得到较好的理论处理的种种问题。

作为思想史学者的汪晖在他的文章中对西方哲学家的西藏观作了颇为深入的探讨和研究，同样的研究以前也有西方人作过，其中以现居日本京都的瑞士禅学学者Urs App先生最近发表的一篇长文最为详尽。这篇文章题为《哲学家们的西藏：康德、黑格尔和叔本华》（"The Tibet of the Philosophers: Kant, Hegel, and Schopenhauer"），收录在他太太Monica Esposito主编的《十九、二十世纪的西藏形象》（*Images of Tibet in the 19th* *and 20th Centuries*, Ecole francaise d'Extreme-Orient, 2008）一书的第一卷中。这本新出的论文集又是一本集中批判东方主义和东西方西藏形象的作品，其中也收录了包括我在内的东方学人对东方文化传统中的西藏形象的观察和研究。东方主义作为一种思想方式，绝对不是西方人的专利。西方研究中国少数民族的人类学家们曾经提出过一个叫做"内部的东方主义"的概念。研究汉人文化传统中的西藏和藏传佛教形象或可以为我们理解何谓"内在的东方主义"提供很好的注脚。

《十九、二十世纪的西藏形象》一书中有不少可读的好文章，其中有些文章对以前流行的一些说法作了修正。譬如Isrun Engelhardt有关纳粹与西藏关系的著作就很有新意，作者十余年来专心研究纳粹与西藏的关系，她的这篇文章《西藏的纳粹：一个二十世纪的神话》（"The Nazis of Tibet: A Twentieth Century Myth"）和她最近发表的其他几篇文章一起致力于解构目前在坊间颇为流行的有关纳粹和西藏的神话。她的研究表明，至少希特勒本人实际上对西藏真并没有那么大的兴趣，这种说法本身是一个应该被破解的神话。十余年前我曾经和Isrun一起在慕尼黑巴伐利亚州国家图书馆中查阅过希特勒和热振活佛之间来往信件的原件，不曾想到她此后一直在研究这些信件和它们在西方被故意误解和误传的故事（Isrun Engelhardt, "Mishandled

Mail: The Strange Case of the Reting Regent's Letters to Hitler", PIATS 2003: *Proceedings of the Tenth Seminar of the International Association for Tibetan Studies*, Oxford），她的研究成果和结论给人很多的启发。

对于纳粹与西藏的关系，汪晖在文章中提到了那位在西方大名鼎鼎的西藏专家、《西藏七年》的作者 Heinrich Harrer 先生的纳粹身份问题。非常有意思的是，据和他同时期在西藏逗留、并在国民政府驻藏办事处供职的汉人学僧邢肃芝先生透露，这位日后成为世界头号"西藏通"和达赖喇嘛密友的 Harrer 先生，还曾经是每两周要到驻藏办事处汇报他所收集到的情报和每月领取一百五十元大洋月俸的国民党线人。这听起来是有点匪夷所思[1]，可见这位被好莱坞神话化为英雄的人物，他的人生其实有很多不光彩的地方。对解构今天西方流行的"神话西藏"作过贡献的学者还有不少，像德国洪堡大学的 Toni Huber 教授曾经写过一篇题为《西藏人是如何变绿的？》的文章，不但解构了西藏人的"绿色"环保形象，而且还揭露了西方是如何和流亡藏人一起创造出这一形象的具体过程，是一篇非常有意思、

---

[1] 事见邢肃芝口述，张健飞、杨念群笔录：《雪域求法记：一个汉人喇嘛的口述史》，北京：三联书店，2003年。

有启发的好文章。

六

若从萨义德先生于1978年发表《东方主义》一书算起，西方学界对东方主义的批判至今已有三十多年的历史了。（图12-2）西方藏学家们拿起"东方主义"这把"批判的武器"，把矛头对准"神话西藏"，清算东方主义给西藏和西藏文化带来的危害，也已有十多年的历史了。但作为一种思想方式，东方主义依然无处不在，远没有从我们的视野中消失，它对今日国际上的"西藏问题"依然有着巨大的影响。要彻底清除其影响恐非一朝一夕之事。我们今天批判东方主义，弄清它对"西藏问题"的直接影响，不是指望西方人幡然悔悟，立马改弦更张，而是要让我们自己对西方的"西藏话语"有更清晰的了解和认识，从而积极而有建设性地参与到这种"话语"的互动和建设中去，最终打破西方在"西藏问题"上的话语霸权，为"西藏问题"的解决找到有利的时机。

"话语权"是近年来国人新创和常用的一个词语，但说者似乎并不理解什么是"话语"，常把"话语权"和"说话的权利"混为一谈。事实上，"话语"（discourse）不是简单的"说话"（speaking），按照福柯的说法，"话语"是指谈话时说话者

图 12-2 萨义德（Edward W. Said, 1935—2003）

将其理念或讯息以可以辨认而由组织完整的方式传递给听者的过程,它泛指人类社会中所有讯息之有形或无形的传递。社会的各个层面都存在其特定的"话语",它们互相推衍连结,形成一个话语结构。在这一话语结构下,所有知识的获取,及其思维行动的方式都有一定的轨迹可寻,由此产生一个特殊的文化和认知体系,即所谓"知识领域"。"话语"不是一个僵化静止的过程,其两端,即说话者与听话者之间常常产生复杂的变化。每一个"话语"下的意指结构千头万绪,其本质永远是动态的、有所企图的。"话语"具有排他性,被"话语"所包括或排斥的事物状态永远处在相对立的竞争局面中,它隐含了权力,甚至暴力的过程。

当今世界充斥着各种各样的"话语",它们是构成国际社会文化的基石。"话语"可以控制人类一切思维行动,拥有影响乃至左右世界的巨大力量。但"话语"不像"说话的权利",是可以用武力、强权或者金钱争夺、收买得到的一种权利。如果说者没有能力用听者听得懂的语言、可以理解和接受的方式,将所要传递的讯息和理念传递给听者,这就表明说者没有能力完成建立一种"话语"的过程或者参与一种现存"话语"的建构。反之,如果能够建设性地介入、参与到这些"话语"的互动之中,并积极地去影响、甚至改变这种"话语"的发展方向，就拥有了使这些"话语"为自己利用、服务的一种能力。否则，就只能受这些"话语"的牵制、左右，甚至被它们巨大无比的力量打垮。说到底，世上并无所谓"话语权"，有的只是能否建立、介入和驾驭"话语"的能力（ability）和既存"话语"的强大的"话语霸权"（the hegemony of a discourse）。

中国作为一个地域大国和经济强国显然已经不再缺乏在世界任何地方说话的权利，但由于我们长期缺乏与西方主流话语互动、对话的机会和机制，因此我们还没有足够的能力，用相同的语言、以他们能够理解和接受的方式和西方人对话，进而充分地参与和介入到世界主流话语的互动和运作之中，更没有办法积极地影响和引导这些话语的变化和发展，以打破西方的话语霸权。与此相应，我们以前既不熟悉西方这一套现存的在东方主义影响下的"西藏话语"体系及其运作规律，没有机会和能力介入这些既有话语的互动和运作之中，更没有能力建立起一套有利于自己的新的话语结构，所以在"西藏问题"上难免受西方话语霸权的牵制而时常显得笨嘴拙舌、动辄得咎。不管是大力度地宣传我们在西藏进行现代化经济建设所取得的巨大成就，还是言辞激烈地批判达赖喇嘛及其追随者分裂中国的狼子野心，都因为和西方主流的"西藏话语"背道而驰而显得我们多半是在对牛弹琴，完全无的放矢，宣传的效果往往适得其反，根本得不到西方受众的理解和支持。这种受西方强大的话语霸权的牵制、压迫而左右失据的尴尬局面，不但大大损害了中国人的国际形象，而且也把自己和别人都逼得似乎只剩下极端一条道路可走。

与此相反，达赖喇嘛和西方人亲密合作，创造出了一套与西方诸主流话语非常合拍的"西藏话语"，牢牢地掌握着国际上运作"西藏话语"的主动权和发言权。达赖喇嘛在西方大受欢迎的一个很重要的原因，就是他对西方诸主流话语有极好的把握，所以说出来的话对西方受众来说是句句中听、声声入耳。当代"神话西藏"决不是西方人一相情愿的创造，达赖喇嘛和流亡藏人的积极配合功不可没。在欧美新时代人用力"东方化"西藏的同时，达赖喇嘛也很卖力地、巧妙地"自我东方化"，不但将西方人对西藏的精心设计照单全收，而且还自我设计、创造、改变，乃至窜改西藏的传统，以迎合西方人对西藏的热望，最终塑定了一个人人向往的精神、智慧、慈悲、和平、自在、平等、绿色、环保的西藏形象。随着西藏一变而为香格里拉，达赖喇嘛也一步跨出中世纪，成为引领后现代世界的精神领袖。当代世界的"西藏话语"就是围绕着达赖喇嘛这一位来自东方的长老、智者、圣人和香格里拉的神话建立起来的。在打破达赖喇嘛和香格里拉的神话以前，这套"西藏话语"力大无比，可以掀起全球性的"自由西藏"运动这样巨大的风浪，让正全力以赴发展经济、使包括西藏在内的所有地区尽快实现现代化的中国人错愕不已、措手不及。

然而，正如Lopez所担心和警告的那样，"神话西藏"对于达赖喇嘛和他的支持者来说无异于作茧自缚，他们在创造香格里拉神话的同时，即已沦为"香格里拉的囚徒"。他们主创的这套"西藏话语"也为他们自己的思想和行动设定了难以逾越的樊篱。他们原本或希望不惜以一切手段，包括诉诸武力，建立一个独立、自治的西藏国家，而现在不得不满足于以和平、非暴力的手段，建立一个可供后现代西方人怀旧、颐情、修身、养性的主题公园。更令Lopez们担忧的是，一旦达赖喇嘛和香格里拉的神话被打破，西藏又该走向何方？又是谁会来关心这片美丽的雪域？我相信到时候一定是我们（藏裔、汉裔）中国人会还给世界一个美丽、富饶、和平和绿色的西藏。而眼下我们迫切需要做的就是要打破西方人和达赖喇嘛联手制造的香格里拉的神话，推翻西方在"西藏问题"上的话语霸权，同时警惕国人也对西藏作香格里拉式的二手炒作，不走"自我东方化"的老路，开放、自信地把一个真实的西藏展示给世界，并把我们对一个将现代和传统、物质和精神完美结合的未来西藏的规划和设计，用西方人听得懂的语言和可以接受的方式，传递给他们。我们不只是要和西方人合作建立起一套新的"西藏话语",而且还要吸收、借助全世界的智慧、特别是西方处理现代化和保护传统文化这对矛盾的经验来建设一个神话般美丽、真实的西藏。

原载《天涯》2010年第4期

13

我读马丽华

一

大概是1991年,我正在德国波恩大学与我的导师Klaus Sagaster教授一起阅读八思巴帝师的《彰所知论》。这是八思巴帝师专为元世祖忽必烈汗的太子真金写的一部佛教入门书,讲的是佛教宇宙观和世界史。《彰所知论》是我老师的"旧情人",他的德文译稿是20世纪六七十年代时的旧作,还是用打印机打出来的,已经开始发黄。对我来说它却是"新相知",出国前我专治西藏历史,出国后更多注意佛教,正需要这样一部入门书。故师徒授受,其乐融融。就在这个时候,一个很偶然的机会,我读到了马丽华发表在一本不常见的文学期刊上的长篇游记——《藏北游历》。让我吃惊的是,文中一位苯教活佛向作者转述的有关世界起源的说法,竟然与我们正在阅读的

13　我读马丽华

《彰所知论》中的说法一模一样。莫非是作者搞错了？分明是佛教的东西，何以从一位苯教活佛口中娓娓道出呢？细一想，佛、苯之间的关系本来微妙，虽然对苯教的来历依然众说纷纭，但后来苯、佛趋同确是不争的事实。所以，元朝的八思巴帝师和当下这位苯教活佛有关世界起源的说法基本一致实在不足为奇。突然之间，我若有所悟，原来学问不见得一定要在课堂上学到、养成。从此我记住了马丽华这个名字。

很快我又读到了马丽华的第二部长篇游记——《西行阿里》。如果说西藏是世上的"第三极"，那么阿里无疑是极地之极地。1988年夏天，年轻力壮的我，曾和几位藏学同好结伴同游西藏，走了一个多月，去过不少地方，但好像从没敢动过要去阿里的念头，尽管当时我正对元朝在纳里速古鲁孙（即阿里三围的元代音译）地区的施政十分的感兴趣，也正在翻译一部以古代阿里西部地区为中心的拉达克王国的历史著作。可当时西藏实际的交通条件和我本人的经济状况、旅行经验等都不足以让我生起西行阿里的勇气，阿里是一个可望而不可即的地方。然我做不到的事情，马丽华却轻而易举地做到了。追随她的脚步，透过她的描述，我终于有机会领略极地的自然风光和人文遗迹。许多神往已久的场景、人物和故事，通过马丽华的生花妙笔一一变得鲜活起来。以前关注、了解阿里的历史，只靠有数几本古籍中的只言片语，不但雾里观花，真相模糊，而且每每将研究的对象"文本化"，把现实万象、众生风流一笔勾销。读了《藏北游历》和《西行阿里》，我才深切体会到读万卷书、行万里路，端的是读书人的阳关大道。虽不能至，心向往之。（图13-1）

1994年夏天，我又在北京街头的小书摊上买到了马丽华的新作《灵魂像风》，一遍读罢，感动不已，随后买下十多本，快递给海外好友，要与他们共享读书之乐。当时国内知识界正热炒"河东河西说"，国人急切地要把不久前还备受奚落、谴责的中国传统文化，确切地说是汉文化，重新推上神坛，以重塑"民族精神"。作为一名海外游子，对此我颇不以为然，甚至有点忧心忡忡起来，却也无可奈何。此时读到马丽华的《灵魂像风》，宛如春风扑面，让我备感清新和亲切。当别人急于要向世界说"不"的时候，马丽华正汲汲行走于西藏中部的山谷、乡野和村落、寺院之间，与藏族农民、僧人和朝圣者一起，追逐着西藏文明像风一样的灵魂。在马丽华的笔下，我们看不到汉族文化的优越感，知之为知之，不知为不知，她全身心投入地做着一件事情，就是脚踏实地地去观察藏族文明现存的各种表现形式，追根究底地弄清其历史渊源和流变，从而用心去理解看起来似乎难以理解的独特的宗教、文化形式和生活

13 我读马丽华

图13-1 马丽华著《走过西藏》书影

方式。在别人只注意发掘儒家文化的现代价值、多为汉文化唱赞歌的时候,马丽华却清醒、认真地与藏族同胞做着跨宗教、跨文化的对话,在用一颗赤子之心体会汉藏两种文化的灿烂和殊胜,寻求着以美人之美、美美与共的态度来构建多元一体、和谐多姿的中华民族大家庭的理想途径。她的所思、所为与她身处的那个多少有点喧嚣和功利的时代形成强烈对照,然与费孝通先生等几位超越时代的先进知识分子并行在同一轨道上。

出版《灵魂像风》之后,马丽华暂时离开了风花雪月的文学世界,将笔触伸展到了自然科学领域,采写、出版了《青藏苍茫——青藏高原科学考察五十年》,把一部高原生成演化的自然史和中国科学家为时半个世纪的考察历程从头道来。(图13-2)经历了这种不同寻常的知识积累,马丽华从此对独特的自然环境对于生存其间的民族历史进程和文化走向的重要影响有了深刻的体会,她对藏民族乃至中华民族的生存发展史的考察从此也有了更加广阔、更加壮丽的背景。

2003年初春,我在台北的一间书店里看到了刚刚出版的马丽华的又一部新作——《藏东红山脉》,这一次,马丽华把笔触接近了她一向敬畏的横断山脉,并把这部记载红山脉中、红土地上的自然风物和人文景观的游记作为她西藏纪实文学的封笔之作。我从事藏学研究算起来已有二十多个年头了,不可思

13 我读马丽华

图 13-2 马丽华著《青藏苍茫：青藏高原科学考察50年》书影

议的是，我对藏东红山脉竟然从没有给予足够多的关注，似乎在等着马丽华来领我沿着茶马古道一路走来，补上这一课。而正当要被马丽华领着"走出红山脉"时，我再度受到震撼：在西藏住了近三十年，看起来已经与西藏水乳交融了的马丽华，却坦承她与西藏人的关系终究还是"隔了一层金属一层玻璃"，因为在高原风雨骤起之时，"我既不可能把他们请上车来聊避风雨，也不可能跳下车去与他们风雨同行"，所以即使作过近三十年的努力，其结果还是"多年以前我曾自感接近了似是而非的顿悟，但多年以来又游离了那个似乎可见的临界点"。这是何等的襟怀坦白！马丽华三十年的西藏经验让我们明白：汉藏两个民族之间文化的融合和情感上的亲和关系的建立，最需要的是汉藏百姓"风雨同行"。

二

马丽华的这四部游记，积近三十年在西藏生活、工作的经历，以难以掩饰的激情和行云流水般的文采，带领广大读者一路《走过西藏》，观赏雪域自然之奇异，见识藏地人文之伟大，实在是千年难得的优秀作品。《走过西藏》系列游记曾经在海内外风靡一时，马丽华的"粉丝"有老、中、青好几代人，且遍布世界。20世纪90年代中期以来，国人表现出了对西藏和西藏文化的愈来愈强烈的热情和向往,对此马丽华和她的游记功不可没。

读过《灵魂像风》之后,马丽华也成了我心中的偶像,我是她的海外"粉丝"。虽然尚无缘亲见偶像本尊,但每与人谈起西藏,我自言必称马丽华,迫不及待地要将她的大作介绍给每一位向往雪域、并有意了解西藏文化的潜在读者。1999年冬,我参加了在台北召开的海峡两岸藏学家大会,在一群藏学家中间公然声称:"一百个藏学家,不如一个马丽华",语惊四座。听众中有人应声附和,但或有人嫌我言过其实,甚至危言耸听。然平心而论,就对西藏和西藏文明的全面了解、对西藏同胞和西藏文化的深切关心、对进行汉藏文化对话之意义的理性自觉和对汉藏文化交流的鼎力推动,作为藏学家的我们中间又有几个能够和作为作家的马丽华相提并论呢?我们中间又有谁的作品能像马丽华的《走过西藏》一样受到如此众多的读者们的喜爱,并产生如此巨大、积极的社会影响呢?反正我有自知之明,自愧不如,在哪方面都无法望其项背。

如果我们将马丽华与古今中外其他的西藏旅行家和作家相比的话,她同样出类拔萃。直到几十年前,真正踏上"第三极"的非藏族人为数寥寥,所以有幸踏上这块土地本身就是传奇。有此等荣幸者,多半也成了传奇人物。然而他们所说的西藏故事,常常也充满了传奇色彩,甚至带点天方夜谭的意味。近代到过西藏的西方探险家、传教士、政客等,或者十分夸张地浪漫化、神话化西藏,把西藏塑造成世间"最后的一块净土"——香格里拉;或者带着满脑袋的"文化背景书",像个草菅人命的判官,用粗重的黑笔,将西藏文明之瑰丽一笔笔勾去。很少有人能够不受个人情感羁绊、摈弃文化偏见,平心静气地将一个客观、真实的西藏形象传递给广大读者。即使在今天,西藏早已不再是"禁地",每年入藏的游客又何止成千上万。一时间,有关西藏的书写也多了起来,甚至成为一时之尚。但同样的,许多人对西藏的欣赏和了解仅止于浮光掠影,他们对西藏的那份热情让人觉得他们多少有点像是在借西藏山川之美,以寄托自己的遐思、梦想。古今中外,至今还很少有人像马丽华那样,在西藏一住二三十年,怀着一颗永不餍足的求知心,一颗波澜不惊的平常心和一份推己及人的真性情,读万卷书,行万里路,天上人间,尽入法眼,今人往事,皆成文章,向世人勾画出一个活生生的西藏,一个虽非臆想中的香格里拉,却也不是全无风流的地方。

马丽华在西藏度过了生命中最年轻、最美丽的三十年时光。在这段时间内,她一步一个脚印地走遍了西藏的高山大川,用眼睛去看,用嘴巴去问,用耳朵去听,用心灵去体会,与雪域的"木门人家""黑头百姓"将心比心。不管是学富五明的喇嘛,还是目不识丁的牧人,都曾是她了解西藏文化的老师;看得见的人物和看不见的神灵,都是她探究西藏文化之奥秘的对象。作家的敏感、行者的博学,再加上人类学工作者的细致,使得马丽华笔下的西藏真实动人,耐人寻味。马丽华无疑是一位天才的作家,但成就她的首先并不是她出色的文学想象力,而是她对西藏这片土地的热爱、了解和她对西藏人民的真诚和理解;是作品中处处闪现出的她的善良、率真和虚怀若谷等人格魅力。她的系列游记之所以广受欢迎,不只作品本身极具文学观赏力,更在于它们是导引大众阅读西藏、欣赏西藏的可信教科书。

阅读马丽华的著作、回顾马丽华三十年间走遍西藏的不寻常的经历,免不了有人要将这位来自齐鲁大地的女作家、女诗人想象成一位传奇或者神奇的人物。十分难能可贵的是,不管是马丽华笔下的西藏,还是她笔下的自己,都自觉地远离传奇或者神奇。马丽华三十年的西藏经历更像是一个"祛魅"的过程,她学习、体会西藏的过程,不仅是她对西藏文明的理解由浅入深、次第升华的过程,而且亦是她不断地改变和改善她对自我的认识的过程。在《藏东红山脉》的后记中,马丽华告诉我们:"在曾经陌生的异民族地区,最初是明显的生存外貌之差异吸引了我。当我刻意去搜集这种差异,差异便消失了,我找到了更多的'共同'。……是'神秘'诱惑了多少个世纪以来西方探险家的脚步纷至沓来,但对生活其间的我来说,最经不起推敲的是神秘感,它最先消失。没有了神秘,至少还有神奇感吧,神奇感的安慰有效也有限,当它也成为视野中司空见惯的常态,连带对世界一应美景都失去了观赏的兴致。我探求未知,未知就不存在了;没有什么是不可以理解和解释的,真正不可理喻之物,我们连了解它的兴趣都没有。"对于那些沉醉于西藏之"魅"中不能自拔,或者急着要"入魅",或者一心"返魅"(re-enchantment)的西藏发烧友们来说,马丽华的这番大姐自况不免扫了他们的雅兴。如果西藏并不神秘,也不神奇,而且"间接了解的藏传佛教,奇迹的发现为零",那么,他们再可到哪里去抒发他们的思古幽情和寄托他们满肚子的希望呢?将西藏神话化为"香格里拉",或者"最后的净土",听起来委实不俗,看起来也像是对西藏情深意切,一腔热血,可与此同时一个真实的、物质的西藏却远离我们而去,留下的是一个虚无缥缈的"精神家园"。如果西藏满目神奇、天生美丽无瑕,早已是人间天堂、佛家净土,那么除了望着或深藏于雪山深处的"蓝月谷"(blue moon valley)兴叹外,我们还能为西藏做些什么呢?

创造了西藏神话,并同时也把自己推上神坛的人古已有之,其中具世界级影响的人当中就有两位传奇女子,她们是灵智学的创始人布拉法斯基夫人和号称世界上第一位成功闯入禁城拉萨的法国女子大卫·妮尔。布拉法斯基夫人本是来自俄国的半仙式人物,为寻求神秘智慧和方术,只身前往东方求法。她自称是藏传佛教徒,曾在喜马拉雅山脚下的西藏住了七年,还在扎什伦布寺近处随密教高手习法两年。后奉西藏大士之命往纽约成立灵智学会,将科学、哲学与古老的东方智慧结合,创造出一种新的科学的宗教——灵智学。灵智学很快风靡全球,布拉法斯基夫人成了19世纪欧美最有影响力的女性,而西藏作为保存西方早已失落了的神秘智慧的地方,从此也成了西方精神追求者的圣地。可是,有谁真的相信布拉法斯基夫人曾经到过西藏,更不用说是住了七年。在她那本号称是受西藏大士心灵感应而写成的《西藏密法》中,除了那圈神秘的光晕以外,又有多少货真价实的西藏货色?人称宗喀巴转世的布拉法斯基夫人其实对西藏所知不多,她宣扬的灵智也与藏传佛教没有多少关系。同样,人称"巴黎奇女子"的大卫·妮尔以其1924年化装"禁城之行"而名扬天下,成为世界最著名的旅行家之一。可她笔下所记载的这次旅行到底有多少是历史的真实,大有疑问。大卫·妮尔女士虽然自称不相信奇迹,却非常善于创造奇迹,也没有人怀疑她的一生本身就是一个奇迹。她留下了三十余部著作,成功地将自己塑造成一位西藏和藏传佛教的绝对权威。颇令人遗憾的是,细读她的《我的西藏之旅》(*My Journey to Tibet*)和《西藏的神通和秘密》(*Magic and Mystery in Tibet*)等书,不难发现书中所涉藏传佛教的知识,有不少明显是贩卖了布拉法斯基夫人的东西,而她在书中情不自禁地流露出的西方式的优越感和她对藏族百姓和藏族文化居高临下的态度,让人忍不住回想起那个曾给包括西藏在内的东方民族带来巨大灾难的殖民主义时代。

毋庸置疑,马丽华在西藏的经历和她对西藏文明之了解的深度,都远远超越布拉法斯基夫人和大卫·妮尔女士这两位世界级的名女人,然她不以神奇自居,也无意神话化西藏,这正是她超越古人、笑傲江湖的神奇之处。

三

三年前,我海归回北京工作,终于见到了已神交十五年的偶像。马丽华一看就是一位饱经风霜、几度辉煌、有着丰富阅历的人物。曾经沧海难为水,她言谈举止间透出的那份大气、宽厚和苍凉,亦只会在她这样的人身上出现,而她的善良、热情和心无城府是她不变的"注册商标"。三年来,我与马丽华成了时相往还的同事和朋友,工作上精诚合作,平日里亦师亦友,奇文共欣赏,疑义相与析,偶像依旧是偶像,崇敬一分不少,但多出了几分亲切。能与马丽华为友,实在是我一生的荣幸。

2003年,马丽华离开西藏,来到北京中国藏学研究中心工作,出任中国藏学出版社总编。从一位名满天下的大作家,转身成为一名主要为他人作嫁衣裳的专业编辑,这样巨大的变化在外人看来是有点委屈了创作欲极其旺盛的马丽华。但她显然很胜任这个新角色,近年来中国藏学出版社常有高质量的学术著作出版,对此马丽华的功劳自不可没。虽然她一时还放不下她的老本行,到北京后竟然还完成了一部被人认为是"具有强烈后现代色彩"的长篇小说——《如意高地》,但她的主要精力无疑已经集中到编辑学术著作上头,她的主要兴趣也从文学转向了学术。(图13-3)与普通编辑不同的是,马丽华编书做的不只是文字编辑工作,而更像是文史研究工作,每编辑一部学术著作,就像是开始一个新的研究课题。几年下来,马丽华的作家身份渐渐淡出,她的学者气质越发明显。对于学术,她不但敏感,而且执着,对他人的学术论著有极高的鉴赏力,经常会发现一些别人很少注意的好文章,想到一些别人想不到的好题目。对她自己关心的题目则常常刨根究底,一路深挖,非

图 13-3　马丽华著《如意高地》书影

13 我读马丽华

弄个水落石出不可。在我看来,作为研究藏族历史、文化的学者马丽华与作为观察、书写西藏的作家马丽华一样不同凡响。

近两年前,听人说马丽华正在用文学的笔法写一部研究西藏文史的著作,对此我一直充满期待。坊间大话西藏的书越来越多,但既可读又靠谱的书却少之又少。将跌宕起伏的西藏历史和甚深、广大的西藏文化,写成一部读来轻松愉快、掩卷发人深省的亦文亦史的著作,这样的事大概只有身兼作家和学者双重身份的马丽华才有资格去想、去做。当然,暗中我也为马丽华捏着一把汗,用行云流水般的文笔写一部历史著作是每个历史学家都曾有过的梦想,但像黄仁宇《万历十五年》那样好看的正经历史著作毕竟太少。待图文并茂的《风化成典——西藏文史故事十五讲》一书摆到我的面前,细细翻过一遍,我心里的石头才终于落地。(图13-4)马丽华毕竟是马丽华,她在这部新著中以学究式的细致、哲人般的洞察力和举重若轻的生花妙笔,为我们打开了一部上下几千年、纵横上万里的西藏历史文化长卷。

"风化成典"看起来像是马丽华新创的一个词语。历史长,何时不精彩?人海阔,何日不风波?可历史上的人和事大部分经不起时间的风化,即便一时风光无限,气象万千,终难逃脱零落成泥碾作尘的凄凉和无奈。只有极少数的人和事,能千古不朽,历久弥新,时间不但不能使他们风化成尘,相反却令他

图13-4 马丽华著《风化成典——西藏文史故事十五讲》书影

们超越、升华,成为典故,甚至经典。而这些典故、经典即是我们今天通常所说的"文化密码"(cultural code),是帮助我们打开一个古老文明宝库的钥匙。我想马丽华将她的新作定名为《风化成典》正是这个意义,表明她无意于撰写一部西藏文明通史,而只是想通过西藏历史上几个已被风化成典、成了文化密码的特殊人物、事件,来解读、演绎西藏历史文化的特点和精彩。她选取了西藏历史上十数个最富生气的历史时代和最精彩的历史片段,以及数十个西藏历史上颇具影响的人物和事件,在中华民族演进史,特别是汉、藏、蒙古、满等民族之政治、军事、经济和文化互动、融合的大背景下,娓娓道出、细细评点,既条理清晰地纵论西藏历史、文化形成、发展的过程,又浓墨重彩地描绘了西藏历史文化的独特风格和殊胜之处。

三十余年的置身西藏和面向西藏,旨在增进汉藏两个民族在文化和情感上的亲和关系,已成为马丽华生命中的一项重要内容。她的这份情怀,不但表现在对千余年来汉藏两个民族间文化交流互动的格外关注,而且亦明显地反映在《风化成典》这部新著中。这一次,马丽华挑选了若干个在汉藏文化交流史上特别有影响的人物,用文学的生动描述了背后的历史故事,再用史家的深刻分析了这些人物和事件对于汉藏文化交流、融合的意义和影响。例如,透过对古藏文史书中常常出现的和尚"只履东归"的故事的还原,马丽华将汉藏两种佛教传统之间你中有我、我中有你的复杂关系作了形象的说明。和尚摩诃衍"只履东归"的故事,原本脱胎于汉地禅宗佛典《历代法宝纪》中记载的菩提达摩"只履西归"的故事,喻指摩诃衍虽然被迫离开吐蕃,"只履东归",但他所传的禅宗佛教却早已在吐蕃生根发芽,就像禅宗佛教的祖师菩提达摩被迫"只履西归",但他所传的禅宗佛教却成了汉传佛教中影响最大的一个分支一样。而前弘期藏族史家很快能将"只履西归"这样的典型的汉文化母题,如此天衣无缝地运用到他们自己的宗教历史叙事中去,这本身即说明,古代汉藏两个民族文化间之融合的深度,远远超出了我们的想象。

再如,《风化成典》中对曾被陈寅恪先生与玄奘大师相提并论、誉为"一代文化托命之人"的大译师法成的事迹及其象征意义,作了自成一家之言的表述。法成,藏名'Gos Chos grub,是吐蕃占领敦煌时代兼通汉藏的著名大译师,今存汉藏文大藏经中,都保存有许多他翻译的佛教经论。他曾将汉文的《金光明经》《楞迦经》《贤愚经》等著名佛典翻译成藏文,又将《般若波罗蜜多心经》《诸心母陀罗尼经》等佛经从藏文译成了汉文,不管是汉译藏,还是藏译汉,其译文的质量都丝毫不让罗什、奘公。此公究属何许人也?中国的藏学家相信他是出自西藏贵族'Gos氏（译为管氏或桂氏）之家的藏族译师，而日本及西方学者则多半相信他是汉人法师吴法成，与敦煌藏经洞中有立像的那位洪辩法师是一家人。或许我们永远也说不清楚法成到底是汉人还是藏人，但他的曾经存在却清楚地告诉我们，汉藏两种文化传统之间有着切割不断的紧密联系。

还有，《风化成典》中对元朝西藏与蒙古、汉、西夏、畏兀儿等民族间的政治和文化关系，均有专章的论述，其中提到了宋朝末代皇帝被蒙古人送往萨迦，最后成为一位藏传佛教高僧的故事。这个故事听起来匪夷所思，但绝非小说家言，这位"天尊"用藏文写成的著作至今保留在藏传佛典中。实际上，这个故事不过是蒙元时代多元文化互动的一个缩影。早在蒙古入主中原以前，藏传佛教已经在居住于中国西北地区的畏兀儿和西夏人中间传播，萨迦班智达和八思巴帝师与蒙古王子阔端成功结盟，这不但使西藏在政治上成为蒙元王朝的一部分，而且亦使藏传佛教文化迅速在蒙古和汉人中间广泛传播，成为元朝文化的一个标志性特征。有元一代，西藏喇嘛成了帝师，久居京城和内地传法的喇嘛不计其数，而因各种原因被送往吐蕃的汉、蒙古、西夏、畏兀儿人也为数不少。认识这段历史，对于我们今天正确地理解中华民族形成、发展的历史，以及构建中华民族的民族认同有深刻的启发意义。

《风化成典》一书中充满了这样的典故,其中有一些我们耳熟能详,但马丽华给其以我们不曾注意到的新意;其中有一些,我们闻所未闻,属于马丽华的"考古新发现"。通过马丽华对这些典故的描述和解释,一部借助藏学界最新研究成果、并将史学与文学完美结合而写成的好书就摆到了我们的面前。

四

我读马丽华已有近二十年的历史了,读了不少,获益良多。(图13-5)可是,不管读她的什么著作,其实我都是从一位学者,特别是一位历史学家的角度出发,把马丽华当成一位文化学者来读的。对马丽华绝不应该只有这么一种读法。马丽华还是一位出色的小说家,浪漫的诗人,有成就的旅行家,优秀的摄影师,有爱心且有责任感的社会、人文学者和一位热爱西藏、热爱生活的普通人,如果你正好也是一位小说家、诗人、旅行家、摄影师、社会、人文学者,或者你同样是一位热爱西藏、热爱生活的普通人,那么你从马丽华那里一定能够读出那份只属于你自己的特殊感受,获得那份只属于你自己的启发和教益。

大家何不都来读读马丽华呢?!

原载《文景》2009年第4期

13 我读马丽华

图 13-5 笔者与马丽华的合影

14
"汉藏佛学研究丛书"编辑缘起

一

对世界佛学研究现状稍有了解的人都知道,当代佛学研究领域内最有人气、最有成就的一个分支是"印藏佛学研究"。佛教虽然起源于印度,可是印度佛教早在13世纪初就已消亡,用梵文记录的大乘佛典保存下来的不多,所以重构印度佛教及其历史绝无可能仅仅依靠印度本土的资料来完成。而藏传佛教包罗了印度佛教的所有传统,其密教修法更远远超越了印度原有的传统。对藏传佛教的研究可以被用来复原、重构已经失落了的印度佛教传统,所以当今世界佛学研究即以印藏佛学研究为主流。

千余年来,藏传佛教备受外人误解、歪曲。东西方人都曾称其为"喇嘛教",诬其为"妖术""鬼教"。事实上,藏传佛教之三藏、四续深妙不可测,乃现存所有佛教传统中的奇葩。从文献学的角度来看,藏文大藏经收录了4 569部佛典,包含了绝大部分印度佛典,特别是后期大乘佛典的完整翻译。藏文本身乃参照梵文人工制定的书面语言,语法和构词方式贴近梵文。早在9世纪初,吐蕃译经高僧就专门编制了正字法字典和语汇手册《翻译名义大集》,确保了书面语言的规范化。藏文佛经翻译常有流亡的印度学问僧加入,使其质量得到了可靠的保证。所以,藏文成了今天研究印度佛教者必须掌握的语言工具,人们通过藏文翻译来重构梵文原典,理解佛教原典的微言大义。从佛教教义的角度来看,西藏历史上出现了一大批杰出的佛教学者,如俄译师罗丹喜饶、萨迦班智达、布敦、隆钦饶绛巴、宗喀巴等,他们于阐发印度佛教教义,特别是在因明、唯识和中观哲学上取得的成就,决不逊色于任何汉传佛教的高僧大德。对他们的著作的研究有助于我们更深入地理解印度佛学原理。再从藏传佛教最显著的特征,即其密教传统来看,西藏人以此为丰富世界文明作出了最大和最特殊的贡献。见于现存藏传佛教文献中的五花八门的藏传佛教密修仪轨是重构印度古老的密教传统的最重要的资源,只有对藏传密教作深入的研究,才有可能将古老的印度密教传统的真面目揭示出来。

所有这些构成了"印藏佛学研究"形成和发展的基础。将印度佛教和西藏佛教作为一个整体研究，追溯其根源、观察其流变，无疑是佛学研究应当采取的正确方向。

二

可是，"印藏佛学研究"的绝对强势，导致了人们对另一个本该受到同等重视的学科，即"汉藏佛学研究"的忽略。将汉传佛教研究与印藏佛教研究割裂开来是目前国际佛教研究的一大缺陷。事实上，印藏佛学研究的进步离不开汉文佛典和汉传佛教研究的帮助。汉译佛典的出现远早于现存的大部分梵文和藏文佛教文献，早期汉译佛经是研究大乘佛教之形成和佛典形成、发展历史的最主要的资料。到7世纪的玄奘，汉传佛教差不多已经完成了汉译佛经的主要工程，大乘佛教的基本经典早都已经不止一次地被翻译成汉文。而此时佛教才刚刚开始传入吐蕃，专为译经而造的藏文也才刚刚开始使用。数量上汉文大藏经远少于藏文大藏经，但它不但包含较多的早期资料，而且其原本中多有来自西域的"胡本"，反映出别开生面的西域佛教特色；总之，汉译佛经对于研究大乘佛教之成立的价值是无可替代的。即使从事印藏佛教研究，我们也必须从汉传佛教中汲取滋养。

当然，我们倡导汉藏佛学研究绝不是要将汉传佛教研究整合到印藏佛教研究这一业已成熟的学科中去，而是要将汉藏佛学研究作为一门独立的学科来建设。我们深信汉藏佛学研究不但能对印度佛教研究的深入提供极大的帮助，而且它将极大地推动汉传、藏传佛教研究本身的进步。从文献学的角度来看，藏传佛教经典中有大量不见于汉传佛教中的文献。其中最多的是属于密乘的续典和与其相关的仪轨和论书。密宗于印度的流行开始于8世纪之后，此时汉传佛教的译经高峰早已过去，各大教派业已定型，此前传入汉地的密教以《大日经》《金刚顶经》为中心内容，属于早期密教之事部、行部和瑜伽部的修法，而属于无上瑜伽部的密集、胜乐、喜金刚和时轮等修法当时没有流传到汉地。后来宋代著名译师施护等人亦曾致力于无上瑜伽密续的翻译，但由于译文品质极差，其中关涉实修的内容又常遭删减，故很难为佛教行者理解，影响极其有限。与此相反，无上瑜伽密修习却成了藏传佛教后弘期的主流，西番新译密咒的主要内容就是无上瑜伽密续典和仪轨。要了解、研究和修习无上瑜伽密，汉文大藏经并不能为我们提供很多的帮助，我们唯一可以依赖的是藏文大藏经。

从佛教义理这个角度来看，由于印度中观哲学大师月称、寂天和因明学大师法称都是在玄奘以后才出现的，故其所造宏论大部分没有被译成汉语,见于藏译的中观和量学部释论有二百余部之多,其中绝大部分没有相应的汉译本,中观哲学和因明量学没能在汉传佛教中兴盛自可逆料。然而,上述诸大师的哲学思想在藏传佛教中的前弘期就经寂护菩萨和莲花戒师徒传入而立为正宗,到后弘期又经阿底峡大师推而广之,后再经萨班和宗喀巴等本土大师的阐发,遂成藏传佛教哲学义理中最具特色的内容。于此我们即可看出汉、藏佛教间的异同和藏传佛教较之汉传佛教的殊胜之处。

鉴于汉藏佛教之间的上述不同,汉藏佛学研究的一项重要内容应该是从语文学和文献学角度对汉、藏佛教文献本身进行对勘、研究。佛学研究发展到了今天,却依然未能解决佛经文本的准确性和可靠性问题。要使佛学研究建立在一个扎实、可靠的文献基础之上,我们首先应该下工夫厘定佛经翻译的文本。在梵文原典所剩无几的情况下,对勘汉、藏文佛经无疑是揭示汉、藏文译文中出现的种种纰漏,厘定汉、藏文译本的唯一可取的道路。汉、藏译佛典二者的翻译质量有很大的差别,相对而言藏文佛典的质量要高于汉文藏经,可用做厘定汉译佛经文本的参照,通过二者的对勘来订正汉译佛经中出现的明显疏误。但是,藏译佛经也并非篇篇珠玑,译文质量因人而异。在千余年的流传过程中,也出现了种种版本学上的问题,仅仅依靠藏文佛经本身的对勘难以解决问题，同样必须依靠梵文原典或者相应的汉文译本为参照而订正错误。而且，尽管汉译佛经对译同一梵文词汇所用译语往往缺乏一致性，但这种不统一性有时比机械的统一更有助于我们了解译者对其所译佛经的理解。汉译佛经中有时还会插入人称"中国撰述"的东西，乃译者译经时从中国的思想和文化背景出发对其所译内容作的讨论，对汉传佛教思想的研究有很大的帮助。

此外，汉藏佛经的对勘还有助于我们正确地理解汉文佛经这一种特殊类型的古代汉语文献。汉语佛典是从与古代汉语言、文字习惯迥然不同的印度古典佛教语言梵文或其他西域古文献中翻译过来的一种非常特殊的古汉语文献，其中出现了许多特殊的新创和口语词汇，亦出现了许多与古代汉语文献行文习惯非常不一致的鲜见的语法现象。对于缺乏佛学背景知识和不习惯于阅读佛学文献的人来说，阅读和理解汉文佛教文献绝不是一件容易的事情。要切实有效地解决汉译佛典之新创词汇和特殊语法现象的理解问题，必须将早期汉译佛典与同一经典的现存的梵语、巴利语、藏语等文本进行对比，在吸收汉学与印度学、佛教学、藏学等方面的成果的基础上，对每一部早期汉译佛典中的词汇、语法进行研究。

三

应该说汉藏佛学研究是一门学术门槛比较高的学问,从事这门学术研究的人至少应该兼通汉藏语,并具备必要的梵文知识和佛学素养。与此同时,汉藏佛学研究也是一门非常具有现实意义的学问,它有助于汉藏两个民族加深了解他们之间文化交流和融合的历史,促进他们在宗教和文化上的相互理解,培养和建立起他们在文化和情感上的亲和力。

汉藏两个民族间的文化交流源远流长,汉藏佛教之间你中有我、我中有你。藏传佛教并不只是源于印度佛教,汉传佛教对其传统的形成同样有过巨大的影响。按照西藏人自己的历史传统,佛教是在吐蕃赞普松赞干布时期分别通过其迎娶的尼婆罗公主和大唐文成公主两位妃子传入吐蕃的。文成公主居藏时期,既有大唐往印度求法途经吐蕃的汉僧往还,亦有就在吐蕃传法、译经的和尚常住。8世纪下半叶是吐蕃王国的全盛时期,亦是汉藏佛教交流的黄金时期。当时曾出现过像法成这样兼通藏汉的大译师,为数不少的汉、藏文佛经于此时分别被译成了藏、汉文。尤其为人称道的是,汉地的禅宗曾于此时传到了吐蕃,且深受吐蕃信众的喜爱,几乎所有重要的早期禅宗经典都曾被译成藏文。不幸的是,随着8世纪末"吐蕃僧诤"的发生、9世纪中朗达磨的灭佛,以及后弘期藏族史家对"吐蕃僧诤"这一事件之历史传统的建构,汉藏佛教之间的交流趋于停顿。但"和尚"的影子事实上从没有在藏传佛教中消失,不管是宁玛派的大圆满法,还是噶举派的大手印法,其中都有汉地禅宗教法的影响。自11世纪初,藏传密教开始通过中央欧亚的西夏、回鹘等民族在汉人中间传播,到了蒙元王朝,藏传密教更进一步深入到中原腹地,汉、藏高僧亦曾合作进行过勘同汉、藏法宝(佛经)这样的大工程。此后明清两代的皇帝亦多半对藏传密教情有独钟,直到近代,藏传佛教一直是汉传佛教中一个醒目的外来成分。

总而言之,汉藏两种佛教传统间有千丝万缕的联系,对这两种佛教传统的研究作人为的割裂有悖历史真实和学术理路。

令人遗憾的是,今人往往以为汉藏佛教风马牛不相及,不但很少有人注意汉传与藏传佛教之间紧密的历史联系,而且还曾有相互妖魔化的倾向。我们将系统梳理汉藏佛教交流史作为汉藏佛学研究的一项重要内容,目的就在于提醒世人不要忘记过去。哲人有云,读史使人明智,历史的教训可以帮助我们理智地去面对和处理今天的问题。

四

尽管汉藏佛学研究今天还是一门受冷落的学问，可对它的追求早已倾注了好几代人的梦想。20世纪二三十年代流亡中国的爱沙尼亚男爵钢和泰先生就曾发愿要同时利用印、藏、汉、蒙等文字的佛教文献，并借助在北京的藏、汉、蒙古僧众口传的活的传统来重建在印度已经消亡了的大乘佛教传统。他在北京建立的汉印研究所曾得到蔡元培、梁启超、胡适等著名中国学者的支持，聚集了包括陈寅恪、于道泉、林藜光等一批兼通梵、藏、汉的优秀中国学者。（图14-1）其中陈寅恪先生海归前亦曾有过对勘汉藏佛经的宏愿，海归后世事多舛，未曾如愿；而林藜光先生此后远赴巴黎，对勘汉藏佛经，成绩斐然，可竟然没有等到海归的那一天就命殒第二次世界大战后的法都。此后由于敦煌汉传禅宗佛教的古汉、藏文文献的发现，激发了世界各国汉、藏佛教学者对汉传禅宗教法于吐蕃传播的历史的浓厚兴趣，汉藏佛学研究于20世纪下半叶一度相当的活跃。法国汉学家戴密微先生于1952年出版的大作《吐蕃僧诤记》被人称为"当代欧洲佛学、汉学的最高权威"。可是这样的气氛自20世纪90年代以来已不复存在，汉传佛教和藏传佛教的研究又重归河水不犯井水的局面。我们今天再提汉藏佛学

14 "汉藏佛学研究丛书"编辑缘起

图14-1　藏学家于道泉(1901—1992)

研究，乃重拾中外几代学人的旧梦。

近年来，中国学术与国际接轨是人们常常谈起的一个话题。可是，尽管中国的佛学研究发展迅速，但由于印藏佛学研究的强势和中西佛教研究在学术方法上的差异，中国的佛学研究尚未能够在国际佛教学研究领域内发挥应有的主导作用。长期以来，从事汉传佛教研究的学者多半从中国古代思想史、社会史的角度来研究汉传佛教，而很少将它与印、藏佛教联系起来研究，佛教征服中国的历史似乎仅仅是佛教汉化的历史。从研究方法上看，汉传佛教的研究偏重于讨论佛学义理及其与儒、道等汉族传统哲学思想间的涵化，善于作哲学史、思想史式的研究，而印藏佛教研究，特别是欧洲传统的佛学研究注重文献，以语文学研究为主流。这种方法上的差异无疑是造成今日印藏佛学研究与汉传佛教研究两个领域在学术上难以接轨的一个重要原因。打破这种局面的一个有效途径就是鼓励开展汉藏佛学研究，因为从事汉藏佛学比较研究，中国学者既具有西方学者不可企及的语言、文献优势，同时我们也要较多地侧重于运用西方学术传统中的语文学和文献学的方法。总而言之，作汉藏佛学研究既保证我等中国学者能够扬长避短，有望在较短的时间内作出令人瞩目的成绩，也可推动我们尽快地在佛学研究领域内与国际学术顺利接轨，何乐而不为呢？

五

我虽身本江南汉蛮,心却似雪域黑头,二十余年间以阅读"梵天文字"、治"不中不西之学"为业,历经颠沛之苦,却也不改其乐。十年前,在我去往美国印第安纳大学布鲁明敦校区参加第八届国际藏学会会议途中,在印第安纳波里斯机场邂逅现任加拿大多伦多大学佛教学教授的邵兄颂雄先生,随后便应邀往多伦多拜谒海外佛学名宿、藏传佛教宁玛派传人谈锡永上师,结下了善缘,走上了日后专治汉藏佛学研究之正道。(图14-2)十年间,谈师于我,尊师善友,每次耳提面命,都令我如入法海、如沐春风。小子自知鲁钝,难堪重任,无奈谈师对我始终激励、扶持,且殷殷有所期待,令我不敢懈怠,更不敢轻言放弃。两年前我毅然海归,初衷之一就是要抓住良机,实现谈师培养青年学子,共襄振兴汉藏佛学盛举之夙愿,以回报尊师隆恩。两年来,我勤勤恳恳,专心于授受、辩经和著作的藏式"学者三术",其中做得最认真的一件事情就是倡导汉藏佛学研究。两年多来,我逢人便说汉藏佛学,还连续两年煞费苦心地开了一门叫作《汉藏佛学研究专题》的课,讲课时以其昏昏,使人昭昭,可幸愿意继续跟我念书的几位同学全都以汉藏佛学为专攻。我的学生们亦有幸得到了谈师的重力支持,去

图14-2 谈锡永（1935—2024）

岁,谈师跋涉重洋,亲临北京授受、指导;今年谈师又透过视屏大转法轮,每周一次为他们演示佛教妙法大义;谈师还发起成立了"汉藏佛学研究基金会",以确保有志于从事汉藏佛学研究的青年学子衣食无忧,并受到最良好的教育和训练。自2006年秋日起,我供职的中国人民大学国学院和谈上师、颂雄兄主持的北美汉藏佛教研究协会合力,并在中国藏学研究中心的指导下,主办"汉藏佛学研究丛书",至今已出《汉藏佛教艺术研究》《圣入无分别总持经对勘与研究》《如来藏二谛见——不败尊者说如来藏》和《辨法法性论研究》(英文)四种专著,即将出版的有《梵藏汉妙吉祥真实名经对勘》《敦煌古藏文文献研究论集》《黑水城汉、藏、西夏文藏传密教文献研究》《大乘要道密集汉藏对勘研究》《四部宗义宝鬘释论》《汉藏佛教艺术研究》(二)六种专著。(图14-3)我们主办这套丛书的目的在于打破汉、藏佛学研究间的此疆彼界,使汉藏佛学研究与印藏佛学研究一样成为当代佛学研究的主流,并团结海内外有志于汉藏佛学研究诸同好,共同营造汉藏佛学研究的繁荣。与此同时,十年来师资之远大理想、师友之深情厚谊亦因此而得以伸张,岂不快哉!是为缘起。

原载《文景》2008年第6期

寻找香格里拉

中国人民大学国学院 主办
北美汉藏佛学研究协会

汉藏佛教艺术研究
STUDIES IN SINO-TIBETAN BUDDHIST ART

第二届西藏考古与艺术
国际学术研讨会论文集
谢继胜 沈卫荣 廖旸 ○主编

中国藏学出版社

图14-3 2006年10月，汉藏佛学研究丛书之第一种《汉藏佛教艺术研究——第二届西藏考古与艺术国际学术研讨会论文集》出版

15
说汉藏交融与民族认同

一

因缘际会,我有幸参与了《汉藏交融——金铜佛像集萃》[1]一书的编撰、翻译和编辑工作。两年多来,我在冯其庸先生、屈全绳将军等师长们的关照下学习、工作,不但增长了见识,还收获了浓厚的师友情谊。今天,当这部熠熠生辉的大书终于摆到我面前的时候,惊喜和感动一齐涌上心头。读书人每天和书打交道,平生所见最多的东西就是书,可是像《汉藏交融》这样大气、豪华的煌煌巨著,却也难得一见。这部大书内容丰富、图文绚丽、色彩逼真、形制精美,怎么看都觉得它赏心悦目,不同凡响。作为这样一部集学术、艺术、鉴赏于一身的大

---

[1] 北京:中华书局,2009年。

书的编撰者之一,我与有荣焉,何其幸哉!

编著《汉藏交融》一书原本是为北京东方瑰宝公司李巍先生私人鉴藏的近千尊金铜佛像选编一份图录。选编过程中,汉藏两种佛教传统和艺术风格水乳交融的特点给我留下了极为深刻的印象,我深感如果不把汉藏佛教交融的历史研究、交代清楚,我们就根本无法说清和评估李巍先生三十年来呕心沥血所收藏的这批金铜佛像的意义和价值。而对这批金铜佛像的深入研究又使我们对汉藏两种艺术风格相互渗透和交融的历史有了更加深刻的体会。李巍先生的藏品为汉藏佛教艺术史研究提供了难得的新资料,对它们的描述和研究本身就可成为一部优秀的汉藏佛教艺术研究作品。于是,我们决定将这批金铜佛像放回到明清时代汉藏佛教交流这一大背景之中,将对每一件藏品的精致、仔细的个案研究与汉藏佛教交流史的宏大叙事联系起来。所以,今天摆在我们面前的这部《汉藏交融——金铜佛像集萃》绝对不是一部简单的藏品图录,而是一部高质量的汉藏佛教艺术研究著作。

《汉藏交融》主要分成两大部分。它的第一部分是论述部分,由笔者的专论《汉藏佛学交流和汉藏佛教艺术研究》和王家鹏先生的总论《甘青地区民间藏传佛像新发现》组成。前文概述自吐蕃至民国上下近一千四百年间汉藏佛教交融的历史过程,特别是对汉藏佛教造像艺术的交融作了历史的描述,为确定李巍先生珍藏的这批金铜佛像于汉藏佛教交流史上的意义和价值作了宏观的把握。后文则通过对这批金铜佛像的艺术风格、题材、工艺、印文和题款(识)等内容的仔细分辨、比对和研究,并参照见于布达拉宫、故宫博物院等地的同类藏品,大致确定了这批原为甘、青地区民间收藏品的金铜佛像的生产年代、地点、系属、工艺技术和风格特征等,对它们作为文物和佛教艺术品的意义和价值作了微观的界定。本书的第二部分是图版,编者从李巍先生珍藏的近千尊金铜佛像中精选了最珍贵和最有代表性的九十九尊佛像,将它们细分成多元艺术风格、明宫廷艺术风格和清宫廷艺术风格三种不同类型,以专业的佛教图像学描述方法,对每尊佛像的名称、形制、尺寸、题材、工艺、风格、题款、法器、饰物及其象征意义等作了简明扼要的说明。这九十九尊佛像包括各种类型的诸佛、菩萨、护法、空行、祖师和成道者的尊像,对它们的图像学描绘集中起来就是一部不可多得的佛教造像学教材。这样的著作国际上有瑞士学者Ulrich von Schroeder先生的巨著《西藏的佛教雕塑》(*Buddhist Sculptures in Tibet*, HongKong: Visual Dharma Publications, 2001)一书,而国内迄今没有见到可与之相媲美的巨著,《汉藏交融》一书的出版终于弥补了这一缺憾。值得一提的是，《汉藏交融》一书为汉英双语著作，虽然英文部分较汉文部分稍略，但基本内容一致，这在国内学术著作中尚不多见。它既显示中国学术之国际化已取得辉煌成就，也为这部大书走向世界、进入世界学术和艺术流通市场提供了可靠的保证。

二

其实，对于汉藏佛教艺术，特别是金铜佛像，我是十足的外行。但对汉藏交融，我是念兹在兹。小时候，听着《北京的金山上》和《翻身农奴把歌唱》等歌曲，我和广大藏族儿童一样，遥望北京天安门，深情歌唱我们伟大的祖国。长大后，造化弄人，西藏研究成了我这位江南人毕生追求的事业，不管身在何处，西藏的山山水水、西藏的经文简牍、西藏的像塔寺庙始终是我生活中的重要内容。二十余年来，我勤勤恳恳地学习西藏语文，孜孜不倦地阅读藏文典籍，一丝不苟地研究西藏的历史和宗教。吾生有涯而学无涯，今日年近半百，学无所成，我所不懈追求的目标依然是如何正确理解甚深广大的藏传佛教文化，但汉藏交融对我来说则早已是一个常识。汉藏两种文化对我个人的成长都有过巨大的影响，虽然我对它们的了解同样的一知半解。对汉藏两种文化交流的历史了解、研究越深入，

15 说汉藏交融与民族认同

我们就越发感受到汉藏两种文化传统的互相渗透是如何的深刻和不可分离。

遗憾的是,我深信不疑的这个事实却并没有完全为世人所了解和认同。记得20世纪90年代初我到德国留学攻读藏学博士学位时,竟然有人怀疑我留德专攻藏学动机不纯,或另有使命;十年后,我在德国大学代理藏学教席,当时依然有人质疑德国大学的藏学教席何以由一位汉人担当?听来匪夷所思。在这类奇怪的疑问背后实际上隐藏着这样的一个事实:后现代的西方人将西藏理想化为一个精神的乌托邦,或者说香格里拉,而同时将China(在他们看来是一个汉人的国家)编排成了一个与西藏完全对立的"异托邦"。乌托邦是一个莫须有的地方,就像香格里拉在英文词典中的定义是"一个不为人知的地方"一样,它表现的是与现实社会完全相反的、理想化了的一种完美形式。而与它相对立的"他者空间",则是一个与乌托邦形成对立、甚至倒置的完全另类的地方。它与乌托邦中的完美形成强烈的对比,故称"异托邦"。西藏即是当今西方人心中的乌托邦,代表了人们所能想见的一切美好,而China则正是与它形成强烈对立、对照的"异托邦",代表了一切与美好相反的东西。所以毫不奇怪,在西方人眼中,我等汉人只能是西藏文化的杀手,汉藏文化是两股道上跑的车,走的不是一条路。与西藏远隔千山万水的西方世界，从此成了西藏的精神近邻，曾经是侵略殖民者的西方人，脱胎换骨成了西藏文化的大救星。而千余年来和藏族百姓紧邻相伴、文脉相通的汉人，却无厘头地成了摧残藏族文化的灾星。真是岂有此理！

二十余年前，中国的知识人，不管是汉族还是藏族，多半对自己的传统文化持十分激烈的批判态度，将它们视为阻碍社会进步、经济发展的巨大包袱，弃置如敝屣。今天，我们反其道而行之，传统文化成了你我的最爱。经济的繁荣、国家的昌盛让我们重新树立起了对民族文化的自信，传承、弘扬民族文化成了我们不可推卸的职责和使命。而随着全球化逐渐成为不可阻挡的大趋势，各民族的民族文化实际上都面临着前所未有的存亡危机。界定和构建我们的民族和文化认同自然而然地成为人们必须常常思考和讨论的一个重要问题。毋庸置疑，一切建构自己的民族认同、鼓励民族和文化自觉的努力，都对保存和光大本民族的文化传统有积极的推动作用。对于一个弱小民族而言，构建它的民族和文化认同甚至与它作为一个民族或者说族群的生死存亡都有直接的关联。可是，这样的努力如果引导不当，往往也会走向它的反面，引出一系列负面的、甚至灾难性的后果。对民族文化、传统的过分渲染，对民族认同、文化自觉的过分执着，很容易转化成激进、狭隘和非理性的民族主义。而带着强烈的民族主义情绪构建出来的民族和文化认同多半是一个"想象的共同体"、一个莫须有的乌托邦。那些被用来和他民族作区分的民族性格和文化传统也多半是人为的创造物。为了构建自己民族的认同，人们往往对不同文化传统中那些相通、相同的部分视而不见，却十分执着地专注于发掘两种文化中的相异和不同之处。如果民族和文化认同的维持是建立在求异、而不是求同的基础之上，那么它必将成为社会中的一股分裂势力（a divisive force）。有鉴于此，在积极构建汉藏两个民族各自的民族和文化认同，传承和弘扬汉藏两个民族的传统文化的同时，我们理应对这两种传统文化中那些互相交融、和谐共通的部分予以更多的关注，而不应该斤斤于那些历史上以讹传讹流传下来的传统，或者那些晚近才被人为地构建出来的差别而无法释怀。求同存异，方为正道！

三

汉藏文化从来就不是两股道上跑的车，两个民族走的常常是一条路。今天或许有人会对"汉藏同宗同源"的说法很不以为然，但美国最有成就的汉藏语言学家Christopher Beckwith先生近年曾发表鸿文指出，古汉语文献中"吐蕃"两个字原本的音读就是"发羌"，可见人类学家王明珂先生将他研究羌族历史源流的名著题名为《羌在汉藏之间》确实是很有见地的，或许更确切的表达还应该是"羌在汉藏中间"。（图15-1）至少在今天的汉族和藏族人身上一定都还流着古代羌人的血液。

汉藏是否同宗同源暂且不论，汉藏文化交融源远流长则是无可争辩的事实。尽管汉族和藏族都有酷爱写史的传统，但至今没有人能够说清楚汉藏之间的文化交流到底是从什么时候开始的。后世藏文史书中说，早在吐蕃第一位赞普松赞干布的父亲囊日松赞在世的时候，许多汉地的历算、占卜和医学著作就已经被翻译并流传到了吐蕃，可按照传统的说法，藏文书面语是松赞干布时期才创立的。而藏族传统使用的占卜方式确实与汉地的九宫、八卦有着直接的渊源关系，汉地的"河图""洛书"，以及阴阳五行之说，也很早就已经渗入西藏文化之中，可见藏族史家的说法绝非无中生有。文成公主入藏缔结的不只是一段政治婚姻，它完成的更是一次文化之旅。随文成公主入藏的释迦牟尼像成了西藏最神圣的佛像，今天依然供奉在拉萨大昭寺内供人顶礼膜拜。随公主入藏的和尚们不只是把汉地饮茶的习俗传到了吐蕃，更将汉地的佛法带到了雪域。汉传佛教不但是藏传佛教的两大来源之一，而且汉传的禅宗教法一度是吐蕃最受欢迎的佛法，从敦煌发现的古藏文文献中我们几乎可以见到所有早期重要禅宗文献的藏文翻译。差不多是当今最受

15 说汉藏交融与民族认同

图 15-1 王明珂著《羌在汉藏之间》

西方人欢迎的两种藏传密法,即宁玛派的"大圆满法"和噶举派的"大手印法",按照萨迦派和格鲁派上师们的说法,它们根本就不是从印度传来的正法,而是汉地和尚摩诃衍所传的"万应妙法"。中外学者们至今还在争论那位被陈寅恪先生称为"吐蕃之奘公"的大译师法成到底应该是汉人吴和尚,还是藏人管法成,他翻译的汉文和藏文佛经都是那么的完美无瑕,很难想象它们有可能出自一位外族译师之手。应该说,法成就是吐蕃时代汉藏文化交融的产物和象征,对他来说,汉藏一家。

当然从汉地传到吐蕃的远不只是佛法,从松赞干布时代开始,吐蕃就常"遣诸豪子弟入国学,习《诗》《书》,又请儒者典书疏"。大量汉文经典在这个时候被翻译成藏文,开始在吐蕃广为流传。在敦煌古藏文文献中我们发现了《尚书》《战国策》《史记》等汉文经典的藏译残本,还有像《孔子项托相问书》《蚁穿九曲明珠》这样属小说家言的汉地故事居然也为吐蕃藏人所熟知,后者还被十分巧妙地搬到了吐蕃请婚大使禄东赞的头上,要不是禄东赞善用汉人之道还治汉人之身,他能否不辱使命、为赞普请得大唐公主还很难说。吐蕃藏人吸收汉文化之早、其汉文化修养之高,我们还可从以下一个例子中见其一斑。在迄今所见成书最早的古藏文文献《敦煌本吐蕃历史文书》中,我们不无惊讶地发现:出于《史记·平原君列传》中

"毛遂自荐"的故事,即平原君和毛遂有关"锥处囊中,脱颖而出"的对话,竟然被天衣无缝地嫁接到了松赞干布之父囊日松赞和其大臣参哥米钦的头上。像"毛遂自荐"这样的典故,差不多可以被列为汉族的"文化密码"了,可它竟然被藏族作家信手拈来、还运用得如此得心应手,令我们叹为观止,古代汉藏文明交融程度之深已经远远超出了我们的想象。吐蕃从7世纪中才创立文字,其后不足两百年间发展出了一个十分成熟的文字文化传统,留下了数量巨大的不同类型的古藏文文献。毫无疑问,对汉文化的学习和吸收曾经是藏族文字文化飞速发展的一大推动力。

汉藏交融自然不可能是一条狭窄的单行道,而是一条双行、甚至多向的通衢大道。大家或许难以相信,直到12世纪初,今天属于新疆的和阗(于阗)地区使用的官方语言还是藏语,大概到14世纪中期维吾尔族的先人回鹘人信仰的还是藏传佛教。大致从8世纪中期到9世纪中期,吐蕃曾在以今天中国的西北和新疆为中心的广大地区建立了一个横跨欧亚的大帝国。吐蕃的语言、宗教和文化在这一地区产生了巨大和持久的影响。作为东西文明交汇点的丝路明珠——敦煌就曾经是藏传佛教相当兴盛的一个集散地,即使藏传佛教在其本土遭受法难、一蹶不振时,它在敦煌地区依旧蓬勃发展,藏传佛教于后弘期的复兴也得力于此。而从11世纪开始，藏传佛教便向藏外流传，从西向东不断深入。今天中国的西北和新疆地区，伊斯兰教占绝对的优势，可在11世纪到14世纪，藏传佛教曾经是这一地区占主导地位的宗教形式，吐鲁番出土的回鹘文文献中出现的大量藏传佛教文献表明，回鹘人不但曾经信仰藏传佛教，而且还在藏传佛教于西夏和蒙古人中间传播的过程中起了桥梁的作用。从黑水城文献中见到的大量汉译藏传密教文献中可以看出，以密教为主的藏传佛教在西夏、蒙元时代已经在西夏、蒙古和汉族等不同民族中间得到了极为广泛的传播。

到了元朝，番僧竟然坐上了帝师的交椅，大黑天神更成了国家的护法，面目狰狞的念怒本尊像耸立在风光旖旎的江南水乡胜境之中。蒙古人做了近百年的元朝皇帝，并没有被满朝饱学的儒士改造成为满口之乎者也的孔孟之徒，却被几位番僧"调唆"成了相信神通、魔术的藏传佛教徒，乃至藏传佛教后来成了蒙古民族的全民信仰。元朝末年，曾有汉族士人十分夸张地称蒙古入主中原使"中国一变为夷狄"，而番僧用妖术调唆蒙古皇帝，又使"夷狄一变为禽兽"，将导致元朝速亡这一盆脏水全都泼在了几个番僧的头上，这显然有失公允。有意思的是，明朝的汉人皇帝对藏传佛教的信仰与被他们赶跑的蒙古皇帝相比有过之而无不及，难以计数的喇嘛被大明朝廷授封

15 说汉藏交融与民族认同

"法王""教王""国师""西天佛子"等尊号，北京的一座藏传佛教寺院内有时竟容纳了上千名喇嘛。雄才大略如永乐皇帝也曾邀请五世噶玛巴活佛大宝法王在南京灵谷寺举办了被后人称为"南京奇迹"的藏传大法会，还亲任大施主，在南京刻印了西藏历史上第一部《藏文大藏经》。（图15-2）明代不仅宫内常常举办跳布咤舞等藏传佛事，大户人家婚丧喜事延请喇嘛诵经念咒也已成为惯例，藏传密教的欢喜佛像在江南古董、文物市场上也成了炙手可热的抢手货。而满族人在入关以前就已经开始接触藏传佛教，信仰大黑天神。（图15-3）大清皇帝同样优礼番僧，拜喇嘛为国师，热情支持藏传佛教于内地的传播，还积极推动汉、藏、满、蒙佛经的翻译和刻印工程。号称"十全老人"的乾隆皇帝更以文殊菩萨自居，为其能读藏经、念梵咒而洋洋自得，他不但在热河（承德）和北京香山分别建造了以班禅祖庙扎什伦布寺为模样的须弥福寿庙和宗境大昭庙，还在宫中修梵华楼等多处私庙，作为自己修持藏传密教的场所。清代民间修藏传密法者也大有人在，从元朝宫廷流出的藏传密法法本不但在清宫内继续流传，而且也开始在民间流通。大名鼎鼎的大学士钱谦益先生家中就曾秘藏多种藏传密法的法本，传说还曾和他一样大名鼎鼎的柳如是女士合修过这些不可为外人道的秘密喜乐之法。可见，藏传密法业已落户清朝一代汉族大

图15-2 噶玛巴为明太祖荐福图场景之一　图15-3　胜乐金刚与其眷属

儒的私家之中。

　　以上这段回眸式的叙述或失之简单，但已足以说明汉藏两种文化传统在过去近一千四百年的交往过程中，互相吸收、互相渗透，达到了难分彼此的程度。汉藏交融，名至实归。不仅如此，回鹘、西夏、蒙古和满洲等其他许多民族也都曾经在汉藏文化交流、融合的过程中扮演了各自不同的重要角色。我们如果要分别界定汉族、藏族，以及其他各民族各自的民族和文化认同，就决不能无视这些文化之间互相关联、互相渗透的部分。任何一个有悠久传统的文化都不可能是一种性质单一的文化，而必然具有"跨文化性"（interculturality）。承认和积极地利用这种"跨文化性"将有益于增加民族文化的丰富性，提升民族文化的创造力，反之，只会导向狭隘的民族主义、盲目仇外和激进的原教旨主义等邪道，将民族文化引进死胡同。

四

　　不同文化之间的互相渗透、互相交流理应成为不同民族之间和谐共处、相互理解的基础。维持民族团结和融合最可靠的手段是在不同的民族之间建立起文化上的认同感和情感上的亲和关系。而揭示各民族文化间的共性，并说明它们的历史渊源，显然有利于这种认同感和亲和关系的建立。需要强调的是，民族文化间的交流和互动并不必定导向两个民族彼此间更多的了解和更好的理解。有时这种互动也常常会产生种种误解，乃至引发激烈的矛盾和冲突。有些误解是如此根深蒂固，它们会对民族文化间的进一步交流带来灾难性的后果。如果不揭示造成这种误解的根源，消除这种误解所带来的消极影响，民族文化间的真正融合就只能是镜中花、水中月，可望而不可得。

在近一千四百年间汉藏两种文化互动的历史过程中，它们之间的误解同样层出不穷，其中最具杀伤力的误解莫过于他们彼此对各自之宗教传统的误解。大家知道，藏传佛教长期被我们汉人称为"喇嘛教"。与英文lamaism一样，"喇嘛教"这个词包含有太多负面的言外之意。以前西方人称藏传佛教为lamaism，是因为他们觉得藏传佛教离印度正宗的原始佛教实在太远，它更像是一种原始的巫术，所以根本就不配叫做佛教，只能称为"喇嘛教"。现在西方人对藏传佛教的看法有了一百八十度的大转弯，认定藏传佛教是印度佛教最直接、最权威的传人，喇嘛是心灵的宇航员，所以决不允许别人继续将藏传佛教称为"喇嘛教"，并且理所当然地将我们汉人指责为这一名称的始作俑者。从时间上看，确实是我们汉人拥有"喇嘛教"这个词的最先发明权，它最早出现在明代万历年间，那时还没有西方人和西藏发生过直接的关系。与藏传佛教在元、明、清历朝宫廷内外大受欢迎形成鲜明对比的是，它在汉族士人间的形象却一直非常不堪。藏传佛教经常被人当做所谓"秘密法""方技""房中术"，或者"异端""鬼教"一类的东西，而没有被当做佛教正法而受到绝大多数汉族士人的认真对待。这种根深蒂固的误解来自元朝，元代汉族士人将番僧所传之法或描写成神通广大的魔术，或描写成以男女双修或者多修为主要内容的"秘密大喜乐法"。从此以后，藏传佛教就被打上了不可磨灭的"性"烙印，好事的无聊文人纷纷拿藏传佛教中的"性"来说事，将藏传密法与历朝末代皇帝宫廷内的"淫戏""房中术"混为一谈，而把藏传佛法之甚深密意一笔勾销。后人不全知道的是，元代汉族士人之所以将藏传密法描写成"淫戏"或"房中术"一类的妖法，甚至不全是因为误解，而是刻意地歪曲。处于外族统治之下的元代汉族士人，曾尝试从文化上进行反征服，希望将蒙古统治改变为汉族理想的孔孟之治；可是番僧在朝廷的得志，番僧所传秘密法在朝中的流行，都意味着他们的失败。于是，他们便把遭受外族在政治和文化上的压迫、打击所引起的痛苦和愤怒统统发泄到了番僧的头上，把番僧所传秘密法描写成了这等祸国殃民的妖术。从此，藏传佛教在主流汉文化世界中就成了不登大雅之堂的"喇嘛教"。

大家或许还不太清楚的是,汉传佛教在藏传佛教文化区内的命运实际上与藏传佛教在汉文化圈内的命运大致相同。在藏传佛教文献中,汉传佛教常常被称为"和尚之教",与汉文文献中的"喇嘛教"异曲同工。"和尚之教"通常与苯教并列为藏传佛教的两大异端之一,所以它根本就不被当成佛教。如前文所述,汉传佛教曾是藏传佛教的两大源头之一,汉地的禅宗佛教一度是吐蕃最受欢迎的佛法,何以汉传佛教最终竟被称为"和尚之教",并被摒除出了佛教世界呢?这与公元8世纪末在汉地和尚摩诃衍和印度上师莲花戒之间发生的"吐蕃僧诤"有关,确切地说,它与后世藏族史家对"吐蕃僧诤"这个事件之历史传统的建构有关。按照后世藏族史家的说法,8世纪晚期,和尚摩诃衍所传的顿悟之法受到了广大吐蕃僧众的热烈欢迎,势头之盛,激起了以传播渐悟之法的印度僧人及其支持者的不满和反抗,于是在吐蕃赞普的仲裁下,在以和尚摩诃衍为首的顿悟派和以莲花戒为首的渐悟派之间开展了一场激烈的宗教辩论,结果和尚摩诃衍败北,从此他所代表的汉传顿悟之法被逐出吐蕃,而莲花戒等印度法师所传的渐悟之法则成了吐蕃佛法之正宗。所以,后世所传的藏传佛教主流看起来与汉传佛教几乎没有关系,却与印度佛教有十分紧密的关系。这样的历史传统听起来似乎有理有据、合情合理,但稍一细究则发现这个说法是"传统之创造"（invention of tradition）的一个经典例子。从敦煌古藏、汉文文献中透出的信息来看，这个被说得有鼻子有眼睛的"吐蕃僧诤"或许根本就没发生过，很难想象一位汉地的和尚和一位印度的上师真有神通，可以克服语言的障碍，就如此高深的哲学问题展开面对面的辩论。（图15-4）这场诤论更可能是以书面问答的形式开展的，而胜方更可能是和尚摩诃衍。支持这种说法的还有成书于10世纪的一部重要的宁玛派判教类作品《禅定目炬》，书中明确判定汉传的顿门之法高于印度的渐门之法。藏族文化中关于"吐蕃僧诤"的传统形成于藏传佛教后弘期之初期，经历了朗达磨灭佛的劫难之后，藏传佛教前弘期留下的历史资料所剩无几，后弘期史家对前弘期历史的重构并没有扎实可靠的历史资料为凭据。被认为是后弘期第一部藏文史书的《巴协》根据莲花戒上师《修习次第》一书中留下的一面之词，虚构了"吐蕃僧诤"的历史场景，将莲花戒书中有关顿、渐之争的讨论敷衍成了和尚摩诃衍和莲花戒之间的直接对话。而以后的藏文史书多半照搬、重述《巴协》的这种既定说法，只是把和尚摩诃衍及其所传顿悟之法继续一步步地妖魔化，直到把摩诃衍说成谋害莲花戒的刽子手，把他所传的顿门法说成异端邪教的代名字为止。藏文史书中这一明显创造出来的历史传统给汉藏佛教的进一步交流带来了灾难性的

图15-4　戴密微著《吐蕃僧诤记》中文版

后果,如果摩诃衍和莲花戒之间果然发生过一场那样的诤论,它不失为一场高水准的跨文化对话,可正是由于藏族史家创造出了有关这场诤论的一个虚假的历史传统,这样的诤论便成为千古绝唱,汉藏之间的高水准交流从此停止。

由此可见,那些历史上以讹传讹流传下来的或者被人为地构建出来的传统可以对两个民族之间的文化交流和融合带来多么巨大的损害。要重开汉藏佛教之间的高水平对话,我们首先要抛弃"喇嘛教"和"和尚之教"这两种被人为创造出来的传统,消除它们带来的根深蒂固的消极影响。

五

西方人将西藏塑造成一个精神的、理想的乌托邦,而将China塑造成与之相对立的"异托邦",这显然是无视和歪曲了汉藏交融的历史和现状。我们回顾这段有声有色的历史的目的是要帮助我们两个民族更好地了解和理解对方的文化传统,建立起文化上相互的认同感和情感上的亲和关系。在这个全球化的时代,我们当然要担当起继承和复兴本民族传统文化的重任,但决不能无视本民族文化与他文化之间的"跨文化性",只有积极地承认和利用这种"跨文化性",我们的民族文化才能变得更加丰富、更具创造力,否则就一定会走上民族主义的独木桥。而像中国这样一个由众多的民族组成,具有多元、灿烂的民族文化的国家,其中每个民族的文化都和其他各民族的文化有着千丝万缕的联系,在界定各个民族的民族和文化认同的时候,我们无法与其他民族的历史和文化割裂开来。或许我们今天更应该同心协力来做的一件事是一起来构建包括所有五十六个民族在内的全体中国人的民族认同,构建一个属于全体中国人的中华民族的民族认同,使我们各民族优秀、灿烂的民族文化都成为我们中国人共同的精神家园的一个组成部分。只有这样,我们的民族才是最伟大的、最有力量的,我们的文化才是最丰富的、最有创造力的。

原载《读书》2010年第1期

16

写在《汉藏交融——金铜佛像集萃》出版之际

一

两年多前，蒙冯其庸先生、屈全绳将军厚爱，我应邀参与了《汉藏交融——金铜佛像集萃》一书的编写工作。（图16-1至16-4）两年多来，我和主编王家鹏先生时相砥砺、精诚合作，勉力完成这部大书的编撰、翻译和编辑工作，其间投注了很多时间和心力，但长了见识，收获了浓厚的师友情谊。今天，当这部熠熠生辉的大书终于摆到我面前的时候，惊喜和感动一齐涌上心头。读书人每天和书打交道，平生所见最多的东西就是书，可是像《汉藏交融》这样大气、豪华、美丽的大书，却也实在难得一见。不是自吹，这本书内容丰富、图文绚丽、色彩逼真、形制精美，怎么看都觉得它赏心悦目，不同凡响。作为这样一部集学术、艺术、鉴赏于一身的大书的编撰者之一，我与有荣焉，深感

寻找香格里拉

图16-1 《汉藏交融——金铜佛像集萃》书影

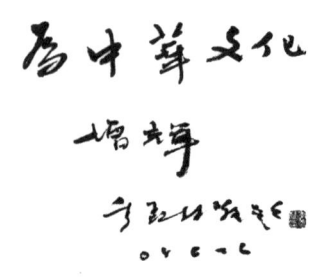

图16-2 季羡林先生为《汉藏交融——金铜佛像集萃》题词

16 写在《汉藏交融——金铜佛像集萃》出版之际

图 16-3 饶宗颐先生为《汉藏交融——金铜佛像集萃》题词

图 16-4 冯其庸先生为《汉藏交融——金铜佛像集萃》题词

荣幸！

编著《汉藏交融》一书原本是为北京东方瑰宝公司董事长李巍先生私人鉴藏的近千尊金铜佛像选编一份图录。李巍先生近三十年来，凭一己之力，从甘青藏族地区民间收藏中收集了数以千计的藏传佛教金铜佛像。他的这批收藏从数量上看大概是个人同类收藏中的世界之最了，走进他的藏品展示室就像是走进了一家金铜佛像专业博物馆一样，琳琅满目，美不胜收。近年来，李巍先生有意将他呕心沥血收藏的这些私人藏品陆续公之于众，以回馈国家和社会。今年年初，他曾将其藏品中的精品——二十四尊明清藏传佛教金铜佛像捐给了国家博物馆，它们将作为国家博物馆的特色收藏而在即将落成的国家博物馆新馆中永久展出。为了能让这批藏传佛教艺术珍品为更多的观众所了解和欣赏，并对这批藏品的文物和艺术价值有一个正确、清楚的评估，李巍先生曾多次邀集国内外顶级的专家、学者对它们进行仔细的观摩、鉴赏和分析，并邀请王家鹏先生和我一起为他的这批藏品选编一份图录。（图16-5）

对于作为佛教艺术品的金铜佛像，我实在是一个门外汉，不敢妄加置喙。但对于作为历史文物的金铜佛像，长期关注明清时代汉藏佛教文化交流史的我当然兴趣盎然，很想对它们的来龙去脉探个究竟。在选编这部图录的过程中，这批金

16 写在《汉藏交融——金铜佛像集萃》出版之际

图16-5 笔者与王尧、冯其庸等正在赏鉴金铜佛像

铜佛像所带有的汉藏两种佛教艺术风格水乳交融的特点是如此的明显，竟然也给我这位不懂艺术的历史学者留下了极为深刻和难忘的印象。以前，艺术史家们通常把明代出现的藏传佛教艺术品，特别是金铜佛像，一律贴上"汉藏佛教艺术"（Sino-Tibetan Buddhist Art）的标签，这无疑是正确的。但从李巍先生的这批藏品来看，"汉藏佛教艺术"这个名称的内涵还应细化，它实际上同时包含了深受汉地影响的藏传佛教艺术和深受西藏影响的汉传佛教艺术两个不同的传统，或应当分别用"汉藏佛教艺术"和"藏汉佛教艺术"两个不同的名称来表征汉藏佛教艺术交流的两个不同方向。其中"汉藏佛教艺术"指的是那些在西藏生产的佛教绘画和雕塑，其图像学特征表现出明显的藏传佛教传统，但同时反映出明显的汉传佛教艺术风格。而"藏汉佛教艺术"则指那些在汉地生产，但其图像特征和艺术风格带有明显的藏式影响的佛教艺术作品。"藏汉佛教艺术"传统事关图像学和艺术风格两个方面的融合，而"汉藏佛教艺术"传统则主要是两种艺术风格的合流。

李巍先生这批藏品之珍贵首先在于它为我们研究明清时期汉藏佛教艺术史提供了极为难得的新资料。以往对明清时代藏传佛教艺术史的研究，多半局限于对宫廷和藏地大寺院中所收藏的那些金铜佛像的研究,而对于那些流落于民间的金铜佛像所见不多,了解也很有限。世界上最早从事明清时代汉藏佛教艺术研究的是一位知名的英国藏学家、曾经的噶尔曼夫人、Heather Stoddard女士,她初版于20世纪70年代的著作《早期汉藏艺术》(*Early Sino-Tibetan Art*, Second Edition, Bangkok: Orchid Press, 2008)很长时间内是这个领域的唯一作品,其中涉及的早期汉藏佛教艺术品从数量到种类都极其有限。近年来,这种情况有了极大的改观,藏传佛教艺术史研究已经成为世界藏学研究领域内一个十分活跃和有成就的分支学科。就对金铜佛像的研究而言,中国学者对清朝宫廷内所藏汉藏佛教艺术品的研究取得了许多可喜的成就。其中罗文华先生的《龙袍与袈裟》[1]和王家鹏先生的《梵华楼》[2]就是研究清代汉藏佛教艺术的两部十分优秀的著作。此外,还有美国学者Patrricia Berger教授的《空的帝国:清代中国的佛教艺术和政治权威》(*Empire of Emptiness: Buddhist Art and Political Authority in Qing China*, University of Hawaii Press: 2003)一书也值得一提。但是,由于缺乏充分的实物资料,对于明清时代民间收藏汉藏佛教艺术品

---

1 北京:紫禁城出版社,2007。
2 四卷,北京:紫禁城出版社,2009。

的研究我们所见不多,至今未见有大作问世。

而李巍先生的私人收藏却一下子为我们提供了近千尊这样的作品,其数量之多已接近我们目前所能见到的同类作品的总和,可想而知,将它们公之于众,并对它们作高水准的学术处理将对明清藏传佛教艺术研究产生何等巨大的影响和推动。由于这批藏品不但数量巨大,而且种类繁多,仅对这些藏品作专业的图像学描述和对它们所表现出的艺术风格作艺术史式的勾画就足以成就一部优秀的明清时代汉藏佛教艺术研究的著作。更何况这批藏品的价值还远不止此,随着对它们的了解和研究的不断深入,我们对汉藏两种艺术风格相互渗透和交融这一特征的体会愈益深刻,进而促使我们对形成这种时代特征的具体的历史和文化背景产生了浓厚的兴趣。如果不把汉藏佛教交融的历史,特别是明清时代汉(满)、藏佛教交流和互动的历史研究、交代清楚,我们就根本无法说清和评估这批金铜佛像作为历史文物和佛教艺术珍品的意义和价值。而只有将这批金铜佛像放回到明清时代汉藏佛教交流这一大背景之中,将对每一件藏品的精致、仔细的个案研究与汉藏佛教交流史的宏大叙事联系起来,我们才能将一部藏品图录写成一部高质量的汉藏佛教艺术研究著作,写成一部有时代意义的汉藏佛教交流史。

二

《汉藏交融》一书分成两大部分，第一部分是论述部分，由笔者的专论《汉藏佛学交流和汉藏佛教艺术研究》和王家鹏先生的总论《甘青地区民间藏传佛像新发现》两篇长文组成。如前所述，对于艺术我是新手，对历史却是老兵了。近年来，我尤其关注汉藏文化交流史研究，希望汉藏两个民族间文化交融的历史经验能够成为我们今天构建中华民族的民族认同、共建各民族共同的精神家园的有益借鉴。李巍先生鉴藏的这批金铜佛像凸显出了汉藏两种艺术风格交融的特点，无疑是汉藏两个民族文化交流、交融的铁证。我所需要做的无非是要把它们语境化，即把这批金铜佛像放回到汉藏文化交流这个历史大背景中，把它们的制作、流传过程和形成其特殊艺术风格的前因后果统统揭示出来，为确定它们于汉藏佛教交流史上的意义和价值作宏观的把握。所以，我的专论《汉藏佛学交流和汉藏佛教艺术研究》对自吐蕃至民国上下近一千四百年间汉、藏佛教交融的历史过程，包括吐蕃时代汉文化在西藏的渗透，特别是汉传佛教的传入对藏传佛教的形成和发展所起的推动作用，和自11世纪开始藏传佛教由西向东不断向内地渗透，并因受到元、明、清历代统治者推崇、支持而在内地广泛传播的历史事实等作了系统的叙述和分析,从而对汉藏文化间的你我共有、不可分割的"跨文化性"作了明确的揭示。文章还对汉藏佛教造像艺术互相交流、渗透乃至交融的历史过程作了简要的说明,对迄今为止汉藏佛教艺术史研究的主要成就和发展趋势作了总结,由此也为《汉藏交融》一书作为一部学术著作在汉藏佛教艺术史研究这一领域内的价值和意义作了合适的定位。

王家鹏先生的总论《甘青地区民间藏传佛像新发现》无疑是《汉藏交融》一书中的重头之作。通过对李巍先生收藏的这批金铜佛像的制作、题材、艺术风格、工艺特征、印文和题款(识)等内容的仔细分辨、比对和研究,并以见于布达拉宫、故宫博物院等地的同类藏品为参照,凭借他个人的经验,结合他人的研究成果,王家鹏先生大致确定了这批原为甘、青地区民间收藏品的金铜佛像的生产年代、地点、系属、工艺技术和风格特征等,对它们作为历史文物和佛教艺术品的意义和价值作了微观的界定。大家知道,鉴定金铜佛像一类的古代佛教艺术品的真伪及其文物和艺术价值,是一门极其复杂、精致的大学问,鉴定者不但需要掌握有关历史、文献、佛教、艺术和工艺技术等方面的全面的专业知识,而且还需要具有过人的鉴赏技巧和丰富的实践经验,来不得半点的虚假和疏忽。王家鹏先生是国内著名的金铜佛像鉴定专家,他在故宫博物院宫廷部工作了几十年,专门负责鉴定、研究清代宫廷藏金铜佛像,积累了极为丰富的实践经验,编写、出版过多种研究金铜佛像的学术著作,其中以最近问世的《梵华楼》最为精彩。即使是这样的大专家,王先生也对鉴定李巍先生收藏的这批金铜佛像极其用心,可谓十二分的谨慎,他为此而付出的努力远远超出了一位文物鉴赏家通常应该做的工作。在对这些佛像作图像学的解读和艺术风格的研究之前,王先生首先花大力气对明清时代汉藏佛教交流史,特别是甘青地区在这段历史中所扮演的角色,作了十分细致的了解和研究,然后他又广泛征求各科专家们的意见,对出现于这些佛像上面的各种文字的铭文、题款、押印等一一作了十分精细的语文学的解读和研究。对于这批佛像中出现的一些不常见的图像学特征和艺术风格的细微变化等,王先生也往往追根究底,反复参照国内外所有相关的图录和研究著作,以弄清其原委、说明其理由。可以说,他对每一尊佛像的鉴定和介绍都建立在十分严肃的历史学和佛教图像学考证的基础之上。

《汉藏交融》一书第二部分是佛像图版,王家鹏先生从李巍先生珍藏的近千尊金铜佛像中精选出了最珍贵和最有代表性的九十九尊佛像,将它们细分成多元艺术风格、明宫廷艺术风格和清宫廷艺术风格三种不同类型,以专业的佛教图像学描述方法，对每尊佛像的名称、形制、尺寸、题材、工艺、风格、题款、法器、饰物及其象征意义等作了简明扼要的说明。这九十九尊佛像包括各种类型的诸佛、菩萨、护法、空行、祖师和成道者的尊像，覆盖面十分广泛，对它们的图像学描绘集中起来实际上就是一部不可多得的佛教造（图）像学教材。关于佛教图像学，我们知道印度著名学者Lokesh Chandra先生编的一套《佛教图像学词典》（*Dictionary of Buddhist Iconography*, Vols.5, South Asian Books, 2003）非常权威，但它更是一部仅供查阅的资料性的词典，而不是一部学术性和实用性都很强的专业教材。迄今为止，世界上研究藏传佛教金铜佛像最权威的著作当推瑞士学者Ulrich von Schroeder先生的巨著《西藏的佛教雕塑》一书，出版至今近十年来依然独占鳌头、笑傲江湖，国内迄今没有见到可与之相媲美的巨著。而《汉藏交融》一书的出版终于弥补了这一缺憾。从内容上看，《西藏的佛教雕塑》一书展示、研究的是今天收藏于西藏地区的藏传佛教金铜佛像，而《汉藏交融》中则是收藏于甘、青地区的作品，它们与主要讨论清宫廷藏金铜佛像的《梵华楼》一起，形成了藏传佛教金铜佛像研究的一个完整系列。从形式上看，《汉藏交融》的装帧设计、印制、用纸质量等较之《西藏的佛教雕塑》均有超越，显得更加美观、大方。还值得一提的是，《汉藏交融》

一书为汉、英双语著作,虽然英文部分较汉文部分稍略,但基本内容一致,这在国内学术著作中尚不多见。不仅如此,对书中出现的所有佛像,我们都给出了它的相应的藏文和梵文名称,并作了图录索引,为读者查阅和利用这部图像学著作提供了极大的方便。总而言之,《汉藏交融》一书的这些特征既显示中国学术之国际化已经取得辉煌成就,也为这部大书最终走向世界、进入世界学术和艺术流通市场提供了可靠的保证。

三

参与编撰《汉藏交融》一书,我有很多的收获,其中最重要的一项是它促使我重新系统、全面地检视了汉藏两个民族的文化,特别是佛教文化之间的交流和交融的历史,进而对这两个民族在文化上的亲缘关系有了更深刻的了解,亦对构建中华民族这一民族认同有了一些新的想法。汉藏交融的历史是一个非常值得我们认真探讨、积极宣传的大题目。当今西方人将过去的西藏塑造成一个十全十美的精神乌托邦,而将今天的China(一个莫须有的纯汉人国家)描绘成与其完全对立的"异托邦",这不但使中国的国际形象严重受损,而且也对目前的汉藏关系造成了巨大的危害。这种现象的出现自然与西方社会和文化本身的许多因素有关,但西方人对汉藏文化交融之历史的无知肯定也是其中一个不可忽略的重要原因。再说,即使是我们自己对汉藏文化之间的这种交融关系又有多少实际的了解呢?我们对西藏的热爱或许是出于与生俱来的爱国情怀,或许是因为西藏是一个可以充分满足我们的好奇心,并充满了异族情调的"他乡",是一个可以寄托我们所有理想、梦想、甚至幻想的精神家园。如果我们对汉藏交融的历史和西方人一样的无知,那么我们很快就会和他们一样,沦落为"香格里拉的囚徒"。随着一个精神的、虚拟的西藏海市蜃楼般地在我们的幻境中凸显,一个物质的、现实的西藏却活生生地从我们的视野中消失。相反,只有当汉藏两个民族对汉藏交融的历史都有深切的了解,彼此才会由衷地亲近,才会深切地感受到休戚相关、生死与共的亲情关系,才会从文化上、情感上感到彼此不可分割。

汉藏交融实际上是中华民族五千年生成、发展历史中的一个具有代表性的经典范例。目前中国有五十六个民族,这些民族自然各有其属于自己的民族、语言、宗教和文化特征,但不消说他们之间也都拥有、分享许多共同的历史渊源、文化特征和精神资粮。如果说汉藏两种文化之间还只是你中有我、我中有你,那么,蒙藏文化则从元朝开始就渐渐在藏传佛教的洪流之中汇合,最终你我一家了。当然更有一些民族及其文化在千余年历史的发展过程中和其他民族彻底地融合了,他们的名称或许消失了,但他们的文化却一定以不同的方式在我们中间流传下来了。还有,像现在居住在中国西北的许多少数民族,他们不但在生存地域上经历了多次远距离的迁徙,而且在文化上也经历了多次带根本性的改变。例如,今天维吾尔族的先人回鹘人原本居住在蒙古漠北草原,信仰的是摩尼教;后来他们在840年开始向西迁徙,入居河西走廊和今天的新疆地区,并逐渐改信佛教,特别对藏传佛教有很深的信仰,也为藏传佛教在西夏和蒙古人中间的传播起了重要的桥梁作用。然而,自14世纪开始,亦即元朝后期,当时的畏兀儿人又渐渐改宗伊斯兰教,最终伊斯兰教成为今天维吾尔人,乃至中国西北地区许多民族最主要的宗教信仰。可见,一个民族及其文化一直处在一种发展、变化的状态之中,而中华民族和中国传统文化的形成就是中国境内各民族及其文化长期变化、发展和融合的结果。

了解各民族文化交流和交融的历史,对于今人至少有两大启示:一是我们应当以一种更加宽容、开放和发展的心态来看待我们本民族和其他民族的历史和文化。任何一种具有悠久历史的文化传统都不可能是一种性质单一的纯粹的本民族文化,任何一种具有生命力和创造力的文化传统也一定曾经吸纳了其他民族文化的优秀成分。因此,我们应该更多地发掘我们和其他民族文化之间相同、相通的地方，并把它们转化为一种积极、有益的文化资源，运用于建设各民族各美其美、美美与共的和谐社会之中。二是我们应当以一种更宽广的胸怀和更远大的理想，扬弃传统的民族或族群概念，携起手来共同打造、建构一个能够融合各民族和各民族文化传统的中华民族的民族和文化认同。中国被称为中国已经有很长的历史了，但不同时期的中国指的是完全不同的东西，长期以来中国这个概念甚至可以说只是一个虚拟的实体，或者说是一个想象的共同体。若要谈历史上的中国，我们不如直接谈秦、汉、唐、宋、元、明、清等王朝来得更加明白和准确，否则容易授人以柄，甚至把非汉族建立的王朝均排除在古代中国历史之外。而今天我们所说的中国，指的当然是中华人民共和国，她被明确地定位为一个由众多民族组成、具有多元文化传统的国家，因此中国的国家认同和民族认同应该是同一和唯一的，她应该就是包括所有五十六个民族在内的中华民族的认同。不管是汉族，还是藏族、满族、蒙古族、维吾尔族、壮族等等，我们首先都应该是中国人，然后才有汉、藏、满、蒙古、维、壮等族裔的区分。仿照西方人的说法，今天生活在中国的汉族人的正确称呼应该是 Han Chinese，译言"汉裔中国人"，而其他族裔的中国人的称谓也都应当依此推定。

需要强调的是,以中华民族为中国唯一的民族认同、以中华民族文化为中国唯一的文化认同,与传承、弘扬各民族的传统文化并不互相冲突,因为中华民族即包括了中国所有五十六个民族,中华民族文化也包含了所有五十六个民族的传统文化。相反,如果今天我们在讨论如何继承和发扬我们中国的传统文化时仅仅考虑如何来传承和发扬汉族的传统文化,那就违背了我们对自己的国家和民族的认同。毫无疑问,这不但是不正确的,而且也将对国家的统一和民族的团结造成巨大的危害。譬如说,我们今天谈论国学的复兴和弘扬,我们就不应该只谈汉文化传统,甚至只谈儒家文化传统的复兴,因为这样的话,汉族以外的其他各民族就被排除在我们这个国家的范畴之外,汉文化以外的其他各民族的文化传统也被排除在中华民族传统文化的范围之外了,这当然也是不正确的。我们今天倡导的国学的研究对象应当是整个中华民族的历史和传统文化,国学不应该等同于汉学,而应该同时包括藏学、蒙古学、突厥学(回鹘研究)、西夏学、满学等其他学科。在一个全球化的时代,一切建构自己的民族认同、鼓励民族和文化自觉的努力,都对保存和光大本民族的文化传统有积极的推动作用。对于一个弱小民族而言,构建它的民族和文化认同甚至与它作为一个民族,或者说族群的生死存亡都有直接的关联。但是,像在中国这样一个由众多民族组成、具有多元文化传统的国家内，如果我们不首先确立一个包括所有民族在内的国家认同，首先确立一个包括所有民族传统文化在内的民族文化认同，而片面地鼓励各个民族建构各自的民族认同、传承各自的民族文化传统，那么这样的努力就一定会走向它的反面，成为国家和社会的一股离心力量。有鉴于此，我们倡导的国学研究应当以揭示中华民族形成发展的历史过程、展现中华民族共有的精神和文化财富为目的；在鼓励分头研究各个民族的历史和文化传统，展示各个民族优秀的文化传统的同时，更应该鼓励对各个民族之间的文化交流史的研究，像研究汉藏文化交融史那样，揭示中国各民族文化之间早已存在的你中有我、我中有你的共生共荣关系。只有这样，国学研究的成果，才能对加深国人对中华民族这一民族认同的认识、加快我们共同的精神家园的建设作出应有的贡献。

原载《文景》2009年第12期

后　记

收集在这本小书中的这些文章是我2006年初回国工作至今所写的专业学术论文之外的一些小文章。由于自己所学专业相对冷僻，本人又偏爱考据式的学问，所以此前不曾想过要写这一类文章。大概是在国外住得久了，回国后反而有较强的参与感，觉得自己有话要说，所以不自量力地动手写起随笔来了。这些文章中谈论最多的几个话题，如"大国学"理念、语文学和学术方法、国际背景中的"西藏问题"等等，都明显地表露出了自己强烈的参与意识。要是我至今依然游方四海的话，不能想象我会动手写出这样的文章。

虽说半辈子以文字为生，但写作这样的文字还是新手，免不了战战兢兢。是我的老师和朋友们用各种不同的方式给了我热情的鼓励，让我有继续写作这类文章的勇气。将我领进藏学殿堂的王尧先生竟然告诉我的学生们说，他最近成了我的粉丝，凡见有我文章的杂志他一定买下一读，听说后让我面红耳赤。最初授我以语文学传统的陈得芝先生读了我的《我们可以从语文学学些什么》之后，竟从美国给我写信，称读我此文"如饮琼浆"，令我羞愧难当。本色是诗人的屈全绳将军读了我的《说汉藏交融与民族认同》一文后，竟迫不及待地要把我文章中的观点用各种途径推介出去，并从此引我为忘年之交。乡贤、学长府宪展先生自知道《我的心在哪里？》之后，发心要出版我的学术论文集，并将此作为他退休以前要做的头等大事。所有这些都让我深深地感动，以文会友，古来如此，但我发表的这区区几篇小文章，竟将我平生师友风谊臻至于如此高度，我只能说我是一个十分幸运的人！师友们爱我如此之厚，当决不是因为我的文章写得真有多好，而是他们觉得我写出了他们也想说的话，和我同声相应，同气相求，且对我殷殷有所期待。

这本文集取名《寻找香格里拉》让集中的很多文章看起来全都"文不对题"。这些文章的主题之一是对香格里拉神话的解构。西方人将西藏塑造成了一个后现代人梦寐以求的精神乌托邦——香格里拉，从而不但使自己，而且也让别人，全都沦为香格里拉的囚徒。无疑这样的神话必须打破。再仔细想想，我们的人生又何尝不是如此呢？我们通常给自己设计好了一个

后 记

理想人生的美好愿景,然后用它把自己整个地格式化一遍,从此便终生沦为这一理想愿景的囚徒。当今世上有几个有真性情的名士、高人,能够跳出三界外、不在五行中呢?可话又说回来,尽管我们的人生决不应该被一个虚幻、美丽的神话所欺蒙、左右,甚至破坏,但我们的心中依然需要一个香格里拉。我自己还在寻找着我人生和学问的香格里拉,收集在这本文集中的这些文章可以算作我在通往我的香格里拉之路上留下的几个路标。

今天能有这本小书问世,我首先要感谢上海世纪出版集团《文景》杂志的主编杨丽华女士。念在国内曾为南大校友、在国外曾为德国留友之旧谊,她用十二分的热情启发、鼓励,乃至催促我一篇篇地写作这些文章,这些文章中的大部分都发表在她主编的《文景》之上。可以说,没有杨丽华和她的《文景》,我大概不会写这些文章,就是写了,它们也只能默默地终老在我自己的电脑之中。我要由衷地感谢中国藏学出版社主编、作家马丽华老师,她的《灵魂像风》是我写作灵感的源泉,她也曾是这本文集中多篇文章的第一读者,她的批评和鼓励是推我前行的精神资粮。中国人民大学出版社的李艳辉博士在只读过我的几篇小文章之后,就给了我一个美好的愿景,慨诺待我写满一定数量后要为我出一本文集,今天如愿以偿,于此郑重记下她的知遇之情。中国人民大学出版社的谭徐锋先生为这本文集的筹划、设计和出版承担了超过一般编辑应当承担的责任，他对于书的热爱和对于出版一本好书的热情和执着令我动容。王琬莹女士为本书的编辑也付出了很多的辛苦，谨此致谢！

沈卫荣

2010年深秋于台北旅次

再版后记

Time flies!《寻找香格里拉》初版至今已经过去十五年了。乘此再版之际，重读集中旧文，回想当年写作每篇文章时的心路历程，别有一番滋味在心头！这是我出版的第一本学术随笔集，集中文章全部写成于我2006年夏回国至2010年初不到四年的时间里。显而易见，当时的我有高扬的学术热情、积极的参与感和表达欲望，所以，这一系列文章的写作和发表都异乎寻常地快速。《寻找香格里拉》与我的第一部学术论文集《西藏历史和佛教的语文学研究》出版于同一年，后者汇集了我此前所写的主要学术论文，时间跨度则接近三十年。今天重读《寻找香格里拉》中的这些文章，我首先感觉自己的学术生涯已经很无奈地进入了老年阶段，以后大概再不会有当年这样的冲动和能量，可以如此用心用力地去写作这一类文章了。这些文章说是随笔，其实我当时写的一点也不随意，讨论的也都是一些很重要的问题，我对每篇文章的投入显然一点也不比写作一篇学术论文少。今天，我若还行有余力的话，无疑更应该多写些学术论文了。

见于《寻找香格里拉》中的这些文章，非常集中和典型地反映了我海归初期的学术关注、观念和理想，于今看来，它们已经不再新鲜了。于此后的十五年间，虽然我的学术关注、观念和理想变化不大，依然从事着对藏学、【中】国学和语文学的研究和倡导，但是，世界学术和它所处的社会环境无时无刻不在变化和发展之中，我自己的学术和观念势必也会随之而更新、进步。令我欣喜的是，《寻找香格里拉》尚未完全过时，其中我提倡的一些观念和学术做法似乎对今天年轻一代学者依然有所启发。昨天我收到中国人民大学一位大学三年级生的来信，报告我对"香格里拉"的解构、对东方主义和"内部的东方主义"的批判，启发了她对当下热播中的《我的阿勒泰》中所反映出来的"内部东方主义"倾向的警觉，而她对这种倾向的批评和反思，对于当下我们正确理解何为中国、尝试构建中华民族身份认同，具有十分独到的现实意义。近十五年来，国学、中国学和中国古典学相继成为中国学术界讨论的热点话题，我持续不断地参与了对它们的讨论，虽然随着对它们的讨论的深入我的观念和主张会有一些变化和进步，但我的基本观

再版后记

点从没有离开我在《寻找香格里拉》中旗帜鲜明地表达出来的那些主张，它们依然是我今天参与对这些问题的讨论时的起点和基础。

近年来，我的学术关注与写作《寻找香格里拉》时发生了一个根本性的变化：那时我受西方后殖民主义文化批判类学术研究的影响比较大，学术的重心倾向于"解构"和"祛魅"。读者不难看出，我寻找香格里拉的目的其实是要解构和批判香格里拉，劝谕世间众生不做"香格里拉的囚徒"。而于《寻找香格里拉》出版至今的十五年间，我更多地从事对藏传佛教本身，特别是其密教修法的研究，用心做的是一种"建构"性的工作。这些年来，我较少再对别人的想象或者"附魔"指手画脚、说三道四，而更多是尝试直接和正面地去揭露和描述藏传佛教的真实面貌。近来我的一个深刻的体会是，国际藏学界虽然繁荣了三四十年，但我们对西藏和藏传佛教的研究其实远没有达到我们想象的那种理想境界，我们对藏传佛教的研究还是相当浅薄的。导致出现这种状态的一个重要原因是，我们受已有的有关西藏和藏传佛教的种种想象和建构出来的"叙事"(Narratives)或者"话语"(Discourses)的局限和影响实在太深了，而我们所做的语文学式的历史的和批判性的研究还太少太少，远不足以去除和打破这类"叙事"和"话语"施加给我们的负面影响和思想霸权。所以，不但我过去所做的这些"祛魅"和"解构"的工作是有价值的、有意义的，而且，我今天所做的这些建构性的研究，更是必须的和十分重要的，虽任重道远，但责有攸关，义不容辞！

沈卫荣

2025年1月22日